语言学经典文丛

汉语方言学
导论

（修订本）

游汝杰 著

上海教育出版社

出 版 说 明

上海教育出版社成立六十年来，出版了许多语言学专著，受到学界的欢迎。为满足读者的需要，我们从历年出版的著作中精选了一批，辑为"语言学经典文丛"。《汉语方言学导论》（修订本）原为"中国当代语言学丛书"的一种。此次出版，我们按照学术著作出版规范的国家标准，对编入文丛的著作进行了体例等方面的调整，还对个别差错予以改正。其他均保持原貌。

上海教育出版社

2018 年 8 月

作 者 简 介

　　游汝杰,温州人,1981 年毕业于复旦大学中文系(研究生)。历任复旦大学副教授、教授、博士生导师、"汉语言文字学"学科负责人、特聘教授。主要研究领域是汉语方言学和社会语言学。曾实地调查汉语方言近百种。出版专著《方言与中国文化》(主著)、《汉语方言学导论》、《西洋传教士方言著作考述》等十多种,发表论文近百篇,刊于《中国语文》《方言》《民族语文》《语言研究》等学术刊物。曾获省市以上学术研究成果奖 12 项。曾多次到香港、台湾访问,并出访欧美、日本。

出 版 者 前 言

    "中国当代语言学"丛书是上海教育出版社的重点出版项目之一。本丛书于1990年春由游汝杰(复旦大学)、张洪明(美国威斯康辛大学麦迪逊校区)和唐发铙(本社)策划,并开始组稿和编辑工作。当初拟定的丛书编辑宗旨如下:

    中国语言学在20世纪二三十年代开始摆脱传统小学的樊篱,进入现代语言学的新阶段。半个多世纪以来,中国语言学已经积累了可观的研究成果,特别是最近十多年来,许多领域在海内外又有了长足的发展。这套丛书希望总结中国当代语言学各个分支学科领域的研究成果,特别是反映最新的研究进展,以期收到承前启后、继往开来的效果,促进中国语言学的现代化。丛书作者则不限国别地域,不限门户学派,唯求高明独到,力争每一本书都能达到当代该学科的最高水平。

    1992年6月组稿者将丛书的编辑宗旨、计划和撰稿人名单告知当时在美国访问的朱德熙先生,请他为本丛书撰写总序。朱先生十分赞赏丛书的编辑宗旨,并且认为撰稿者也都是"一时之选",欣然答允为序。孰料朱先生病情日益加剧,天不假年,未及提笔就不幸逝世。丛书的总序也因此暂付阙如。

    从2000年开始,刘丹青(中国社会科学院语言研究所)、张荣(本社)也参加了丛书的编辑工作,编委会工作由游汝杰主持,编辑和出版的方针也有所调整。本丛书原拟五年内出齐,结果未能如愿,因为有的作者忙于其他工作,未能按计划完成书稿;有的作者虽然已经完成书稿,但是希望有时间反复修改,使之完善,而不想匆匆交稿。考虑到学术研究需要艰苦的劳动和大量的时间,限定出版时间,不利保证书稿质量。又考虑到学术研究的特点是学无止境、与时俱进、推陈出新,丛书的出版工作也应该是册数开放、不设时限、常出常新。基于上述认识,我们将不设本丛书终止出版的时限,即没有出完的一天。我们不想追求轰动效应,只要优秀书稿不断出现,我们就不断出版。

本丛书将成为一套长期延续出版的丛书。希望本丛书的编辑和出版方针,能对学术著作的出版工作走上健康发展的道路有所贡献。

上海教育出版社

2003 年 10 月

Preface

The series *Contemporary Chinese Linguistics* is one of the important projects of Shanghai Educational Publishing House. The planning of the series and the soliciting of contributions began in the spring of 1990 with the joint efforts of Rujie You (Fudan University), Hongming Zhang (University of Wisconsin at Madison) and Fanao Tang (Shanghai Educational Publishing House), who were brought together to edit the series by such following common grounds.

Not until the twenties and thirties of 20th century could Chinese linguistics break down the barriers of the traditional Chinese philology and enter its modern stage. Since then, and especially in the last ten years, rapid progress has been made in various different fields of Chinese linguistics and considerable wealth of research achievements have been accumulated. The series tries to present these achievements so as to stimulate the further research.

In June 1992 the editorial committee apprised Prof. Dexi Zhu of the target and the policy of the series with a name list of contributors and invited him to write a preface for the series. Prof. Zhu appreciated the target of the series and the contributors, and promised to write a preface. But his cancer situation turned worse and worse day by day, and did not allow him to write it. So the preface remains unfinished, it is a great pity.

Prof. Liu Danqing of Sciences and Mr. Zhang Rong, the editor of the Shanghai Educational Publishing House, joined the editorial committee from the year of 2000, and the policy of editing and publication has been adjusted since then. We planned to publish the serials within 5 years at the beginning, but the plan was not realized because some authors were too busy with some projects else, and did not finish writing according to the schedule, while others who had finished the manuscripts would like to revise them to perfect. Considering academic study needs hard work and a plenty of time, if we set deadline, the quality could not be guaranteed, and it is the feature of academic study that there is not limit to knowledge and the old should be weeded through while the new should be brought forth, we will not restrict the number of series volumes and their dates of publication. We would not like to pursuit sensational effort, and what we want to do is to publish qualified manuscripts whenever we have.

This series will be published successively in China. We hope our policy and publication would make contribution to the publication of academic works healthily in China.

Shanghai Educational Publishing House

Oct. 2003

目　　录

自　序

中国人研究方言有很悠久的历史，但是至今并没有一本通论方言学的专著出版。欧美学者撰写的语言学概论和语言学史一类的书，常辟有专门的章节介绍方言学，例如 *Current Trends in Linguistics*（the Hague and Paris：Mouton，1967）载有 S. Egerod 所写的 *Dialectology*（第 91—129 页），但是用英文写的通论方言学的专书却是凤毛麟角，而且在国内也不易见到。

几年前到北京出差，抽空到北京图书馆翻阅语言学书目，见到一本 W. N. Francis 所著的 *Dialectology, an Introduction*（《方言学导论》，Longman，1983），喜出望外，即刻借出来，复印一本。返回上海，从头至尾仔细读了一遍。这本书对介绍欧美的方言研究不遗余力，并且在此基础上讨论方言学的一般问题，颇多建树。遗憾的是，关于汉语方言只是在书末简介"词汇扩散说"的时候，一笔带过。汉语是世界上方言最复杂的语言之一，有的汉语方言之间的差异甚至大于某些欧洲语言之间的差异。一本普通方言学，置汉语方言的丰富事实于不顾，显然是不合理的。当时心里发愿，将来要写一本以汉语方言材料为基础的方言学专著。但是又觉得自己所知方言甚少，学力有限，断难实现如此宏愿，所以一直未敢造次。后来承上海教育出版社编辑先生和学友的鼓励，才重新鼓起勇气，为汉语方言学力尽绵薄。

汉语方言学可以有两种写法。一种写法，可以从描写语言学的立场出发，综合描写汉语方言的各个层面：语音、词汇、语法、分类、地理等。例如语音方面可以讨论汉语方言语音结构的共同特点；词汇方面可以列举汉语方言有哪些构词法等。另一种写法，可以从普通方言学的立场出发，以汉语方言的事实为素材，讨论方言学的理论和方法问题。例如关于汉语方言地理，不是列举汉语方言区划及其人口、地理分布等，而是着重讨论方言分区的标准和方法问题；关于方言的历史演变，不是条分缕析地列举中古音系在现代各大方言里演变的结果，而是着重讨论历史演变的原因和方式等。这两种写法应该是相辅相成的。

　　本书采用后一种写法。这种写法要求对汉语方言调查研究的现有成果加以分析、比较、综合，在此基础上讨论方言学的一般问题。其中许多问题以前还没有人提出来，或者还没有进行过综合研究，所以要达到上述目标，并非轻而易举，对我来说更是力不从心，只能心向往之而已。在写作中我常常自我告诫：不囿于己见，不蔽于人见。对旧说皆重新评估，凡新见必再三验证。持论切忌孟浪，举例力求妥帖。在汉语方言中，我亲自调查并且研究心得也较多的是吴语，所以举例时多用吴语材料。我想这样做有两个好处：一是不致用错材料；二是可使读者多受益。凡引用别人的成说皆注明出处，但转引的一二个字音之类恕未能一一注明出处。在这里谨向所有原作者致谢。

　　书末附有一份"英汉对照方言学名词"，供读者翻译方言学名词参考。所收条目限于方言学，邻近学科，如语音学等只是酌情收录极少数关系密切的条目。

　　以上自序写于 1990 年岁末。本书出版后，不久便告售罄，现在乘此书再版的机会，作了一些修改并增加了新内容。希望将来能在此基础上写成多卷本《汉语方言学》。

游汝杰

2000 年 2 月于复旦凉城新村

第一章 绪 言

第一节 地域方言和社会方言

方言(dialect)是语言的支派和变体。研究方言的学问称为方言学(dialectology)。方言可以分为地域方言(regional dialect)和社会方言(social dialect)两大类。方言学对地域方言的研究历史较长,成果较多,对社会方言的研究历史较短,成果较少。本书主要研究地域方言,社会方言只是略为涉及。

1. 地域方言

地域方言是语言在不同地域的变体。一般来说同一种地域方言分布在同一个地区或同一个地点。同一种地域方言也有在地理上不相连接的,从而形成方言岛(speech island)或语言飞地(outlier)。

西方的传统方言学(traditional dialectology)是植根于历史比较语言学的。历史比较语言学认为,历史时期的某一种内部一致的原始语(proto-language),因为人口迁徙等原因,散布到不同的地域,久而久之分化为不同的语言。各种不同的语言再次分化的结果,就产生同属一种语言的若干种不同的方言。这好像一棵树由树干分化成树枝,由树枝再分化成更细的枝条。这些有共同来源的方言称为亲属方言。

一种语言可以分化成若干种方言,一种方言又可以一而再,再而三地分化成越来越小的方言。所以一个较大的方言往往包括许多处在不同层级上的亲属方言。这些方言在系属上可以分为以下四个层次:方言(dialect)——次方言(sub-dialect)——土语(vernacular)——腔(accent)。例如闽方言分为闽南、闽北、闽东、闽中、莆仙、琼文等六个次方言;其中的闽南次方言,又分为泉漳、大田、潮汕三种土语;其中的泉漳土语又可分为若干更小的方言，如漳州腔、泉州腔等，见表 1.1。
表中列举次方言，"土语"和"腔"这两个层次只是举例。

表 1.1　闽语系属层次表

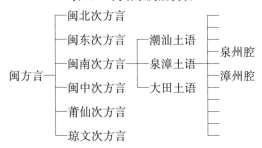

从语言地理的角度来看地域方言可以分成地区方言和地点方言
两类。一种地区方言可以包括若干个较小的地区方言和许多地点方
言。地点方言是相对于地区方言而言的，是指使用于某一个城市、乡
村或别的居民点的方言。在语言地理上方言也是分层次的。汉语方
言的地理层次一般可以分成以下四级：区——片——小片——点。
现在以吴语区为例，列表说明，见表 1.2。表中列举方言片，"小片"和
"点"这两个层次只是举例。

表 1.2　吴语地理层次表

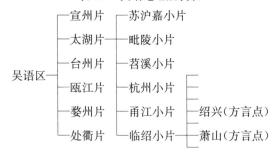

方言系属上的层次和方言地理上的层次可以相对应，即方言——
区；次方言——片；土语——小片；腔——点。如闽方言——闽语区；
闽南次方言——闽南片；潮汕土语——潮汕小片；潮汕腔——潮阳方
言点。不是每一大类方言或每一个方言区都必须分成上述四个层级。
方言在系属或地理上分成几个层次为宜，应视方言事实和研究需要
而定。

　　同一种语言的不同支派分化到什么样的程度才算是不同的方言？同一种方言分化到什么样的程度才算是不同的次方言？这不仅决定于语言因素本身，而且与政治、民族、文化、地理等方面的复杂因素有关。所以，如果只是从语言本身的因素来观察，不同方言间的差异有可能大于不同语言之间的差异，例如汉语各大方言之间的差异，大于法语和西班牙语，或者荷兰语和德语之间的差异。次方言之间的差异也可能大于方言之间的差异。例如闽语莆仙次方言和闽南次方言的差异大于官话的各种次方言之间的差异。

　　2. 社会方言

　　社会方言是语言的社会变体。使用同一种地点方言的人，因职业、阶层、年龄、性别、语用环境、个人风格等不同，语音、措词、谈吐也会有不同，各类社会方言举例如下：

　　因社会阶层不同造成的社会方言。例如据赵元任 *The dialectal nature of two types of tone sandhi in the Kiangsu Changchow dialect*（载《清华学报》纪念李方桂先生八十岁生日特刊，新 14 卷 33—34 页，1982 年）的中文提要说："常州话里的绅谈和街谈代表两种社会阶层，所用的连读变调不同，例如'好佬'（something good）hau[1]·lau 绅谈说ㄐ$^{55-0.2}$，街谈说ㄐ$^{55-0.5}$。本地人大半儿都不知道有这两种变调。'绅谈''街谈'是外地人起的名词。"这两种变调型并存于常州城里，由于家庭出身不同的学生在学校里相互交际的结果，使这两种变调型部分混杂。

　　因职业不同造成的社会方言最典型的是行业语。例如山西理发行业至少有两百个特殊的词语，只使用于行业内部。这些行业语的结构分成三种：联想构词，如称头发为"苗儿"，称鼻子为"气筒"；谐音构词，如称兵为"滴水儿"，"兵"字谐滴水成冰的"冰"字；三是借用构词，如称痛为"辣"，辣与痛意义相关，借而用之［见：侯精一.山西理发社群行话的研究报告[J].中国语文，1988(2)］。

　　各地的民间反切语种类很多，每一种大致只流行于某一个或某一些社会阶层，所以可以算是一种特殊的行业语。反切语又称倒语、切语、切脚、切口等，它是用改变正常的方言语音的方式构成。改变语音的方式大致有以下几种：一是声韵分拆式，即把一个字拆成声母和韵母两部分,在声母后加一个韵母,在韵母前加一个声母,组成两个音节。例如 ma(妈)——mai ka;二是加音式,即用增加音节的方式构成反切语。例如广西容县的一种反切语,"飞"字原音是 fei⁵⁴,加音变成 fei⁵⁴ fen⁵⁵;三是改音式,即改变原音的声母、韵母或声调。例如广东梅县客家人的一种反切语,"广州"原音是 kuaŋ³¹ tsəu⁴⁴,改音作 kuɛ³¹ tsɛ⁴⁴。

因年龄层次不同方言特点也有不同,一般来说老年人和青少年的差异较大,分属老派和新派两个层次。老派的特点是保守、稳定,新派的特点是多新生的方言成分。关于方言的年龄层次差异,第四章将作较深入的讨论。

因性别不同造成方言差异,主要表现在下述几个方面:男人说话比较关心内容,较少注意措词,多平铺直叙;女子说话比较注意情感表达、措词、语气和语调。在日常谈话中女子比男子较多使用带征询口气的疑问句、感叹句和多种委婉的表达方式。例如上海的女子比男子更多用希望得到肯定回答的问句:"对哦!""是哦!""好哦!"更喜欢用"要死!"(表示娇嗔)"瞎嗲!"(表示赞叹)之类感叹句。骂人的话,男子和女子也有明显的不同。例如上海话中的詈语"十三点!""神经病!"(女子对男子挑逗行为的斥责)"死腔!"(对挑逗、反悔、拖延、拒绝等行为的斥责)几乎为女子所专用。

不同的语用环境,也会导致方言的变异。语用环境的种类很多,例如方言新闻广播、方言广播讲话、课堂用语、办公室用语、家常谈话、与幼童谈话等,不同环境所使用的方言会有不同的特点。例如广播语言的特点有二:一是尽可能接近书面语或普通话;二是倾向于保留老派方言的特点。上海人民广播电台的沪语节目所用的方言,在语音上仍分尖团;第一人称复数用"我伲";被动句用"被"字引出施事。以上第一、二两项是老派上海话特点;第三项是书面语的表达方式,上海话口语被动句通常不用"被"字引出施事。家常谈话的特点是:句子成分不完整,主语常常不出现;少用书面语词汇;在说话的节奏、速率、腔调等方面都呈极自然的状态。在自由市场或黑市交易中常用特殊的词汇代替数字。北京个体户买卖中使用的数字隐语:人民币 1 元——1 分;10 元——一张;100 元——一颗;1 000 元——一堆儿;10 000

元——一方。青少年在非正式的交往中常喜欢用时髦的新词,如北京青少年流行语:老冒儿——没见过世面的人;磁兄——关系好;打的——乘出租汽车(的士);面——不利索;掉价——失身份、差劲。

各地方言包含的"文理"和"土白"两个层次是汉语特有的社会方言现象。文理和土白的对立有二层意思:一是指读书时用文读音读汉字,说话时则离开汉字,使用方言口语。这种传统由来已久。明末冯梦龙所撰福建《寿宁待志》说:"寿虽多乡谈,而读书仍用本字,故语音可辨,不比漳泉,然村愚老幼及妇人语,非字字译之,不解。"据董同龢20世纪40年代的调查,四川成都附近的凉水井客家人读书时用四川官话,说话时则用客家方言,这是一种特殊的文理和土白的对立现象;二是指在日常口语中,词汇和表达方式有文理和土白之分。文化程度较高的阶层多用"文理",文化程度较低的阶层多用"土白"。或者在较庄重、客气、正式、文雅的场合多用文理成分。各方言中的文理成分与书面语相同或相近,文理成分在方言间的差别较小。例如吴语浙江黄岩话中"相貌"是文理,"面范"是土白;"肚勿好"(即腹泻)是文理,"拔肚"是土白。"左边"(或"左面")和"右边"(或"右面")这两个文理词汇在一些浙江吴语中的土白表达法见表1.3。

表1.3　浙江吴语文理词和土白词对照表

方言点	左边(左面)	右边(右面)
江山	借边、借手边	顺边、顺手边
开化	反边、反手边	正边、正手边
寿昌	小手面	大手面
绍兴	借半边、借手	顺半边、顺手
永康	搭碗故面	搭箸故面
温州	借手面	顺手面

"文理"词汇可分两小类:一类是平时口语常用的,如上述黄岩话的"相貌"和"肚勿好";另一类是口语不用的书面语词汇,或部分文读音,即所谓"转文"。如北京人平时口语说"喝酒";如果说"饮酒"则是转文。"花草树木"是口语,"植物"是转文。例如"我们"这个书面语词汇

在上海日常口语中是不用的,但是在电视节目中用上海话答记者问时,常用转文"我们"[ŋu¹³⁻²² mən¹³⁻⁴⁴]。表达方式也有文理和土白之分,例如上海话中"尊姓大名?""府浪鞋里?"是文理;"侬叫啥名字?""啥地方人?"是土白。

方言不仅因人群不同而异,因语用环境不同而异,而且也因人而异。带有个人方言特征的方言称为"个人方言"(idiolect)。个人方言之间的差异主要表现在字音和词汇的选择习惯上。例如河北昌黎城关镇有的人分 ts(包括 tsʰ、s)、tʂ(包括 tʂʰ、ʂ),有的人不分 ts、tʂ。不分 ts、tʂ 有两种情况:一种是一律读 tʂ,一种是 ts、tʂ 两可。零声母合口字今北京有人读零声母,有人读 v 声母:如闻 uən/vən;外 uai/vai。上海有人称味精为"味之素"。个人选择的方向不同是方言演变发展的动因之一。

在同一个地点方言内部又有社会方言的差异,这些差异并不妨碍这个言语社团(speech community)内部的相互交际。因为生活在同一个言语社团里的人,对这些差异非常熟悉,甚至习焉不察。实际上,差异只是说话时才有,听话时并不意识到差异,或者虽然觉得有差异,但是并不妨碍理解。

第二节　方言与普通话和书面语

方言是相对于语言而言的。方言与语言的关系是个别对一般的关系。语言是一般,方言是个别。方言是语言的存在形式,人们日常使用的是个别的方言,而不是一般的语言。如广州人说广州话,北京人说北京话。方言一般只有口语形式。研究方言与研究语言没有本质区别,"麻雀虽小,五脏俱全"。任何一种方言,哪怕是使用人口很少的地点方言,其内部结构都是完整的,语言成分都是丰富的,交际功能都是自足的。研究方言也就是研究语言。不过语言研究的范围更广些,还可以包括民族共同语、书面语言、古代文献、古代语言等。研究语言如果从研究方言入手,可以更扎实,更深入,也更见成效。

方言又是相对于民族共同语而言的。民族共同语是以该民族所使用的某一种方言为基础，以某一个地点方言的语音为标准音的。经过加工和规范的民族共同语称为"文学语言"（literary language）或"标准语"（standard language）。例如意大利的文学语言是以塔斯康（Tuscan）方言为基础方言、以佛罗伦萨（Forentine）方言为标准音的。普通话是我国的民族共同语，北方方言是它的基础方言，北京语音是它的标准音。在汉语各大方言中，北方方言的分布范围最广，使用人口最多，它的权威方言（prestige accent）北京话的使用地点北京为元明清以来我国的政治、经济、文化中心。作为汉语书面语（文学语言）的白话文和旧时推广过的官话都是以北方方言作为基础的。

民族共同语以某一种方言为基础方言，并不排斥同时吸收其他方言的成分。例如普通话中"动词＋掉＋了"（如"输掉了"）这样的结构是从吴语吸收的。"输掉了"用吴语苏州话说是"输脱哉"。吴语中的"脱"作为补语，有表示结果（如"滑脱哉"）和表示动作简单完成（如"死脱哉"）两种用法。北方方言中的"掉"本来只有结果补语一种用法（如"滑掉了"）。但是因受吴语中相应的同形结构的影响，"掉"有了表示"简单的完成"的新用法（如"输掉了"。此例详见赵元任《吴语对比的若干方面》，载《赵元任语言学论文选》，中国社会科学出版社，1985 年）。

汉民族的共同语形成的历史很悠久，向来是以北方方言为基础的。早在西周时代就有所谓"雅言"或"夏言"存在。雅言即是周族王畿所在地的镐京话。雅言用于当时的官场和外交场合。据《论语》记载，孔子诵读《诗》《书》，主持仪礼时也使用雅言。两汉之交的扬雄在《方言》中提到的"通语、凡语、凡通语、通名、四方之通语"是指不受方言区域限制的词语，具有民族共同语的性质。元代的民族共同语称为"天下通语"，见于周德清《中原音韵》，他在"作词十法"的"造语"条中指出造语当作"天下通语"，不可作"方语"（"各处乡谈"）。明代以后汉民族的共同语称为"官话"。这个名称在文献中首见于张奇《问奇集》。因为最初用于官场，所以称为官话。清代以前的共同语只是事实上存在，并非人为制定并推广的。汉民族共同语的正式制定并开始推广，应以 1913 年"读音统一会"审定 6 500 多个汉字的标准音为标志。汉民族历史悠久的共同语和文学语言是维系汉字内部一致性的重要支柱。各地方言中的文理成分，除了语音形式以外，与文学语言是完全一致或非常接近的，所以文理成分在各地方言之间没有差别或差别不大。民族共同语和文学语言历来受到政府官员和文人学士的重视。顾炎武《日知录》说："著书作文尤忌俚俗。公羊多齐言，淮南多楚语，若易传论语何尝有一字哉？若乃讲经授学，弥重文言，是以孙详、蒋显曾习周官而音乖楚夏，则学徒不至；李业兴学问深博，而旧音不改，则为梁人所笑；邺下人士音辞鄙陋，风操蚩拙，则颜之推不愿以为儿师。"（卷二十九"方言"）

在现代社会里普通话（或现代汉语书面语）更是各方言区的人共同学习的对象。普通话对方言的影响越来越大。各地方言越来越多地吸收普通话成分。借用的结果有以下四种情况：

一是借入的新成分已经取代方言的固有成分。例如武汉方言以"一刻钟"取代"一刮钟"（"刮"来自英语"quarter"），以"单身汉"取代"寡汉条"，以"罢工"取代"摇班"。

二是兼用借用成分和固有成分表示相同的概念，新旧成分并存竞争。发展趋势是老派多用固有成分，新派多用借用成分，可以预见借用成分将取代固有成分。下面举些新旧词汇在若干吴语地点方言中并存竞争的例子。箭头前面是固有的方言词汇，今多用于老派，箭头后面是新吸收的普通话词汇，或较接近普通话的词汇，多用于新派，括弧内是使用地点：面桶→面盆（黄岩）；热水壶→热水瓶（嘉兴）；户槛→门槛（安吉）；白滚汤→开水（松阳）；壅→肥料（温州）；碌砖→砖头（上海）。

三是表示同一概念的借用成分和固有成分的分布不同，即书面语词汇用借用成分，方言口语词汇用固有成分。例如上海话固有动量词是"转、趟"，上海话"趟"的使用范围几乎相当于普通话的"趟"和"次"，但下述一类书面语词语中的动量词只能用"次"：第二次世界大战、四届三次会议、97 次列车。

四是借用成分限于用于少数书面语成分，例如"被"字在上海话里是表示被动状态的介词，只用于下述这些书面语来源的词汇：被捕、被告、被杀、被害人、被压迫者等。日常口语中表示被动状态的介词惯用"拨"，决不用"被"。

现代汉语的书面语——白话文是五四运动以后才开始形成的,历史还比较短,还不很稳定。白话文在理论上是以北方话为基础的,但是实际上许多白话文著作仍然包含文言成分和方言成分,因此与日常口语还有相当大的距离。白话文著作中的方言成分是受作者本人的方言影响而产生的。例如在鲁迅的著作里不难发现绍兴方言的成分,如:

"我也并未遇到全是荆棘毫无可走的地方过⋯⋯"(《两地书》)
"老头子眼看着地,岂能瞒得我过⋯⋯"(《狂人日记》)

这两个例句中的"过"字用在动词宾语的后头,这正是绍兴、宁波、金华、丽水等地吴语语法的特点。又如:

"电灯坏了,洋烛已短,又无处买添,只得睡觉,这学校真是不便极。"(《两地书》236页)

这个例句中的"添"相当于普通话的"再",但并不前置于动词谓语,而是后置于动词,这也是绍兴、金华、温州等地吴语语法的特点。

方言影响是现代汉语书面语和口语不一致的重要原因之一。拿白话文著作作为研究现代汉语书面语的语料时,需要剔除其中的方言成分。

第三节　汉语方言学的对象和意义

汉语方言学的研究对象是汉语方言,包括汉族使用的方言和若干少数民族使用的汉语方言,例如回族和满族,散居在全国各地,使用当地的汉语方言;浙江和福建等地的畲族所使用的畲话接近汉语客家方言。

汉语方言学不以民族的共同语——普通话作为自己的研究对象,但是不排斥研究普通话的基础方言——北方方言和标准方言(standard dialect)——北京话。

　　汉语方言学不仅研究地域方言,也研究社会方言。与印欧语言比较,汉语的方言非常纷繁歧异,特别是长江以南、京广铁路以东的中国东南部的方言更加复杂,甚至一县之内分布数种互相不能通话的方言,如福建的尤溪和浙江的平阳。汉语方言的分歧对社会生活的影响很大。中国的方言学,自西汉末扬雄《方言》开始至今,绝大部分方言学著作都是研究地域方言的。地域方言的研究虽然已有悠久的历史,但是迄今尚待调查或尚未研究的方言仍然很多,各类方言的综合或宏观研究还很欠缺。而社会方言的调查研究则刚刚开始。

　　汉语方言学不仅调查、记录、描写和分析方言,也研究方言地理、方言历史、方言接触、方言演变、方言比较等问题。本书计划在前人研究汉语地域方言的基础上初步探讨上述诸问题。

　　汉语方言学研究对于语言学和文化人类学都有很重要的意义,并且还有很大的应用价值。

　　汉语方言学对语言学的意义,可以分为理论语言学、语音学、词汇学、语法学和历史语言学等方面来讨论。以下分别举例说明。

　　关于语言演变的理论,王士元(William S-Y. Wang)主要是利用汉语方言材料于1969年正式提出"词汇扩散"(lexical diffusion)说(详见 William S-Y. Wang, *Competing changes as a cause of residue*, language 45-1, 1969)。陈渊泉(Matthew Chen)对此说所下的定义是:"词汇的语音变化并不是成批地突然发生的,或者说并不是按照统一的时间表突变,而是从一个词到一个词,或从一类词到一类词渐变的。这种语音演变从语素到语素的扩散称为词汇扩散。"(Matthew Chen, *the time dimension*: *contribution toward a theory of sound change*, Foundations of language 8, 457-498, 1972)例如闽语潮州话二百多个阳去调字,已有一百多个归入阳上调,如健[kieŋ³],另一百来个则保持原来的声调,如阵[tiŋ⁵]。阳去调字向阳上调扩散已经进行到一半。

　　汉语方言的调查和描写不仅能为语音学提供极其丰富的语音样本,而且也能为发展一般语音学理论提供坚实的基础。在一般语音学上口元音区分圆唇和不圆唇,鼻元音不区分圆唇和不圆唇,但是若干吴语地点方言的调查报告说明,鼻音[n][ŋ]也可以有圆唇和不圆唇之分。例如江苏启东县吕四方言的[m]韵有带[u]色彩和[y]色彩两类。"官"字读[kᵘm¹]，"砖"字读[tɕᵞm¹]。上海郊县方言有圆唇的[ŋ]韵。崇明话"我"读[ɦŋ²³²]，金山老派"红"字读[ɦŋ³¹]。

方言词汇研究是民族共同语规范化工作不可缺少的基础工作。例如现代汉语里有许多同义词或等义词是从方言词汇吸收的，规范化工作要求决定其中哪些词汇应该吸收，哪些不能吸收，要做好这项工作，必须调查研究这些词汇的流行地区、确切含义、使用频率等。例如"嚏喷"和"喷嚏"这两个等义词的取舍，需要有方言调查的材料作为依据。标准语吸收方言词尤其是通过文学作品吸收方言词，需要调查这些方言词在当地的读音，然后折合成标准语。例如垃圾 lājī 和尴尬 gāngà 这两个词就是根据吴语的读音折合的。

方言语法的比较研究有助于深入分析标准语的某些语法现象。例如赵元任曾拿北京的语助词"勒"与苏州、常州的对应语助词比较，结果发现句末语助词"了"和动词后缀"了"，在苏州和常州是有区别的，例如：

北京	天晴勒	想好勒再说
苏州	天晴哉	想好仔再说
常州	天晴既	想好则再说

如果不通过方言比较研究，北京话两个同音的"了"的不同功能不易分辨[见：北京、苏州、常州语助词的研究[J].清华学报，1927，3(2)]。

语言在不同地域上的发展是不平衡的，即在有些地方发展快些，在另一些地方发展慢些。所以利用现代方言的调查材料，可以研究古汉语或汉语发展史。例如高本汉利用几十种方言材料来解释和构拟切韵音系的音类和音值。李荣曾主要利用粤语、闽语和吴语的十来种地点方言论证切韵音系的"四声三调说"（见《切韵音系》，科学出版社，1956 年，152—162 页）。许多古代汉语的词汇或词义和语法结构往往残留在现代方言口语里，它们可以与古代文献上的记载相印证，例如《诗·周南·汝坟》："王室如毁。"毛传："毁，火也。"今闽语福州话仍称

"火"为"毁"［hui³］;《广韵》入声没韵"棚,果子棚也,出《声谱》,户骨切"。今吴语上海话称果核为"棚"［ɦuəʔ⁸］。在上古汉语中有前正后偏的名词性结构,如树桑（《诗经》）、鱼鲔（《礼记》）,这种词序仍残留在吴、闽、粤语里,如闽语建瓯话风台（台风）、病疯（风湿病）、病痨（痨病）、病疥（疥病）。

　　方言是地方文化的重要特征。方言是旅居外地的同乡人互相认同的最直接最亲切的标志。一方面方言好像小窗口,通过它可以看到地方文化及其历史的种种事实。另一方面方言又好像三棱镜,因为它的背后闪烁着地方文化,所以它才显得五彩斑斓。方言的研究离不开地方文化及其历史;同时,方言研究的成果也有助于地方文化及其历史的研究。当缺少文献资料的时候,方言有可能成为解开地方文化史之谜的唯一钥匙。以下就方言学对地方移民史、民俗学和地名学的价值举几个例子。

　　现代方言的特点可以与移民历史相印证。例如东北的辽东方言和辽西方言有一些不同,辽东方言的一些特点跟隔海相望的胶东相同,辽西方言的一些特点跟毗邻的河北北部相同。胶东和辽东的共同特点是:无 ng 声母,无 zh、ch、sh 声母（大连和复县除外）;无 r 声母,d、t、z、c、s 五母和 uei、uan、un 相拼时,不带介音,即不读合口;阴平调是降升调型。北京和辽西的共同特点是:有 r 声母;有 zh、ch、sh 声母;d、t、z、c、s 五母有时可以跟合口韵相拼;阴平调是高平调型。

　　怎么会形成辽东、辽西方言的差别,辽东方言怎么会与胶东的特点相同,辽西方言怎么会与河北的特点相同的呢? 这跟移民的历史背景分不开。从 20 世纪初年开始大批汉人移入东北,他们以河北和山东人占绝大多数。河北北部与辽西邻接,河北人从陆路出关后先进入辽西再扩展到北部和其他地区。辽西是他们自古以来向东北腹地移民的大本营。闯关东的山东人主要来自旧青州府、登州府和莱州府。他们渡海登陆后先到辽东半岛和辽河一带,再扩散到本省东部。这两股移民的原居地的方言本来就不同。他们分别移居到不同的地区,其方言当然相异。

　　方言和民俗（folkway）中的口承语言民俗关系最为密切。所谓口承语言民俗是指用口头语表达的民俗,如民歌、曲艺、秘密语、吉利词、忌讳词、谚语、语言游戏等。方言学对于调查和研究这些民俗现象是必不可少的。要忠实地记录这些口承语言民俗,需要用合适的汉字和音标符号。记录许多方言口语词,都需要利用方言学的知识下一番考证词源或本字的功夫,用音标记录更需要方言学的训练。例如吴语绍兴话有一句天气谚语:"冬冷勿算冷,春冷冻煞ã⁵³。"最后一个词读[ã⁵³]是"牛犊"的意思,有人记不下来,就用"犊"字代替,结果大失这句谚语的原有情趣。其实可以用"㹀"字记录。《集韵》上声梗韵:"吴人谓犊曰㹀。"于杏切。

地名学是多种学科交叉的边缘学科,特别跟历史学、地理学和语言学的关系很密切。地名学和语言学可以互相促进。一方面利用历史地名可以考见古音;方言地名的地理分布特征,可以为方言地理提供证据等。另一方面方言学知识有助于地名区域特征和语言层次的研究,有助于地名的本字或词源考证,有助于地名的标准化工作等。例如在河北省地图上有许多含"家"字地名,如张家口、石家庄、王家楼、李家堡等,同时又有许多含"各"字的小地名,如左各庄、史各庄、梁各庄、荀各庄等。从历史来源来看,这两类地名中的"家"和"各"本是同源的,即都是"家"。"家"字中古音属见母,读*k,后来见母在北京话里腭化,变成 tɕ,一部分地名中的"家"字也跟着变读 tɕ 声母,但是另外一些小地名的读音比较保守,其中的"家"字仍读 k 声母,所以就改为用读 k 声母的"各"字来记录,以与读 tɕ 声母的非地名用字"家"相区别。"各"字地名在文献上出现较晚,清代的直隶有胡各庄、刘各庄、柏各庄等。"各"字地名的出现也为见母在北方话中的历史演变提供证据。

方言学还有很多应用价值,如有助于普通话教学、现代汉语规范化、编写地方戏曲音韵、公安破案、古文献考据等。

方言和普通话的语音对应规律可以提高在方言区教学普通话的效益。

普通话里有的字一字两读,有时可以依据方言学知识来正音。例如"荨麻"的"荨"有人读为"寻",有人读为"潜"。"荨麻"生长在四川、云南、贵州,这一带西南官话把"荨麻"读作"潜麻",所以荨字应正音为 qián。

　　中国的地方戏曲种类很多,演员的咬字吐音都是靠师承口练,没有统一规范的标准音韵可资依据,不利于戏曲的学习继承和发展。方言学可以为各种戏曲整理标准的音韵。例如有人以越剧起源地——浙江嵊县方言的音系为基础,编写越剧音韵,为新老越剧演员提供字音标准。

　　刑事侦查常常运用方言学知识鉴别案件语言,从而发现案件语言的制作人,为侦查破案提供依据。例如某案件中有"香把杆"一词,经查这是赣方言词,是"香的杆子"的意思。后来查获的语料制作人果真是江西丰城人。方言学还可以应用于鉴别民间契约、遗嘱真伪等[见:邱大任.略谈案件语言鉴别[J].语文导报,1986(7)]。

　　考证古代文献的作者,如果别的线索缺少或不足时,方言学知识往往可以帮忙。例如对于元明以来的所谓"四大传奇"之一《白兔记》的作者,向来没有成说。1967 年在上海嘉定一个明代墓葬里出土了一本《新编刘知远还乡白兔记》。这是一个当时民间艺人演出的底本,别字很多:如将"家常"误成"家长";"嘱咐"误成"祝付";"重新"误成"从新";"极"误成"藉"等。通过比较这些别字和正字的音韵地位,可以间接推断它的作者的方言是苏南吴语,例如在苏南吴语里阳韵的澄、禅两母同音,一般都读[z],所以"常"字会误写成"长"字(详见拙作《成化本白兔记里的吴语成分》,刊《杭州师范学院学报》1998 年第 3 期)。

第二章　方言的调查、
记录和描写

　　研究一种方言首先必须调查和记录这种方言。在着手调查之前要根据调查目的制订调查方案和调查提纲,选定被调查者(interviewee)即发音合作人(informant),然后开始记录方言。有了书面记录下来的语料(corpus)才能开始描写、分析和研究一种方言。忠实而准确地记录或者说罗列一种方言的事实,并不是轻而易举的,这不仅需要语言学的一般知识,而且需要方言学的专门知识和特殊方法。"如果随便到各处走走听听记记,那所得的东西的价值一定等于零或小于零,因为多错误的记载,还不如没有记载。"(赵元任语)

第一节　间接调查和直接调查

　　调查方言有间接调查(indirect method)和直接调查(direct method)两大方法。

　　间接调查即是通过通讯调查,调查者(investigator)和发音人不见面。通过第三者(intermediary)填写邮寄的问题表(postal questionaire),获得当地方言语料。德国方言学家 Georg Wenker 及其追随者在 19 世纪 70 年代曾用这个方法为《德国语言地图集》(*Deutscher Sprachatlas*)收集语料。他的问题表上列有 40 个句子,后来又补充一些单词。问题表寄到每一个乡村学校,请求教师协助在学生和本地人中间调查本地方言,填写表格。结果收集到欧洲德语地区 5 万个地点的方言材料。《苏格兰语言调查》(*The Linguistic Survey of Scotland*)和《威尔士语言调查》(*The Linguistic Survey of Wales*)都用这种方法收集语料。这种方法的好处是可以在较短时间内收集到较多地点的语料,特别是对收集设点很密的语言地图集的语料,这种方法是很有吸引力的。不过,由于所得语料的可靠性完全依赖于当地填写问题表的第三者的责任心和语言学修养,这种方法本身是有很大缺陷的。

设计一种有多种答案供选择的问题表(check-list),可以避免上述缺陷。在这种问题表上列出各种可能的答案,请第三者调查当地方言,选择答案。美国方言学家 Atwood 曾用这种方法调查得克萨斯州的方言词汇(见 E. Bagby, *The Regional Vocabulary of Texas*, University of Texas Press, 1962)。他请得克萨斯大学的学生调查家乡方言,填写问题表,结果得到得克萨斯州每个县、路易斯安那州和俄克拉荷马州部分县共 273 个地点的语料。这个方法可以很快地收集到大量语料,但是调查者必须事先掌握某一地区方言词汇差异的大量事实,才能制定有多种答案的问题,这似乎难以办到。

汉语方言学界迄今未用间接法调查方言。间接法不太适合汉语方言调查,因为请未经过训练的中间人记录方言,只能用汉字,而汉字不是拼音文字,不能反映复杂的方言字音。所以这样的语料颇难用于研究工作。

汉语方言学界都采用直接调查法,即实地调查法或称为田野调查(field-work)法。这种方法要求调查者或田野工作者(field-worker)面对面地调查和记录发音合作人的方言。又分两种情况:一是在发音人的家乡以外的地点进行调查,如历史语言研究所 20 世纪三四十年代调查江西、湖南、湖北、云南、四川方言,就是在各省省会请各县在省会读书或工作的发音人调查的;二是在发音人的家乡进行调查。

到发音人的家乡进行实地调查有很多好处。

第一,有较大的选择理想发音人的余地。

第二,有利于了解本地方言和邻近方言的异同。在方言复杂的地方,甚至一县有两种或数种差别不大的方言并存,如果在外地记音,所记是哪一种方言不易辨明。

第三,有利于补充或核对记录的内容。有时候一个发音人不能提供所有调查项目的内容,或者调查者对某些调查结果有怀疑,可以找别的本地人(native speaker)补充和核对。

第四,便于了解一种方言的地方文化背景,在记录方言词汇时尤其重要。对有地方色彩的农具、器皿、房舍等的释义,如不见实物,难免不周,甚至错误。

第五,有利于获得对本地方言的感性认识。

第二节 发音合作人和田野工作者

不管采用间接调查法还是直接调查法,事先都要物色好发音合作人。发音合作人或称为被调查者(interviewee),是为方言调查提供语料的人,方言调查的成败和发音人提供的语料是否准确关系很大,所以聘请合适的发音人至关重要。从调查地域方言的目的出发,可以不必顾及发音人的性别、职业、阶层等。理想的发音人应该具备下述条件。

1. 本地方言是他(或她,下同)的母语(mother tongue)。他的父母双亲都是本地人。他从学会说话以后一直说纯粹的本地话(basilect)。他不会说别种方言或民族共同语。他一直住在本地,或只是成年后短期离开过本地。如果在外地住过,最好只是住在与本地方言差别较大的方言区,如苏州人在北京住过。两种差别较大的方言互相间的干扰较小。如果一个苏州人在上海住过若干年,作为发音人就不合适,因为两种差别较小的方言相互间的干扰反而较大。

2. 他应该是中年人,最好是老年人。因为青年人的语言经历还不够,特别是所掌握的本地词汇往往不够丰富,对某些语气词的用法缺少亲身感受,常常把握不定,对本地和邻近地区的口音差别也缺少感性认识。还有,在现代社会里,青年人的方言易受民族共同语的影响,而使他的方言变得不纯粹。

3. 他应该受过中等以上的教育。文化程度较高的发音合作人能较快地领悟调查的目的和调查者的提问,因此可以提高效率,节省时间。赵元任在调查吴语语气词的时候,有一段经验之谈:"大概教育程度高一点的人差不多都能领略所要问的恰恰是怎么一个味儿,而且也能知道假如本地没有相当的语助词,就应该用一种什么说法或什么语调来表示同样的口气。"再者,目前调查汉语方言语音的通用方法是拿调查字表,请人读字,实际上是以调查文读音为主的,文化程度太低的人,识字不多,或对某些字的读音没有把握,这样就难以获得预期的材料。

4. 他的发音器官健康正常,没有影响发音的缺陷。

5. 他最好是一个喜欢谈天说地并且熟悉地方文化的人。他能够提供丰富的方言材料和地方文化背景。

要找到符合上述 5 个条件的理想的发音合作人,并不容易,特别是在较小的居民点,例如只有 1 000 居民以下的村镇或村庄。所以在实地调查时不得不降格以求,最重要的是发音人必须是本地人,能说纯粹的本地话。初到一个陌生的地方,往往难以判断所请来的发言人的方言是否杂有外地口音。这时候可以略选几个韵的字多请几个人读,看同韵的字内部是否一致。如果读的结果内部不一致,即可能杂有外地口音。各地方言都有文理和土白的区别,在现代,发音人又多少有些普通话的感性认识,调查之初,发言人又往往有怕说得太土的心理障碍。所以在选定发音人后,开始调查提问前,必须启发发音人用本地最自然、最纯粹的土话来读字和说话。如果可能的话,调查人最好用较接近本地的方言提问或边调查边学着说本地话,以利尽可能快地解除发音人的心理障碍。

田野工作者出发调查前的准备工作最重要的是制订调查提纲和各种表格,并且要熟悉每一个调查项目的内容。还要尽可能搜集并阅读有关调查地点的人文历史和现状、自然地理等资料,特别是与调查提纲有关的内容。地方文化知识对于调查、记录和解释方言词汇尤为重要。了解本地的移民史实有助于研究本地方言的演变和现状。

田野工作者在调查记音的过程中必须遵循的一个信条是:"本地人对于他自己的方言的事实,他是最后最高的权威。""关于发音人语言中的事实,你是无权与他争辩的。"(赵元任语)田野工作者的责任是如实、准确、细致地记录方言事实,决不能以自己的成见改变或"纠正"方言事实。例如如果北京的发音人把"破绽"的"绽"读成[tiŋ⁵¹],也不要把它纠正为[tʂan⁵¹]。在发音人面前田野工作者永远只能是好问勤记的谦虚的小学生。

调查一个地点方言的语音,应该始终只用同一个发音人,这样可以避免因个人方言的差异,造成语音系统混乱。但是调查词汇,应该多请几位发音人。因为词汇的数量庞大，一个发音人一时难免有遗漏，几个人互相补充，可以更全面。调查濒临灭绝的方言，也须多请发音人，互相启发，互相补充，以求完善。

调查方言不应限于预先制定的调查提纲上的内容，而应该旁及本地方言使用情况，如本地方言种类、双语现象（bilingualism）、双言现象（diglossia）、发音人对本地和邻近地区方言特点的看法等。在一个打算较深入调查的地点，调查者应该多与本地人接触、交际，了解当地的人文历史、移民背景、民俗等，还应该注意搜集地方韵书、地方志文献中有关方言的材料等。

现代的田野工作者除了用手记录方言外，还应该使用录音机录音。录音的最大好处是当面的调查结束后，可以反复重听重记，可以一再校对和改善原始记录，并且可以作为音档长久保存。但是，不能指望依赖录音机记音。比起听录音带，听发音人亲口发音不仅音质清楚得多，并且可以观察口形，所以实地手记是不可或缺的。当然，相比之下，录音带里的声调听起来还是比较清楚的，听录音带记声调或变调是可行的，如果没有充分的时间在实地手记或发音人没有足够的时间发音，连读变调可以只在实地录音，事后再根据录音带记录。

第三节　方言语音的记录和描写

书面记录汉语方言语音的符号通用的是国际音标（The International Phonetic Alphabet，简称IPA）。国际音标是国际语音学会于1888年在《语音教师》杂志上首次发表的，后来经过陆续不断的修正。国际音标表的最新版本是2015年改定的。

国际音标是为记录所有语言的语音设计的，也适合于记录现代汉语方言。不过，除了与国际音标完全一致以外，汉语方言学里还有以下几项习惯标音法。

第一，常用舌面中辅音 tɕ tɕʰ dʑ ȵ ɕ ʑ 等，国际音标表（修改至1979年）完全不列这一组辅音。

第二，在国际音标表上缩气塞音（implosive）写作 ɓ ɗ ɠ，汉语方言学著作通常写作 ʔb ʔd ʔg。对于缩气轻微的此类音则写作 ʼb ʼd 等。

第三,汉语方言常见舌尖元音ㄗㄑㄢ。例如北京话里有ㄗㄑ这两个元音,常州话里有ㄑㄢ这两个音。国际音标表不列舌尖元音。ㄗㄑㄢㄑ这四个用于汉语的元音音标是瑞典汉学家高本汉(Bernhard Karlgren)首倡的。

第四,《国际音标》用 h 表示辅音送气,如 pʰ tʰ,汉语方言学著作通常用'表示,如 p' t'。为排印方便,本书也用 h 表示送气。

第五,《国际音标》用附加在音标上面的横线或斜线表示字调,例如 ā 表示高平调,á 表示高升调。汉语方言学著作通常用五度制的声调字母表示字调的调形(contour)和调值。

一个声调字母是由音高线和调形线两部分组成的,写在音节的右边。音高线是一条竖线,用作音高标尺,分为低、半低、中、半高、高五度。说明调值时可以分别用数字1、2、3、4、5表示。调形线是连在音高线上的或平或斜或曲的线。这些线表示时间和音高的函数关系。通常表示单字调的调值时,调形线连在音高线的左方,表示连调时连在音高线的右边。例如北京话:高[kau˥]的声调字母是[˥],其中的竖线是音高线,连在音高线最高处向左垂直延伸的是调形线,这个标调字母说明"高"这个音节的调形是高平,调值是 55。也常用表示音高度数的数码字写在音节的右边或右角直接表示调形和调值。分别用两个数字表示一个字调音高的起点和终点。如果调形在中间有曲折,则另用一个数字表示曲折处的音高度数。如北京音:梨 li³⁵ 李 li²¹⁴。对入声字,为了表示声调在时间上的短促则在数字下加一横线。如上海音:读 doʔ¹²,如果入声字的音高起点和终点没有变化,则可以只用一个数字表示,不必下加横线,如上海音:竹 tsoʔ⁵。字母标调的优点是直观、形象;数字调标法的优点是调值明确,也便于印刷。必要时两者可以结合起来使用,如北京音:高 kau˥˥ 梨 li˧˥³⁵ 李 li˨˩˦²¹⁴。字母标调法和数字标调法可以统称为五度制标调法,这一套标调法最初是赵元任设计的。见《一套标调的字母》(刊《方言》季刊 1980 年第 2 期)。

有些早期的汉语方言学著作曾参用音乐学上记录音符的五线谱标调,如刘复《四声实验录》(1924)、赵元任《现代吴语的研究》(1928)、罗常培《厦门音系》(1931)等。乐谱标调法不便记录和阅读,流行不久即被五度制标调法所取代。

近年来有的海外方言学著作采用调层（register）标调法，即把字调的音高分成高（high）、中（middle）和低（low）三个层次，分别用三个英文字母 H、M、L 表示。例如 $\curvearrowright^{53}$ $\searrow^{51}$ $\checkmark^{213}$ 这三个五度制标调符号，用调层标调法即是 HM、HL、MLM。调层标调法的优点是有利于声调的音位归纳。调层标调法也可以用于记录两字组或多字组连读变调。如上海话"天窗"这个两字组的变调值用五度制标调法是$\ulcorner^{55}\vdash^{31}$，用调层标调法可以记作 HH、ML。

第六，《国际音标》只列表示重音的符号，不列表示轻声的符号。汉语的许多方言都有能辨字的（distinctive）轻声。习惯上是轻声音节用符号表示，非轻声音节不加符号。轻声音节即在音节左边用小圆点表示。如北京话轻声音节"-了"[-lə]，也可以在音节的右边用[·l]表示，如"了·l"[lə·l]。这种表示法是与五度制声调字母标音法配合使用的。如果要配合五度制声调数字标调法，轻声音节可以用"0"来表示。

汉语方言的声调的类别叫调类。一种方言里的调类是按声调调值的异同区分出来的声调类别。今调类的名目与古调类有关。在同一种方言里同调类的字调值相同。但是在不同的方言里调类相同的字调值不一定相同。例如阴平在北京话里是[$\ulcorner^{55}$]，在南昌话里是[$\searrow^{42}$]。调类的表示法有以下两种。

一是调类代码法，即用不同的阿拉伯数码字代表不同的调类，写在音节的右上角。古调类和各代码的搭配关系一般如下：

> 阴平 1　阴上 3　阴去 5　阴入 7
> 阳平 2　阳上 4　阳去 6　阳入 8

如果某方言今调类少于八个，就取消被合并的调类及其代码，留下来的调类和代码的搭配关系不变。例如今成都话去声不分阴阳，全浊上声并入去声，入声并入阳平，所以成都的调类如下：

> 阴平 1　阳平 2　上声 3　去声 5

如果甲、乙两个调类合并,应该用甲调类的代码还是乙调类的代码呢? 就同一类方言而言,这是两可的,即可以认为是甲类并入乙类,或者反之。但是各地今方言调类和汉语的古调类有有规律的对应关系,各地今方言的调类也有相对应的关系,所以在为合并的调类选择名称的时候,要照顾到别的方言调类合并的情形,不致破坏方言间调类的对应关系。例如吴语苏州方言今阳上调和阳去调合并,该定名为阳上调还是阳去调? 这需要拿别地吴语调类合并情形作比较。吴语区不少地方,如余杭、杭州、桐庐、临安的阳上调全浊字与阳去同调,而阳上次浊字仍保留独立的调类,可见这些方言调类归并的规律是阳上归阳去。相反却没有发现阳去调部分字与阳上字同调的方言。因此,说苏州的阳上调并入阳去调更合理。如果某方言的调类在八类的基础上再分化,总数超过八类,则可以将再分化的调类分成两小类,在原调类代码的右边加上"·1"和"·2",以示区别。例如江苏吴江方言阴上因声母不送气和送气的不同分化成两类,那么就用 3·1 表示不送气的一类,3·2 表示送气的一类。如早 tsɒ³·¹ 草 tsʰɒ³·²。

二是发圈法。发圈法是传统语文学旧有的调类标记法,即用半圈画在字的左下角、左上角、右上角、右下角分别表示平、上、去、入四声。如果每类再分阴阳,可在各类半圈下加横线,表示阳调类。即:

阴平ᵓ□　　阴上ᶜ□　　阴去□ᵓ　　阴入□ᵓ

阳平ᵤ□　　阳上ᶜ□　　阳去□ᵓ　　阳入□ᵤ

对于调类少于八个的方言,处理办法可以参照代码法。如果其方言调类多于八个,可以把表示原调类的半圈改为"。",用以表示分化出来的新调类。如江苏吴江的阴去调因声母是否送气分化成两类,不送气的一类用□ᵓ表示,送气的一类用□°表示,如再 tsɛᵓ 菜 tsʰɛ°。为了排印的方便本书不用发圈法,而用数字代码表示调类。

用音标记录语言有"严式标音"(strict transcription)和"宽式标音"(broad transcription)两种。严式标音又称为"音质标音",它尽可能细致地记录所听到的实际语音,用得上《国际音标》表上的各种附加符号。宽式标音又称为音位标音,它的目的只是指出在一种方言中能够区别意义的音类,不必选用能够表示实际语音的音标,而只要用常见的音标表示就可以了。例如吴语温州话豪韵的读音,用严式记是[ɜ],如刀[tɜ⁵⁵],[ɜ]是略低于[ə]的央元音。如果用宽式标音,只要记作常见的[ə]就可以了。

在实地听音记录的时候,必须采用严式标音。这样,在分析这种方言的语音特点和归纳音位的时候才有材料的依据。在归纳音位和声韵调系统的时候,应该用宽式标音。对于某些语音或音位变体的音质可以另加文字说明。宽式标音不仅适用于归纳音位,并且也便于印刷和阅读。严式标音除了有上述用途之外,对于不同方言的比较也是必不可少的。例如吴语苏州话唐韵,仅就苏州话内部来说,可以用宽式标音,记为ɔ,但是如果要与宁波话比较就必须用严式标音,记作ɒŋ,因为宁波话唐韵读[ɔ̃]。如果用宽式标音就会抹杀两者的差别。

从听发音人发音到记音中间还有一个审音的过程。审音就是用人的听觉器官把各种音素从实际语言里隔离出来,再加以分辨,进一步确定各是什么样的音。审音不仅是一种技术,也是一种能力。审音细密与否往往因人而异。

审音除了要用耳朵仔细听辨之外,还要辅以观察发音人的口形和发音动作,例如发 Φ β 这两个声母字,双唇微触,两腮鼓气。对于单独发音难以分辨的语音,应该用成对比字的方法反复审辨。比字的基本方法是选用在某一种方言里声母和韵母完全相同的字,来比较声调是否相同,如稻——盗;或选用韵母和声调完全相同的字,比较声母是否完全相同,如精——经;或选用声母和声调完全相同的字,比较韵母是否完全相同,如饱——保。比字也可以用于比较不同的连调组合的调式是否相同。如同班(阳平＋阴平)——铜板(阳平＋阴上)。本地人一般对本地方言字音的异同很敏感,所以本地人对比字结果的意见可以作为重要的参考。

除了极少数例外(如吴语杭州话),文白异读是汉语方言的普遍现象。所谓文白异读是指方言中来历相同意义相同的一字两读现象,其中一读称为文言音或读书音或字音,另一读称为白话音或说话音或话音。例如武汉话文白异读主要是有没有[i]介音。文言音有[i]介音,白话音没有,"夹"字文读是 tɕia²,白读是 ka²。说方言的人在读书时或说较文的词语时往往用文言音。白话音用于日常说话。文白异读现象在不同的方言里发达程度是不相等的,在各大方言中,以闽语最为突出,不仅字数多,而且一个字白读或文读有时不止一个形式。厦门话里的文白异读字有一千五百个以上。厦门人称"字音"为"孔子白","话音"为"解说"。各种吴语里文白异读字约有二三百个,占常用字的5%—7%。

区别文白读的符号,通常是在字或音节下加横线表示白读,加双横线表示文读。如福州话:投 tau² / 投 tɛu²。

以下三种读音易与文白读现象混淆,记录文白读时要注意排除。一是新派和老派异读,如广州话"剖",老派读 feu³,新派读 pʰeu³。二是多义字异读。如苏州话"孝"字有 hæ⁵¹³ 和 ɕiæ⁵¹³ 两读,前者用于与丧事有关的词语;后者指"孝顺"。三是训读音。如潮州话"竿"字有 kaŋ¹ 和 ko¹ 两读,后者是"篙"字的训读音,与前者不构成文白异读。

用调查字表请发音人读字音的时候,要特别注意不要漏记白读音。发音人看到一个字后,往往受读书习惯的影响先想起并读出文读音,白读音则躲藏在文读音后头,有时要经过耐心反复的询问才能得出。

从语用环境的角度出发,文读音可以分为两类:一类只用于读书;另一类既用于读书,也用于口语。如果要较深入地研究一种方言的文白读,有必要查清这两类语用环境不同的文读音。例如吴语松江方言中的下列文言音,第一组是读书和说话中兼用的,括号里是口语词用例;第二组是只用于读书的文言音,相应的白读音写在左边,括号里是口语词用例。

第一组

争 tsᴇ̃⁵³(～吵)　　　　　tseŋ⁵³(斗～)

生 sᴇ̃⁵³(先～)　　　　　seŋ⁵³(～存)

赤 tsʰɑʔ⁵⁵(～豆)　　　　tsʰʌʔ⁵⁵(～道)

假 kɑ⁵⁵(～山)　　　　　tɕiɑ⁵⁵(～使)

第二组

姐 tsiɑ⁵⁵(小～)　　　　tsi⁵⁵(姊)

快 kʰuɑ³⁵（快快） kʰuɛ³⁵

牙 ɦŋɑ³¹（～齿） ɦiɑ³¹

蜻 siəŋ⁵³（蜻蜓） tsʰiəŋ⁵³

对文白读分歧严重而自成严整的系统的方言，要分别整理出文读和白读系统的声韵调系统，如吴语丹阳话文白读声调系统不同，寿昌话则韵母系统不同。

调查记录了一种方言的字音以后，就要归纳这种方言的音位系统了。对于任何一种语言或方言的音位归纳，答案都不是单一的，也就是说可以用多种不同的方法归纳同一种语言或方言的音位系统，最后可以得出不同的结论。所得结果没有正误之分，只有优劣之辨。至于用什么方法归纳汉语的音位系统较好，有两种不同的意见，一是按元音、辅音系统归纳，得出元音音位、辅音音位和声调音位；二是按声韵调系统归纳，得出声母音位（声位）、韵母音位（韵位）和声调音位（调位）。笔者以为第二种方法大大优越于第一种方法，除了一般性的理由外，就归纳汉语方言的音位系统而言，还有下述三个特殊的理由。

第一，有利于处理若干汉语方言的事实。例如江淮官话里在音节前头的 n 和 l 是任意两读的，但是只有 n 才能用作韵尾，l 不用作韵尾的，如果从声韵调系统出发归纳音位，可以用/n/这一个声母音位来包括 n 和 l 两个音，它与韵尾 n 不会纠缠。再如吴语方言中音节前头的 n 和 ŋ 是能区别意义的，如上海话：男 nø¹³ ≠ ŋø¹³ 岸。但是在韵尾的位置上 n、ŋ 不区别意义，是两可的。如果从声韵调系统出发，上海话"人"字读成[niŋ¹³]，如果读作[nin¹³]，意义不变。可以归纳出两个声母系统/n/和/ŋ/，它们与作为韵尾的[n]和[ŋ]不会纠缠。

第二，有利于不同方言之间的语音系统的类比。用这两种方法归纳方言的结果，在声母方面差别很小，但是在韵母方面差别很大，例如许多方言都有程度不同的鼻韵尾脱落现象。如"三"字读音：

北京	苏州	双峰（湘语）	梅县	厦门
san¹	sE¹	sæ̃¹	sam¹	sã¹

如果从声韵调出发归纳音位,我们可以说苏州的E、双峰的æ、梅县的am、厦门的ā、北京的an相对应,简便而明了,并且可以由此看出语音发展的历史轨迹,如果采用元辅音系统归纳法,北京的[an]分属/a/和/n/两个音位,梅县的[am],分属/a/和/m/两个音位,要说明方言间语音的对应关系就要复杂得多。

第三,有利于照顾方言的历史音韵,因此同时也有利于今音和古音的比较。例如果摄合口一等戈韵並母,如"婆"在温州话中原来读[bu²],韵母是单元音,但是今音读[bøy²],韵母变为双元音。不过字音的类属未变,即凡中古果摄合口一等戈韵字在今温州话中多读[øy]韵。从声韵调系统出发归纳出/øy/韵,有利于说明从u到øy的历史音变规律。如果从元辅音系统出发,[øy]分属/ø/和/y/两个音位,既不能照顾历史音韵,也不便古今比较。

中国传统的音韵学和方言学本来就是从声韵调系统出发来分析汉语语音的。事实上几乎所有现代的方言学著作也都是从声韵调系统出发归纳方言的音位的。

关于音位的定义,赵元任认为:"相似性、对补性、系统性,这三者是音位观念里头基本的要点,把这三点合起来就可以成为一个音位的定义。那么,我们可以这么说:一个语言里,凡是一个音群,其中各音的性质相似而成对补分配,又跟其他合乎以上条件的音群成为一个简单整齐的系统,这个系统就叫这个语言里的音位系统,简单说起来就是音系。"又认为对补分配(complementary distribution)是"音位观念最紧要的一点"(引自《语言问题》,商务印书馆,1980年,33页)。他又提出归纳音位的三个附带条件:一、总数尽量少;二、符合土人感(feeling of native speaker);三、尽可能符合历史音韵。但是在大量归纳汉语方言音位的实际工作中,人们最重视的是基本条件中的系统性和附带条件中的"历史音韵",而不是对补分配。最突出的是下述两种情况,试举例说明之。

吴语温州话声韵调表(据《汉语方音字汇》,略有修改)上有下列六对开口和齐齿韵母:

| | 1 | ɛ | 行杏 | | iɛ | 标生略 |

2	a	妈反闲获	ia	晓脚
3	ai	杯灰北十	iai	吃吸翼
4	au	斗口牛	iau	扭久优
5	əu	拖罗初毒	iəu	就周郁
6	əŋ	枕本灯	iaŋ	琴巾宁兴

在温州话的声韵配合关系中,上述第 5 对开口呼韵母和齐齿呼韵母处于对补分配之中,即齐齿呼一组只拼腭化声母 tɕ、tɕʰ、ʑ、ɕ、ȵ 和半元音 j 及零声母,开口呼一组则拼 t、tʰ、d、n、l、ts、tsʰ、s 声母。根据音位对补的特点,这两组可以各自合并为同一个音位的。考虑到声韵配合的系统性,把它们分为两个音位,以与其他各组相平衡。汉语方言韵母音位以开、齐、合、撮为纲,有很整齐的系统性。仅有少数方言韵母无撮口呼(如云南官话)或除 i、u、y 介音之后另有 ɥ 介音(如杭州)。所以方言的韵母音位归纳,常常视这种系统性比对补性更重要。

按汉语方言音位归纳的惯例,上海松江话的声调音位可以归纳为八个。即:

阴调类　阴平 53　阴上 55　阴去 35　阴入 <u>55</u>

阳调类　阳平 31　阳上 22　阳去 13　阳入 <u>22</u>

四个阴调的调形分别与四个阳调的调形完全一致,只是调层(register)不同,即音高的起讫点不同。阴调只配清声母字,阳调只配浊声母字。如果按照归纳音位的对补性原则,八个调位可以合并为四个,即降调(平)、平调(上)、升调(去)、短平调(入)。又因为短平调只与带喉塞韵尾的字相配,长平调只与不带喉塞韵尾的字相配,两者也是处于对补分配中,也可以合并为一个声调音位。这样一来,松江话的声调调位只剩三个,即降调、平调和升调。这样的归纳法显然不合方言调位归纳的惯例。归纳方言调位的惯例实际上是从照顾历史音韵的角度出发的。即假设汉语的声调由平、上、去、入四类,按声母的清浊各分阴阳,演变为八类,又由八类有规律地归并成七类、六类、五类、四类或更少。所以,从历史音韵出发,对声母分清浊、调层有高低差别的方言，归纳调位皆从分，不从合。在这里历史音韵原则比对补性更重要。

注重系统性和历史音韵的汉语方言音位归纳法，既有利于现代方言之间的互相比较，也有利于现代方言与古代汉语之间的比较。

方言学著作通常以表格的形式来罗列一种方言中的所有音位，表格分声母表、韵母表和声调表三种。表格上安排的各种音位的位置要体现语言的系统性，音位后边所举的例字要尽量体现音位在字音分布上的覆盖面和历史来源。一个方言的声韵调表应该是这个方言的窗口，从此可以看出它的语音系统及其特点。例如在北京话的声韵调表上列有下列声母和韵母音位及其例字，由此可以看出北京语音的若干特点。

声母：t 颠大低　　tʰ 天同突

颠[tien⁵⁵]≠天[tʰien⁵⁵]，可见清声母的送气与否构成音位差别；"颠低"读 t 声母，可见古端母今读 t；"天"读 tʰ 声母，可见古透母今读 tʰ；"大"读 t 声母、"同"读 tʰ 声母，可见古浊塞音平声读送气清塞音，仄声读不送气清塞音。

韵母：in 林心巾因　　iŋ 冰杏丁京

巾[tɕin⁵⁵]≠京[tɕiŋ⁵⁵]，可见舌尖鼻韵尾和舌根鼻韵尾构成音位差别；"林心巾因"四字皆收-n 尾，可见古侵摄[收-m 尾]和古臻摄（收-n 尾）今皆收-n 尾；"冰杏丁京"四字皆收-ŋ 尾，可见古曾摄和古梗摄今仍收-ŋ 尾。

有异读的字不宜选用作声韵调表上的例字，例如"波"字北京话有[po¹]和[pʰo¹]两读，不宜选为 p 韵的例字。

方言的声调包括两大类：单字调和连读调。一个字在单独使用时的声调称为单字调，如请发音人读单个汉字的时候所得出的声调。相对于变调而言，单字调又叫做本调。连读调是指一个字用于两字或多字组时的声调，简称连调。例如"花"字在"花生米"这个三字组中的声调。如果一个字的连调与单字调不同，这个字的连调就叫做连读变调(tone sandhi)，简称变调，也就是说变调是本调(base form)在多字组中的连读形式。例如在浙江武义话中"花"字单念是 hua²⁴，本调是[²⁴]，但是在"花生米"中读 hua²⁴⁻⁵⁵，[⁻⁵⁵]即是"花"的连读变调。表示变调的调号是将调形线画在表示音高的竖线右侧。例如北京话"好马"xau ˩˥˩ma˩，也可以用数字记录，即 xau²¹⁴⁻³⁵ma²¹⁴，短横后头的数字表示变调值。如果本调在连调中变读轻声，可以在音高线的右侧加小黑点。如北京话"棉花"mien ˥xua˩，也可以记作 mien³⁵ xua⁵⁵⁻⁰。本书采用数字记变调。多字组中每个字变调后的调形和调值，前后连续成一序列，这个序列称为连调调式，简称连调式或调式。例如"好马"的连调式是：˩³⁵ ˩²¹⁴。

有时候为了照顾和说明一个方言连读变调规律的系统性，某些跟本调读得相同的连调，也可以认为是变调，如潮阳话：厝顶tsʰu³¹⁻⁵⁵ teŋ⁵³（屋顶）。"顶"的本调是 53，变调也是 53。

变调是汉语方言的普遍现象。对各地方言变调的调查尚未普遍、深入。大致吴语变调现象最为复杂，官话较为简单。官话的变调也有复杂的，如镇江方言，但不多见。

在着手调查变调现象之前，须先制定调查表格。调查一般变调规律所用的表格从 8 个古调类出发，将分属不同调类的字交叉结合排列成各种成词的字组。以两字组变调调查表格为例，因为古调类平上去入各分阴阳，因此两字组的前字和后字各有 8 个调类。分属不同调类的前字和后字互相结合，共得 64(8×8=64)种字组组合。排列的次序从"阴平＋阴平"开始，以"阳入＋阳入"告终。每种字组可以列出若干例词。例如"阴平＋阴平"这个字组可以列出"飞机、公司、天窗"等。调查时请发音人逐一读各字组的例词，由调查人记录其连调。

连调的调查应在归纳方言的声韵调系统之后进行。有的方言次浊字或次清字的调类另有变化。调查这些方言的连读变调前，应将调查表上的次浊或次清例字调整到适当的字组里。例如杭州话阳上调一般读 13，但是古阳上次浊字，却读 53，如马 ma⁵³、吕 ly⁵³调值同阴上。所以"马车"应归入"阴上＋阴平"这个字组，"旅行"应归入"阴上＋阳平"这个字组。

虽然有的方言单字调的调类经合并之后可能少于 8 个，但是调查表上的字组仍须保持八八六十四个字组。因为在有的方言里作为单字调，有的调类是并入别的调类了，但是在连调中它仍有独立的变调行为。例如上海金山方言的阳上调，作为单字调已经并入阳去调，但是它在字组中的变调规律与阳去调不同。

调查表上的例词应尽量选择本地的口语词汇，排斥平时口语不用的文读词。因此调查表上的例字最好在初步调查本地词汇后再拟定。

有的方言的变调不仅跟调类组合有关，而且与字组内部的语法结构有关。对于这些方言须另外列出按语法结构分类的连调调查表。

在有的方言里某些类属特殊的词，如亲属词、地名词、人名词、数量词、儿尾词等，连调变化自成规律，也需要另行编制调查表格。

记录完各字组的调式后，经过归并，就得出连读变调规律。一个方言的连读变调的规律一般用表格的形式公布。例如杭州话两字组变调规律表（见表2.1）。此表竖列依次列出分属各调类的前字，横行依次列出分属各调类的后字，各调类的前字和后字的交汇处，即是这个字组的变调式。为了便于说明规律，同一横行为同"系"，后字则分成舒声和促声两组。例如前字阳去系后字舒声组的连调式是12—42。

表 2.1　上海金山方言两字组变调表

后字 前字	舒 声 组						促 声 组	
	阴平	阳平	阴上	阳上	阴去	阳去	阴入	阳入
阴平（系）			33	44			33	4
阳平（系）	22	34	A22 B22	53 44	22	34	22	4
阴上（系）			44	31			44	3
阳上（系）			12	42			12	4
阴去（系）			34	42			34	4
阳去（系）			12	42			12	42
阴入（系）	3	42	A3 42 B3 44		3	45	3	4
阳入（系）			2	34			2	4

第四节　词汇和语法的调查

汉语方言调查的一般程序是先调查语音，后调查词汇，最后调查语法。在了解一种方言的语音系统、文白读、变调等情况后，再调查记录词汇才不致有太大的困难。

调查词汇之前必须制定词汇调查表。词汇调查表上的词目一般是分词类排列的，各类内部则又按意义分成若干小类。如名词类可分为天文、地理、飞禽、走兽、屋宇、人体、服饰、年节等。

词汇调查表分简繁两种。

简略的一种是供方言普查用的，目的在于调查方言中的常用词汇跟普通话的异同，这种调查表可以以普通话词条立目，词目后列出若干与该词相应的方言词，作为调查询问时的参考。例如"头颈——脖子　颈子　项颈　颈项"。

详细的一种是供全面深入地调查一种方言的词汇用的。这种调查表的分类和立目都要求从细。最好从邻近的某种已知方言的词汇立目。例如调查上海市郊县方言，就以上海市区老派方言的词汇立目，这样，有利于从细发掘有方言特色的词汇。任何一种方言的词汇，其数量都是极其庞大的，都是一张词汇调查表所不能包罗殆尽的。所以要深入调查一种方言的词汇，决不能限于调查表上的词目，这些词目只不过为进一步发掘方言词汇提供门径而已。除了用按意义分类的调查表调查词汇外，还可以分专题穷搜方言词汇，例如儿尾词、小称词、变音词、俚语（slang）、忌讳词、地名、人名等。各类词汇的数量有可能都相当可观。例如杭州的儿尾词至少可以搜集到 2 000 个。

向发音人当面调查方言词汇的方法至少有五种。

第一，翻译法。即请发音人用本地相应的词汇对译调查表上的普通话词汇或别地的方言词汇。例如客家人用"目"对译普通话的"眼睛"。使用翻译法要注意发音人用"转文"回答，即发音人只是读出一个书面词汇的字音。例如客家人如果把"眼睛"说成[nian⁴tsin¹]，即是转文，平时口语不这样说，只说"目"[muk⁷]。此法的另一个缺陷是难以查明与书面语字面相同含义的不同的方言词汇，例如"蚕豆"温州话指豌豆。

第二，解释提问法。即由发音人先解释某一个词的含义，要发音人用当地方言词来概括，例如先解释"荸荠"这个词："一种草本植物的地下茎，形状扁圆如算盘珠，皮薄呈赤褐或黑褐色，肉白多水分，似梨，可以生食。"再问此物当地叫什么，这种调查法可以避免"转文"问题，有助于发掘道地的本地词汇。

第三，提示法。即指实物或图画，问方言词汇。例如人体外表如头、手、脚、耳各部分（body parts）几乎皆可直接指出而提问，而眼珠之类则画图提问更明确。此法不仅有上述解释提问法的好处，还有直观而不致误会的明显优点。例如广州话"脚"相当于北京话"脚、大腿和小腿"。如用书面翻译法易致误会。不过有实物可指或图画可画的词并不太多。

第四，举例法。即把词放在例句中，问发音人，用本地话应如何表达这个句子的意思。例如为调查近指代词和远指代词，可以用这样的句子："我不要这个蓝色的花瓶，要那个红色的花瓶。"此法较适宜调查形容词、动词，更适宜调查虚词。1940年董同龢、杨时逢等人在四川调查方言，即用此法调查最基本的词汇。

第五，谈话法。即请发音人谈论某一个话题，从中摘录与这个话题有关的一系列词语。例如在蚕桑业发达的农村，请当地人谈论蚕的发育生长过程和养蚕的经验，从中可以了解蚕桑事业的成套词语。这种调查法鼓励发音人畅所欲言，谈话是在无拘无束的自然状态下进行的，所以往往能够收集到纯粹的本地话，而且词语的含义因为有上下文的陪衬，也会更加显豁。此法的缺点是时间不经济，一个补救的办法是现场录音，事后整理，如有问题，再作简短询问，这样可以节省发音人的时间。

以上几种方法各有利弊，各有所用，在调查时可以视情况交互使用。

词汇反映多姿多彩的社会生活和自然环境。任何一种方言的词汇都是丰富多彩的，其数量是极其庞大的。而且与语音系统的封闭性不同，它是开放性的，系统性远没有语音强。没有一个本地人能掌握所有本地词汇。所以要深入调查一种方言的词汇，就不能只依赖一个发音合作人或被调查者提供的材料。多人次的调查是必要的。并且要注意调查不同职业、不同年龄、不同性别的本地人的词汇。例如同一个地点的教师和渔民的语音系统可以完全一致,但是所掌握的词汇往往有明显的出入。

方言语法调查应在语音和词汇调查的基础上进行。调查语法首先要记录语料,而记录语料必须要事先掌握这种方言的语音系统和基本词汇。况且有些语法现象的变化和语音变化有关。例如在某些吴方言中,语法结构和变调类型共变。

方言语法调查可分简略调查和详细调查两种。

简略调查的目的一般是为了发现方言语法与普通话语法不同的重要特点。此类调查一般是利用预先拟定的语法调查提纲,逐项询问本地人,最后整理所得材料。调查表上的项目可以从普通话语法出发设计。调查项目应包括各种语法范畴如体、式、态、数;各种句类,如陈述句、疑问句、祈使句、比较句;各种虚词,如结构助词、语气助词等;各种构词成分,如前缀、后缀、中缀等。每一个项目下面应列出若干例句或例子。例如"比较句"这个项目下面可以列出下述例句:"弟弟比哥哥聪明。重庆的天气不如昆明。桂林的风景跟杭州一样美。"前两个例句是不平级比较句,前者是"较胜比较",后者是不及比较,第三个例句是平级比较。调查只问这些例句的意思在本地如何表达,决不能询问项目本身,实际上是使用翻译法。根据发音人所提供的本地句子,再作分析,从而发现语法规律。所以用调查表所得的结果还只是语料而已。归纳语法规律则需要一般的语法学知识。

较深入或详细地调查一种方言的语法,应该从大量搜集语料开始。供语法研究用的语料是指有上下文,即语言环境的语言材料。语料主要有四种:自然口语语料、民俗语料、广播语料和书面语料。其中又以自然口语语料最为重要。

自然口语语料即是本地人在日常生活各种场合使用的未经筹划的语言。用调查表提问得不到的土白语料,往往在自然口语中唾手可得。例如吴语松江话第二人称单数,问来问去都是 $zə\textrm{ʔ}^2 nu^{13}$,但在口语中更常见的是 zu^{13}。zu^{13} 是 $zə\textrm{ʔ}^2 nu^{13}$ 的合音。搜集此类口语语料的方法主要有二:一是随听随记,由于笔录的速度不可能跟上口语的速度，所以很难准确记录较长的句子或长篇谈话材料，如果要求发音人重新说一遍，一则不方便，二则不自然。所以"随听随记"只能妙手偶得之，着重记些简短的特殊或罕见的用例；二是用录音机录制。用录音机录制应在说话人没有意识到被录音的情况下进行。事后听录音用汉字或音标记录语料。用录音的方法搜集语料不仅是可能的，而且对于较全面、深入地描写一个地点方言语法也是必要的。笔者撰写《上海市区方言志》的语法部分即是利用录音语料，录制这些语料的录音带长达30多个小时，包括36万个以上的音节。

民俗语料是指本地的俗语、谜语、歌谣、绕口令、民间故事、曲艺或戏曲等。此类语料应以口头采集为主，也可搜集现成的书面语料作为参考。为了比较各地方言语法的异同，可以请各地发音人用各地方言口译同一个书面语故事。同时将各种方言的故事逐字标音、释义，即所谓字译。例如《北风和太阳》的故事，有一句厦门音字译：

$pak^{32\text{-}4}$	$hɔːŋ^{55\text{-}44}$	$kɔːŋ^{51}$	$gua^{51\text{-}55}$	$e^{24\text{-}44}$	$pun^{51\text{-}55}$	$su^{33\text{-}22}$	$tɕin^{33\text{-}22}$	tua^{33}
北	风	讲	我	个	本	事	甚	大
北	风	说	我	的	本	事	很	大

这个著名的故事曾被附在《国际音标》后面作为标音举例的标准文本。

广播语料，是指本地方言的广播节目中的语言材料，此类语料可供研究社会方言用，如可以拿这种经过筹划的语言与未经过筹划的自然口语作比较研究。

书面语语料包括方言文学作品、方言《圣经》、方言课本等。利用这些书面语语料可以研究历史上的方言语法，如利用《山歌》研究明末苏州话语法。

要全面深入地调查一种方言语法除了着力搜集上述几种语料之外，还应制订详细的调查提纲，按提纲上的项目逐项系统地向发音人搜集语料。搜集上述四种材料是随机的。而语法是有系统性的。随机搜集的语料往往不能满足系统性的要求，换句话说，要说明成系统的语法,随机搜集的语料往往有缺漏。所以须要用根据语法系统设置的调查表来补充搜集语料。这种调查表可以根据已知的邻近方言的语法来设计。例如从厦门方言语法出发来设计泉州方言语法调查表。这样的调查表有助于深入发掘方言的语法特点。

描写方言语法应该注意下述三个原则性的问题。

一是归纳语法规律应从方言语料的事实出发,尽可能避免受书面语语法框架、概念或语法成分的牵制,着力发现方言语法的特点,必要时可以自拟语法术语。例如上海话"日日要烧咾买咾汰咾,烦煞!"(天天要烧、买、洗,很麻烦!)其中的"咾"极易与普通话语法中的"和"比附,而误认为是起连接作用的连词。但是进一步拿较多的材料来比较,经仔细分辨,可以看出"咾"是一个表示列举的语气词。它跟"和"不同,至少有两点:一是"和"必须是连接两个事项的。"咾"所隔离的事项可以不止两个;两个以上"咾"连用时,每一个"咾"后头往往有语音停顿,"和"后头没有语音停顿。

二是尽量从表达方式的角度来分析语料,有利于避开书面语语法框架的干扰,从而发现方言的语法特点。例如从形容词如何表达程度来分析上海方言语料,可以发现主要是用副词修饰形容词来表达程度的,如"交关多、邪气高"。此外,还用重叠法(如"绷绷硬")、词嵌法(如"乡里乡气")、加缀法(如"红希希")和扩展法(如"金光锃亮")来表达程度。这四种方法实际上即是上海方言形容词表示程度的语法手段。进一步归纳和分析语料还可以发现,可以用"有眼"(有一点儿)作为鉴定字,把这两种语法手段分为两类:一类是加缀法和词嵌法,可以与"有眼"结合,表示较弱的程度,如"有眼红希希、有眼乡里乡气";另一类是重叠法和扩展法,不可以与"有眼"结合。如"笔笔直"和"金光锃亮"都不能前加"有眼"。

三是忌套用西洋语法概念和术语。如人称代词的复数,有的方言表面上看是由后缀(suffix)构成,但经稍为深入的研究和分析,不难发现,汉语方言的人称代词复数多用词汇手段构成,而不用语法手段构成。例如吴语的人称代词复数(详见拙著《各地吴语人称代词的比较研究》,载《吴语研究》论文集,香港中文大学,1992 年)。

第五节　汉语方言调查方法问题

　　自从 20 世纪 20 年代以来，汉语方言调查的方法，习惯上都是先记录某些事先选定的字的字音，求出声韵调系统，再调查记录词汇和语法。预先选定的字被安排在一本方言字音调查表格里。这种表格最初是 1930 年中研院历史语言研究所制定的，后来经过增补修改，而成目前通用的《方言调查字表》。这个表格是按以《切韵》为代表的古音系统安排的，预先选定的字按它们的音韵地位填在表格的一定位置上。制作这个调查字表，用于调查汉语方言有两个基本的认识：一是切韵音系是现代汉语方言的总源头；二是语音演变是有规律的。所以现代方言和切韵音系存在语音对应关系，因此从切韵音系出发来调查整理和研究现代方言音系应该是合理而方便的。利用这个字表调查方言语音，还有一个好处是能在较少的时间里大致了解方言语音系统的全貌。例如一个受过训练的调查者可以在半小时之内了解一个方言单字调的调类和调值。但是这种调查方法实际上是从文字出发来调查语言，调查所得的结果理论上只能算是某地方言中的汉字读音系统。这有几方面的原因：各地方言普遍有文白异读现象，而发音人一般的习惯是看着字，读文读音；有些字，甚至是很普通的字，方言口语根本不用，如"坏"字温州口语不用，"晚"字上海口语不用；有些字从来不单用，如"宵"字，上海只用于"元宵、宵夜"。对这些单字的读音的声调因受连调影响常常没有把握；有些口语中常用的音节，向来没有汉字可写，或只有方言俗字可写。例如河北昌黎话罗□luo^{35}lən^{0}（给人添麻烦）、□tsʰou^{35}洗（特指洗纺织品等）。这些字不可能包括在调查字表之中。通过《方言调查字表》调查方言，可以称为"字本位的方言调查法"。这种调查字表使用至今已有 60 年的历史。在旧时代各地中小学语文教学很重视识字和字音，字音多是用本地方言教的，颇重视四声的辨别。方言调查字表实际上只适用于受过旧教育的识字较多、注意分辨字音声调的人。随着中小学普通话教学越来越普遍，学校里不再教学生一个字用本地方言土音如何读，所以理想的发言人越来越难寻觅，调查字表的适应性和效益也越来越低。

文字只是语言的符号，调查研究语言不能凭借文字，而应该从口语出发。语言学家从口语出发调查语言已经有许多经验，例如调查美洲印第安语，调查国内某些少数民族语言等。那么调查汉语方言能不能严格按照描写语言学的原则和调查程序，离开汉字，完全从口语出发呢？董同龢在 1946 年曾采用上述方法调查记录四川华阳凉水井客家话，并用调查所得材料写成《华阳凉水井客家话记音》一书（1947 年出版）。华阳凉水井客家人（自称广东人）的客家话（俗称土广东话）已与文字脱离关系。没有人会用客家话读书，小学和私塾都以普通的四川话教读。所以从调查口语入手较为合理。调查的步骤是先问一些事物的名称或说法，以期在较短的字句中辨出必须辨别的语音。一旦辨音有了相当的把握，就立刻开始成句成段以至成篇的语言记录，以期在自然流露的情况下包罗万象。这种调查方法的好处是，调查所得的结果较接近自然语言的真实面貌，但是在调查时间上不经济，迄今似乎还没有别的学者采用同样的方法。从口语词汇入手调查方言，可以称为"词本位的方言调查法"。

传统方言学认为一个地点方言内部语音系统必定是一致的，只要找到一个本地发音人，就可以调查出标准本地话。但是田野工作的经验告诉我们，不同的本地人语音系统往往不是完全一致的。例如上海金山朱泾镇的两个老派发音人，其中一位有 8 个声调，另一位只有 7 个声调，阳上归阳去；一位多出一个 ŋ 韵，另一位多出一个 yɐ 韵。当发现互有牴牾的时候，他们通常各自坚持自己的发音是标准的本地话，而指责别人的发音不标准。碰到这种情况，调查人往往难以确定以谁的发音为标准。其实，按社会语言学的观点来看，地点方言的内部差异是客观存在的。传统方言学囿于自身的成见，在调查地点方言时，只能要求一开头就择定一个标准的发音人，从一而终。多人次的调查不是传统方言学的任务，而是社会语言学的工作。

第三章 方言地理

方言地理学研究方言在地理上的分布和演变,以及如何调查、描写、分析这些分布和演变及其规律。

第一节 方言的划界和分区

一、方言划界的可能性

除了使用地区很狭小,使用人口很少的语言之外,一般的语言都有方言的差异,这是一般人的常识。从社会心理学和语言学的角度来看,方言的存在也是不争的事实。

方言是地方文化认同的最重要的标志。曾经离开故乡的人都有这样的经验,在旅途或异乡听到乡音,亲切和欣慰之感就会油然而生。乡音也正是同乡人互相认同的最直接、最重要的条件。语言学的大量材料也说明各地方言是有差异的。

虽然方言的存在是毋庸置疑的公认的事实,但是对能不能根据各地方言的不同特点,把方言划分为不同的区域,却有截然不同的看法。

在方言学史上有的方言学家认为方言之间并没有分界线。方言在地理上是渐变的连续体,在这个连续体的中间并没有一处是截然断裂的。但是方言特点渐变的结果,使处于这个连续的链条两端的方言差别十分明显,而两端的中间只是过渡地带,没有任何边界。这好像彩虹,从红色渐渐变为黄色,中间并没有分界线。法国语文学家 Gaston Paris 早在 1888 年就持这种观点,并且对此有过很生动的说明:"实际上方言并不存在……语言的不同变种存在于难以观察的渐变之中。一个只会本村方言的乡下人，很容易听懂邻村方言，如果他向同一个方向继续步行，到了另一个村子，要听懂那儿的话就要难一点了，这样越走越远，越听越难，最后他才到达一个方言很难听懂的地方。"Gaston Paris 所谓"方言并不存在"（there really are no dialects）其实是方言的分界线并不存在的意思。瑞士方言学家 Gauchat 和法国方言学家 Gaston Tuaillon 等人也持类似的看法。

另有一种意见以为，不同方言之间存在截然的界线，而方言地理学的任务是去发现这些客观存在的界线。这种想法，大约是受纯粹的自然地理学观念影响的结果，以为方言的界线和自然地理的界线一样，是截然可辨的。这两种说法都有合理的成分。

不同方言的界线问题与方言分区问题有关，方言分区与方言分类相关，而方言分类又与民系分类相关。"民系"是民族的下位概念，一个民族可以再分为若干个民系。例如客家人、闽人、粤人等是汉族的民系。民系的特点之一是有独立的方言，在特殊情况下，同属一个民系的人可以使用不同的方言，而分属不同民系的人也可以共同使用某一种方言，两者的关系与民族和语言的关系一样，即两者并不一定完全重合。

如果两个相邻的民系，方言并没有混化，那么这两种不同方言的界线是截然可辨的。在这种情况下界线两边的居民，对"方言"种类的自我意识是很明确的，即很明白本民系使用的方言和相邻民系所用的方言完全不同，两者的分界线甚至不需要语言学家的调查研究，本地居民都可以分辨得一清二楚，而且答案是唯一的。例如浙江西北部的吴语和官话的边界；苏北靖江县境内哪些村说苏北官话，哪些村说吴语都是明白无误的。狭义的方言岛与包围它的方言的界线也是非常明确的，方言岛的外缘往往是没有争议的（参阅本章第三节）。在上述情况下，方言在地理上并不是渐变的，而是突变的，所以划定方言的边界并不是十分困难的事。

在下述两种情况下，方言在地理上则是渐变的，方言的划界或分区问题才显得非常复杂。本节要讨论的方言分区问题也主要是针对这两种情况而言的。一是两个民系的边界地区的方言已经混化，例如，闽语和客家话在闽西地区已经混化；浙南苍南县内的蛮话是闽语和吴语混化的产物。二是在同一个民系内部使用的方言在地理上往往是渐变的连续体,内部下位方言的划界显得十分困难,并且往往有争议。例如官话内部次方言的划分问题。

二、方言的分区

方言分区跟方言划界不甚相同。方言划界是划定两种地理上相邻的方言的分界线;方言分区是试图把方言在地理上的分布划分成不同的区域。方言分区是以方言划界为基础的。

方言地理是一种人文现象,而不是自然地理现象。方言区划并不像地貌区划那样是有地物标志作为依据的,只要我们去发现就是了。给一种语言分成几个方言,各方言的区域如何划定,都是人为的。

本书第二章曾述及音位归纳的多种可能性问题。音位归纳的多能性原则也可以挪用到方言分区方法上。这就是说方言分区的标准和方法跟音位归纳法一样也有非唯一性,即可以用不同的标准和方法对方言进行分区。假定所依据的原始语料是完全相同的,由于采用的标准和方法不同,所得结果也可能有所不同。

例如《中国语言地图集》(中澳合作,朗文,1988 年)将汉语方言分为十大区:官话、晋语、徽语、吴语、闽语、粤语、客话、湘语、赣语、平话。丁邦新《评中国语言地图集》(见《国际中国语言学评论》第一期,1996 年)主张晋语不独立,属官话,而平话独立理由不足。在官话内部楚语不应归江淮官话,东北官话不应独立。罗杰瑞《汉语概说》(Jerry Norman,*Chinese*,Cambridge University,1988)将汉语方言分为三大区:a. 北部方言(官话);b. 中部方言(吴语、湘语、赣语);c. 南部方言(闽语、粤语、客话)。不提晋语、徽语和平话。

罗杰瑞用 10 条标准,包括语音和词汇项目,划分方言,见表 3.1(＋表示有此项,～表示无此项,下同)。

我们如果将这 10 个项目略作调整,结果就会大不一样,即汉语方言分为两大区:北方话(官湘语、赣语、北部吴语)和南方话(闽语、粤语、客话、南部吴语)。见表 3.2。

表 3.1　罗杰瑞方言分区特征表

	1	2	3	4	5	6	7	8	9	10
	他	的	不	母鸡	平分阴阳	见母腭化	站	走	儿尾	房子
官话	＋	＋	＋	＋	＋	＋	＋	＋	＋	＋
湘语	＋	～	＋	～	～	＋	＋	＋	～	＋
赣语	～	～	＋	～	～	＋	＋	＋	～	～
吴语	～	～	＋	＋	～	＋	～	＋	＋	＋
客话	～	～	～	～	～	～	～	～	～	～
粤语	～	～	～	～	～	～	～	～	～	～
闽语	～	～	～	～	～	～	～	～	～	～

表 3.2　笔者方言分区特征表之一

	1	2	3	4	5	6	7	8	9	10
	他	的	不	母鸡	平分阴阳	见母腭化	站	走	儿尾	房子
官话	＋	＋	＋	＋	＋	＋	＋	＋	＋	＋
湘语	＋	～	＋	～	～	＋	＋	＋	～	＋
赣语	～	～	＋	～	～	＋	＋	＋	～	～
北吴	～	～	＋	＋	～	＋	～	＋	＋	＋
南吴	～	～	～	～	～	～	～	～	～	～
客话	～	～	～	～	～	～	～	～	～	～
粤语	～	～	～	～	～	～	～	～	～	～
闽语	～	～	～	～	～	～	～	～	～	～

　　如果将这 10 个项目另行设计,结果汉语方言虽然也可以分为两大区,但是北方话只包括官话。见表 3.3。

　　方言分区虽然允许采用不同的标准和方法,但是在某一个地区采用什么样的标准和方法却有优劣之辨。方言分区跟方言分类不同,它只是研究方言在地理分布上的区划。一般人都可以感觉到方言在地域上是有差异的,任何本地人不必经过调查研究也都可以就本地方言

表 3.3　笔者方言分区特征表之二

	1	2	3	4	5	6	7	8	9	10
	找	的	稻子	米汤	说	阴阳平	竖	这	圳	孩子
官话	+	+	+	+	+	+	+	+	~	+
湘语	~	~	~	~	~	~	~	~	+	~
赣语	~	~	~	~	~	~	~	~	+	~
吴语	~	~	~	~	~	~	~	~	+	~
客话	~	~	~	~	~	~	~	~	+	~
粤语	~	~	~	~	~	~	~	~	+	~
闽语	~	~	~	~	~	~	~	~	+	~

跟四邻方言的亲疏关系发表见解。换言之,一般人(包括语言学工作者)在未经研究之前,对本地区的方言分区就有模糊印象的,我们把这种印象称作"本地人的语感"。方法的优劣就是要看所得结果是否大致符合本地人的语感,即是否符合方言的地理差异的事实。不能想象一个好的方法会把本地人认为通话毫无困难的甲乙两地划分为两个区,而把通话困难很大的乙丙两地划归同一个区。例如不能想象把南京话和无锡话划归同一方言区,而同时把无锡话和苏州话划归两个不同的方言区;或者把泉州话和潮汕话归并在同一区内,而与厦门话分属两个区。

以下简要评述几种现行的和笔者所提议的方言分区方法。

1. 特征判断法

特征判断法或可称为"同言线法"。方言地图上的同言线(isogloss,又译为"等语线")的两边,方言特征不同,也可以用同言线在方言地图上圈定一个地域,圈内的方言特征相同,例如方言岛上的方言。好几条同言线密集或重合在一起就成为"同言线束"(bundle of isoglosses)。传统上即以同言线或同言线束作为划分方言的界线。其实"同言线"或"同言线束"所反映的只是方言的一个或若干个特征,而不是方言特征的总和,所以我们把这种方法称作"特征判断法"。它类似于动物学上用有没有脊椎这个特征来判别是否为脊椎动物。

这种方法的优点是简便,在重要同言线单一化或同言线束密集的地区行之有效,如可以根据"塞音有三级分法"这一条同言线把吴语和邻接的其他方言区划分开来。问题是有些地区的同言线十分离散,不仅不能密集成束,而且相距很远,主次又难以决定。这时候如果主观地选择其中一条同言线作为分区的界线,就难免失之偏颇。例如在吴语区内部,如果以"沙"字韵母(麻韵开口二等)读[ɑ]这条同言线为准,那么杭州和金华同属一个次方言区;如果以"看"字韵母(寒韵开口一等)读[E]这一条同言线为准,那么两地又要分属两区。"特征判断法"可行性差的缺陷是显而易见的。

"同言线"(isogloss)是仿照"等温线"(isotherm)制定的。表示两地气温的不同只可能用温度这一个指标,造成两地方言不同的因素却要复杂得多了。所以借用"等温线"这样的自然地理概念来研究方言分区问题本来就不很合适。

况且实际上方言地图上的语言事实往往表明,同言线两边的方言特征并不总是泾渭分明的。同言线两边的方言特征的相互关系大致有下述四种情况。兹以傅国通等《浙江吴语分区》(浙江省语言学会,1985年)中的30幅方言地图所提供的材料为例,加以分析、说明。

第一,两边方言特征截然不同,井水不犯河水。假定这一边的特征是 A,另一边则一律是 B。此种情形极为少见,30幅图仅见一例:"生豆腐"这个词语,浙北叫"生豆腐",浙南叫"豆腐生"。

第二,假定同言线一边的方言特征为 A,同言线另一边的方言特征为 A,或 A 和 B 两可。例如"月"(山摄合口三等月韵疑母)浙西北读零声母,如湖州音：ɦiəʔ⁸,其余地区读鼻音声母或零声母和鼻音声母两可。如云和音：ȵyəʔ⁸；新昌音 ɦyəʔ⁸/ȵyəʔ⁸。

第三,假定同言线一边的方言特征为 A,另一边则是 B、C、D 等。例如"房子"钱塘江以北,除三四个县外,均称为房子,在其他地区则称为屋、房屋、处、屋宕等。

第四,同言线某一边的特征也散落在另一边。假定这一边的主要特征是 A,另一边的主要特征是 B。这一边的若干地方也出现 B,或反之。例如"周"(流摄开口三等尤韵章母)声母浙南读 tɕ,浙北大致是读

ʦ。但是浙南读 ʨ 的特点也散落在浙北的湖州、德清、昌化、萧山。

同言线两边的方言特征的互相关系,可以用图1来表示。

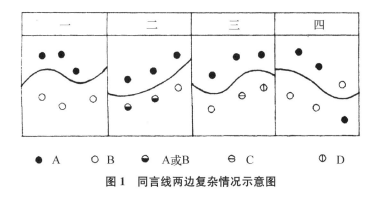

● A   ○ B   ◐ A或B   ⊖ C   Φ D

图1　同言线两边复杂情况示意图

图中的一个方框代表某一个地区,中间的曲线都是同言线,可见即使只选用单一的同言线(而不是同言线束)作为方言之间的绝对分界线,也不容易。

在使用特征判断法时也可以用"特例字"作为判断的标准。特例字又称为"特字",是指不符合历史音变的字。例如铅字(山摄合口三等平声仙韵以母)读音在粤、湘、闽、客等方言中符合音变规律,在吴语中不合规律。

广州	长沙	福州	厦门	梅县	苏州	温州
yn¹	yē¹	yɔŋ¹	iɛn¹	ian¹	kʰE¹	kʰa¹

2. 古今比较判断法

这个方法是试图从历史来源的角度来区分方言。我国至今还没有编制过大型的汉语方言地图集,目前将汉语大致分为七大方言区,实际上用的就是这个方法。判断的程序大致是:首先假定《切韵》是汉语方言的总源头,然后将各地的方音系统跟《切韵》比较,看保留了什么,失去了什么,再将特点相同的地点归并成同一个大方言区。所谓汉语各大方言的特点即是跟《切韵》比较所得的结果。例如广东话保留了切韵音系的 -m、-n、-ŋ 和 -p、-t、-k 韵尾;吴语保留了浊塞音和浊塞擦音;北方话失去了入声(大多数地点)等。在同一个大方言区内部划分次方言区,也可以参用这个方法。例如吴语区内的温州次方言区,中古真韵读 aŋ,元音低化,豪韵和肴韵今音不同韵等,都是别的次方言区所没有的。

丁邦新《汉语方言区分的条件》(载《清华学报》新十四卷一、二期合刊,出版于 1982 年)提出的方言分区的原则实际上是把此法贯彻最彻底的实践。

他认为:"以汉语语音史为根据,用早期历史性的条件区别大方言;用晚期历史性的条件区别次方言;用现在平面性的条件区别小方言。早期、晚期是相对的名词,不一定确指其时间。条件之轻重以相对之先后为序,最早期的条件最重要,最晚期的条件也就是平面性的语音差异了。"

丁邦新用 6 个早期历史性条件把汉语方言分为 7 类:官话、吴语、湘语、赣语、客话、闽语、粤语。6 个条件是:① 古今浊声母 b、d、g 的演变;② 古塞音韵尾-p、-t、-k 的演变(以上普遍条件);③ 古知彻澄母字读 t;④ 古次浊上声"马、买、理、领、晚"等字读阴平(以上独特条件);⑤ 古舌根音声母 k、kʰ、x 在前高元音前的演变;⑥ 古调类平上去入的演变(以上补充条件)。

用第一个条件还有官话和粤语,赣语和客话分不开,加第②条可把七个方言分得很清楚。全浊声母在闽语和湘语里有类似演变,加第③个条件,分出闽语。又由于赣语和客话不易区别,加上第④条分出客话。第⑤条把全国方言分成两大类,官话、吴语、湘语、赣语变 tɕ、tɕʰ、ɕ;客话、闽语、粤语读 k、kʰ、x。第⑥条有关声调,前五条有关声母和韵母。

丁邦新用晚期历史性条件分次方言。以官话为例,5 个次方言是:北方、晋、下江、西南、楚,用 4 个条件划分:① 古入声演变;② 古泥来母的分混(以上普遍条件);③ 鼻音韵尾弱化消失;④ 古鱼虞韵知章见系字韵母读 ʮ。用①分出 5 个次方言,再用②分出晋语和下江官话,再用③、④分出晋语(鼻尾消失或弱化)和楚语(有 ʮ 韵)。

由于方言是不断发展的,方言间又是互相影响的,所以根据语音结构中的有限项目跟切韵比较的结果,来划定方言区,往往跟方言分区的事实不能密合。例如,如果仅根据浊塞音这一条标准,湘西北花垣、吉首、保靖、永顺、古丈、泸溪、辰溪、沅陵等县方言应划归老湘语，但是在其他方面，这些地方的方言跟西南官话接近得多。这个办法在处理边界方言的归属和方言内部的再分区时，往往遇到较大的困难。

这个方法所依据的原理实质上是跟特征判断法一样的，只不过没有画精确的同言线罢了。

3. 综合判断法

这个方法放弃以同言线作为方言分区的基础，它设想首先列出成系统的语言、语法、词汇等方面的项目，然后就这些项目比较各点间的异同，再根据异同项目的多寡及其出现频率的高低，来划分方言区。

这个方法的优点是：能够反映方言特征的总和，缺点是计算过程太繁复。例如为了比较韵母的异同，先得列出《广韵》的 206 韵（暂不计声、等和出现频率），再就这些韵比较各地方言的异同，计算互相的接近率。设某地区参加比较的点有 100 个，每点与其余点都比较一次，则一共要进行 $C_{100}^{2} \times 206 = 1\,017\,000$（次）比较。因为计算过程太繁复，这个方法目前几乎是不能实施的。

4. 集群分析法

这个方法最早是笔者在 1984 年讨论吴语分区时提出的。

首先，根据对某一地区方言大致分成若干类的模糊印象，决定该地区方言最终要分成若干群。然后在每一个群中选择一个标准点，再选择较多但是仍然是有限的项目，将任意一点拿来跟各标准点比较，最后根据每一个点与标准点的接近率来判断该点应归属哪一个群。

这个方法的主要困难是，一个区域内究竟分成几个群合适；如何选择各群的标准点。在这两个问题相对比较容易解决的地区，集群分析法是可行的。这样的地区大致有两大类。一类是方言差异跟旧时代的行政区划"府"或"州"关系密切的地区，如苏南、浙江，可以以府治或州治的今地方言作为标准点进行比较（参见拙著《苏南和上海吴语的内部差异》，载《方言》季刊 1984 年第 1 期）。另一类是一个地区使用几种不同方言，各种方言的核心地带（focal area）明确，但是过渡地区（transitional area）归属难定。可以以中心城市作为标准点。如湖南全省使用新湘语、老湘语、官话和赣语（瓦话暂且勿论）四种方言，可以选定四个中心城市：长沙、城步、常德、平江作为标准点进行比较

（参见拙著《湖南省方言的区画及其历史背景》，载《方言》1985 年第
4 期）。

5. 可懂度（intelligibility）测定法

这个方法放弃从语言结构本身出发给方言分区，而试图从信息论
的角度出发给方言分区。这个方法的优点是：只要设计得好，最能反
映本地人的语感，本地人的语感实际上是来自对可懂度的模糊印象。

在汉语各方言区，影响可懂度的主要因素是词汇，而不是语音或
语法。譬如阳平、上声和去声的调值，四川话跟北京话大相径庭，但是
只要词汇相同，尽管调形不同，相互间还是听得懂的。又如圆形中凹
的铁制炊事用具，北方话叫"锅"，吴语叫"镬"，闽语叫"鼎"。就这个词
说来，这三种方言间的可懂度就等于零。由于词汇必须借助语音得以
表现，所以词汇的可懂度，实际上已经包含了语音可懂度的因素。可
以选择一二千个基本词汇，按词义分成类别，由操甲种方言的人按类
别读给乙种方言的人听，看他能听懂其中多少词汇，然后计算可懂度
的百分比。计算词汇的可懂度在理论上应考虑每一个词在自然语言
中出现的频率，不过实际上统计方言词汇的出现频率目前做不到，所
以只能暂不考虑这个因素。

笔者曾测验绍兴人对温州话的可懂度。用于测验的日常生活词
汇共 746 个，按意义分类（天文类、人体类、器具类等），讲给绍兴人听。
结果是听懂 270 个词，占 36.2%，即可懂度是 36.2%。听不懂的词占
63.8%，不懂的主要原因有二：一是用词不同。如绍兴话说"筷"，温州
话说"箸"；二是语音差异过甚，如龙字，温州读 lie^2，绍兴读 loŋ^2。对有
的词是开头不懂后来恍然大悟。其原因主要有二：一是连类联想。
听懂了"饭"以后，联想起开头听到的音：mei^4 是"米"（绍兴话"米"：
mi^4）；二是触类旁通。如听懂"拖拉机"，再听"机器"，易懂，因为"机
器"也有"机"字。

用单词测定的方法的缺点是没有语言环境，又有同音词问题，所
以测定的结果不够准确。为克服这个缺点可以设计一套类似托福考
试（TOEFL）中的 Listening Comprehension 那样的测验题，把关键的
词放在明确的语言环境之中。托福考试测验听力实际上即是测验可
懂度。

方言分区和音位归纳一样都只能是共时的,而不是历时的,但是大家在讨论汉语方言分区时都不可避免地跟《切韵》牵扯起来(本文也不能幸免),这是因为汉语方言调查历来都是以切韵音系作为出发点的。因此在选择比较两地异同的项目时,大家都习惯于考虑它们在中古的音韵地位。好在供比较的项目本身都还是共时的。这6种方法中只有最后一种是完全不顾历史来源的。

方言分区虽然是共时的工作,但是如果分区所得的结果能够符合历时的情况,那当然是最好不过了。目前对汉语方言第一层次的区域划分,是跟历史来源相符合的。但是从可懂度的角度来看,其中一个最不合理的地方就是把新老湘语归并在同一个方言区内。新湘语跟老湘语通话很困难,而跟西南官话通话较容易。

不管采用什么方法,方言分区工作都有必要参考本地人对当地方言分类的意见,任何本地的成年人对于本地方言与四邻方言的差异往往都很敏感,他们常常向方言调查者指出邻近地区别种方言某些字音、词汇和句式的特点,并且意见相当一致。他们对于当地方言分类的见解往往与语言学调查结果一致。例如赣南客话区居民和赣语区居民自己说的是什么话,别人说的是什么话,他们的见解和方言学调查的实际结果完全一致。在设计方言分区调查项目时很有必要参考他们的意见。

方言分区工作的结果要求在方言区划地图上表现出来。方言区划地图上允许存在两种较为特殊的区划,一是方言过渡区,二是语言飞地。

两种或多种方言区的交界地带的方言兼有两种或多种方言的特征,这样的地区可以划为这两种或多种方言的过渡区。例如江苏的丹阳县县城是江淮官话和吴语的过渡区。在丹阳话里古浊声母文读音,平声读送气清音,仄声读不送气清音,类似江淮官话;白读音不论平仄都读较弱的不送气浊声母。如"糖"文读为[tʰ-],白读为[d-];"荡"文读为[tʰ-],白读为[d-]。这个过渡区面积很小。这种面积不大的过渡地带在方言边界两侧很常见。在大比例尺的地图上往往略去不计。也有面积颇大的过渡区,例如福建西北部的邵武、光泽、泰宁、建宁、将乐、顺昌六县市,南与客家话区接壤,东与闽语区接壤。这一地区的方言既有客家话的一些特点,又有一些与闽语相同的特点。可以把这个地区划为闽语和客家话的过渡区。兹以邵武兼有闽语和客家话特征为例说明这一地区方言的过渡性质。闽语特征(参见张振兴《闽语的分区》,载《方言》1985 年第 3 期):古知彻澄声母今读塞音 t、tʰ,如竹 ty¹、抽 tʰəu¹、池 ti²;称"脚"为"骸"等。客话特征(参见 Jerry Norman,*The Classification of the Shaowu Dialect*,《历史语言研究所集刊》53 本 3 分):古浊塞音声母不论平仄今读清送气声母,如盘 pʰon²,糖 tʰɔŋ²;中古晓母变为今声母 f 后带圆唇元音或介音,今擦音声母与中古匣声母对应,而闽语今音则读舌根塞音或零声母。邵武与闽、客共有而为别的方言所无的特征:许多读双唇声母的字在别的方言里读唇齿音;对别种方言或中古汉语里的擦音声母,有读塞擦音的倾向。不过邵武和别的闽方言里此类例子比客话多。介于官话和吴语之间的徽语区也有过渡性方言的性质,其声调分阴阳,近吴语;而声母没有浊塞音,又近官话。方言过渡区是方言在地理上的渐变性和不同方言相互接触和交融造成的。

　　方言飞地是指离开本方言区大本营,而被别种方言区分隔的方言片或方言点。方言飞地又可以分为两大类。一类是被两种以上别的方言所包围的飞地,例如闽语的大本营在福建和广东的潮汕,闽语有一块飞地在广东省的沿海,它被粤语和客家话所包围,雷州半岛的闽语飞地也为这两种方言所包围。在广西的闽语呈散点分布状,常被多种方言分割包围。另一类是只被一种方言所包围的,即形成方言孤岛。如官话在福州南平的飞地"土军话"。方言飞地大多是迁离大本营的移民造成的,如闽语在海南岛的飞地是闽东一带闽人大约在明代渡海入岛后形成的,至今飞地上的方言还与闽东一带的闽语较接近。也有少数飞地是大本营的边缘地带被别的方言侵蚀后,残留下来的(详见第三节)。

第二节　制约方言区划的非语言因素

　　语言现象本身在地理分布上的异同,是方言区划的根本依据。造成汉语方言地理分布格局的原因,除了语言因素本身(方言内部演变、方言借用、方言交融)之外,还有下述三种主要的非语言因素:人口迁徙、行政区划、交通往来。

　　人口迁徙是造成方言地理格局变化的最直接最重要的原因,这是显而易见的。汉语方言地理格局在历史上的几次重大变化都多因人口迁徙直接造成的(详见第四章),例如江苏的宁镇地区本来属于吴语区,晋永嘉丧乱后,因北方移民大量迁居这一地区,遂沦为北方话区。

　　行政区划和方言区划决不是一码事,但是历史上长期稳定的行政区划,特别是中国历史上的二级行政区划——府或州对方言区划的形成往往起到显著的作用。这有两方面的原因:一方面府(州)是一群县的有机组合体,府治不但是一府的政治中心,而且一般也是该府的经济、文化、交通的中心。古代交通不发达,一般人又有安土重迁的观念,除非有天灾人祸,离开本府的机会很少,社会活动大致多在本府范围内进行。所以一府之内的方言自然形成一种向府治方言靠拢的凝聚力。另一方面许多府的属县往往是由本府中一两个最古老的母县析置的,由老县分出新县。新县往往是由老县的居民移居开发的,例如浙江温州府六县析自东汉永宁县,台州府六县除宁海外皆析自西汉回浦县。在这种情况下,同府属县方言相接近是很自然的。

　　在历史上二级政区的辖区长期稳定的地区,现代方言的区划往往与二级政区的境界线大致重合。最典型的例子是:浙江吴语各小片和明清十一府辖境可以十分完整地相对应。即太湖片——嘉兴府、湖州府、杭州府、绍兴府、宁波府;婺州片——金华府;丽衢片——处州府、衢州府;瓯江片——温州府;台州片——台州府。另有严州府今属徽语区。福建的方言区划,与北宋政区也大致对应。如闽语的闽北片,包括建瓯、建阳、崇安、松溪、政和和浦城,相当于旧建宁府辖境。这一地区东吴时是建安郡,唐代是建州,南宋以后是建宁府,长期同属一个二级政区。

　　交通往来是造成不同地点方言相互接近的重要条件。交通方便的地方,人们往来也方便,方言自然接近,例如广东境内京广铁路沿线居民点方言越来越接近广州话,韶关市区已通行广州话。又如吴语太湖片包括今苏南、上海和浙北,是平原水网地带,自古交通往来方便,所以方言大面积一致,不像交通阻隔严重的浙南,方言复杂难通。如果不加深究,往往误以为山川形势会影响方言区划。其实山川形势的作用是以交通往来为前提的。有舟楫之利的河流并不会造成方言的阻隔,例如福建的几个方言片几乎各自都相当于一条河流的流域,如闽中片相当于沙溪流域。大运河也决不是方言的分界线。河流只有在不利航行时,才有可能成为方言的分界线。例如云南的澜沧江多急流险滩,所以澜沧江西边的云县话与东边的景东话和巍山话分属两个土话系统(见徐承俊《云南云话调查报告提纲》,载《方言与普通话集刊》第三本,文字改革出版社,1958年)。高大的山脉常常阻绝交通,所以常常成为方言分界线,如浙江临安县西北部的天目山是长江水系和钱塘江水系的分水岭,山岭多在海拔千米以上,阻挡南北、东西居民的交往,也是吴语太湖片和宣州片及徽语、官话的分界线。又如福建多独流入海的河流,往往一两条河流的流域自成一方言片,各流域之间皆有高大的分水岭分隔,不便人们往来。如双溪和松溪以石峰山为分水岭。双溪流域方言属闽东片,松溪流域属莆仙片。又如福鼎、连城、尤溪、清流等县地处山区,周围五十里以内常有数种不能通话的方言。

第三节 方 言 岛

一、方言岛的涵义

中外语言学著作常常述及各种方言岛,但是对方言岛的涵义往往语焉未详。本书是在下述意义上使用"方言岛"(speech island)这个术语的。

在方言地理学上,被另一种方言(或语言)包围的方言称为方言岛。关于方言岛的涵义有以下几点需要说明。1. 介于两种或两种以上方言之间的方言不算方言岛。例如湖南省境内湘语和官话之间的乡话。也就是说,包围方言岛的方言必须是单一的,例如,福建南平官话方言岛的四围是单一的闽语。有一种特殊的情况是方言岛的部分边界与国界重合,界外说的是外国语,这样的方言岛可以作为准方言岛来研究。例如黑龙江的虎林方言岛,部分边界与中俄边界重合,国境以外说俄语。2. 海岛上的方言不算方言岛。例如北部湾的涠洲岛是说闽语的,但是隔海相望的北海市说粤语;广西钦州沿海一带使用粤语,但是龙门岛说官话;江苏省长江上的扬中县使用江淮官话;浙江沿海若干海岛使用闽语,最北的一个是舟山的花鸟山。这些海岛上的方言不算方言岛。3. 狭义的方言岛,岛上的方言与包围它的方言必须是分属系属不同的两大方言,如闽语包围中的官话、吴语包围中的闽语等。换句话说,岛内外的方言必须差别较大。广义的方言岛,岛内外的方言,在方言系属上同属一大类,但是分属两小类,如四川西昌的河南话方言岛,岛内的河南话和岛外的四川话均属官话方言,但是下位分类不同,河南话属中原官话,四川话属西南官话。或者岛上的方言带有不同于岛外方言的明显而重要的特征,如大多数城市方言岛,城里人和乡下人的方言明显不同。城里的方言往往发展较快,而与乡下方言相区别。广义的方言岛大都是城市方言岛。4. 方言岛的一个重要特征是岛的外缘明确,同时岛内居民所使用的方言有单一性。例如吴语区的杭州半官话方言岛的地域只限于城区,城内外方言迥异。方言岛的边界很容易确定。但是一般的方言边界往往难以划定,语言学家常常有不同的意见,例如湘语和赣语的分界。5. 狭义的方言岛,作为一种语言飞地,岛内方言保持本土方言的显著特点。如果方言岛形成的时间较长,则岛内方言还会受到岛外方言的影响,吸收岛外方言的因素。例如吴语区的杭州半官话方言岛形成于宋室南迁时。今天的岛内方言词汇,如人称代词,还是官话系统的,但是语音却是道地吴语系统的,例如塞音和塞擦音声母分成浊音、送气清音和不送气清音三类;字音没有文白读的区别,只有一个例外,即"晚米"的"晚"字读me^{53},这是白读音,文读音是ue^{53}。这个白读音显然是从种植稻米的乡下人那儿学来的。又如闽语区的南平"土官话"方言岛,是明代从北方南下的军旅长期留驻造成的。今天岛内方言的词汇系统显然接近北方话,而与邻接的建瓯话大异其趣。兹举例如下:

南平话	房子	锅	筷子	腿	眼泪	茶叶
建瓯话	厝	鼎	箸	骹腿	目泽	茶箬

但是南平话也显然从包围它的闽语吸收了一些词汇和某些造词法。试举例如下:

官话	面粉	面条	河边	土	母狗	吃早饭
南平话	面灰	面	溪边	泥	狗母	吃早起
建瓯话	面灰	面	溪边	泥	狗嫲	馈早

最后两例关系到构词法。闽语"狗嫲"类词的造词规则是将表示雌雄的词素后置,在南平话里此类词还有牛公、牛母、鸭雄、鸭母、猪男、猪婆、鸡男、鸡婆等。又,建瓯话的"馈早"类词是将"饭"字省略,即馈早饭——馈早。南平话此类词还有"吃扫午",相当于建瓯话的"馈昼",即"吃中饭"的意思。但是吃晚饭在南平话里仍然是官话的说法,即"吃晚饭",在建瓯话则是"馈暝"。

根据本书对方言岛的涵义的理解,方言学著作上有许多所谓"方言岛",其实并非真正的方言岛。例如海南岛三亚市(原崖县)的军话,被认为是官话系统的方言岛。但是实际上当地军话和迈话(非闽话方言)及闽语比邻,东邻城东乡和南邻水南乡都说迈话,西邻临高乡则说闽语、琼崖话。它显然并非为单一的方言所包围。不过这一类似是而非的"方言岛"与本书所谓方言岛(非移民造成的方言岛除外)有一个共同点,即在地理上都是离开本土的游离在外的方言点或方言片。笔者建议用方言"飞地"(outlier)这个名称来总括这两类方言点或方言片。

二、方言岛的地理形状和类型

方言岛因历史成因和移民背景不同,地理形状和类型也不同。参看图二。

1. 板块状——巨岛型

这一类方言岛的面积较大,连成一大片,在地图上看是板块状的。例如皖南青阳、南陵的江淮官话方言岛,岛外是吴语;江西铜鼓一带的客家话,岛外是赣语。这一类方言岛是历史上大规模的移民造成的。

2. 点状——孤岛型

此类方言岛面积较小,在语言分布地图上成点状,好像大海中的孤岛,大多是某一种地点方言。例如福建长乐洋屿的官话方言岛,岛

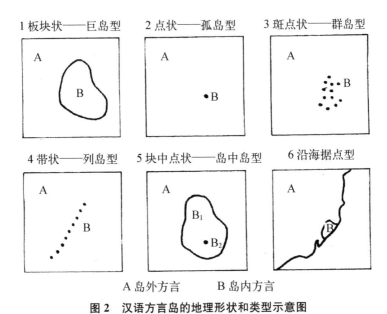

A 岛外方言   B 岛内方言

图2   汉语方言岛的地理形状和类型示意图

外是闽语；江苏的靖江吴语方言岛，岛外是江淮官话；四川的会东县大桥区江西街乡的赣语方言岛，处于四川官话的包围中。城市方言岛也都是点状——孤岛型的。西南地区的城市方言岛是最典型的。贵州的许多县城城内说西南官话，城外说少数民族语言；广西的一些县城城内说西南官话或粤语，城外说平话或壮语。其人文历史背景是：明清时代移居西南地区的汉族普遍聚居城镇。新来移民在地理分布上的特点，在明代《徐霞客游记》里有所反映。例如作者记及云南罗平城时说："州城砖甃颇整，州治在东门内，俱民，惟东门外颇成阛阓。"所谓"俱民"是"都是汉族人民"的意思。"民"是与"夷"（少数民族）对称的。"阛阓"意谓"市肆"。

3. 斑点状——群岛型

此类方言岛面积很小，在语言分布图上成斑点状，好像大海中的群岛。群岛上的方言系属相同，它们散落在相对集中的地区，例如赣东北的闽语方言群岛，散落在吴语或赣语地区；四川的客话或湘语方言群岛；广西的闽语方言群岛。最典型的是浙江的畲话方言群岛。畲话是浙闽地区畲族的语言，其特征类似于汉语客家方言。

浙江的畲族人口约 15 万,散居在浙江中部和南部的二十几个县、市,大多住在山区。畲族人口最多的景宁自治县,不超过全县人口的 10%。他们的自然村星散在汉族村落中,每村大多只有几户至几十户畲民,最少的只有二三户。畲族最集中的地点是景宁县的外舍乡,共有 1 192 人,占全乡人口总数的 31.7%。海南岛黎语包围中的闽语方言岛也是斑点状的。

4. 带状——列岛型

此类方言岛分布在古代交通要道两侧,成带状,好像大海中的列岛。例如广西的平话分布在古官道(今铁路线)两侧,其主轴线是从灵川向南到南宁;黑龙江的站话曾经是带状方言岛,分布于从肇庆到漠河的古驿道两侧。今天的站话只有一些残余的特点。

5. 块中点状——岛中岛型

此类方言岛分布在板块状方言岛的某个或某些地点,面积很小,人口很少。例如海南岛三亚市藤桥和林旺两区有黎语包围中的闽语方言岛,岛内的渔业村又是说疍家话(一种粤语)的。福建的沙埕话是一个闽南方言岛,它被周围的闽东话所包围。在这个方言岛上又有一个闽语莆田方言岛,即澳腰话,使用于澳腰村和后港村,人口只有两千多。澳腰人和后港人都是三四代以前相继从莆田县的涵江镇一带迁来的。江苏的靖江县今在长江北岸,靖江的吴语区是一个被江淮官话包围的方言岛。这个岛上又有一个小区域是说江淮官话的。

6. 沿海据点型

从海上来的移民登陆后建立据点,形成此类方言岛。一般面积不大,人口较少。例如浙江温岭、瑞安、玉环沿海吴语包围中的闽语方言岛;海南岛三亚市沿海的几个疍家话方言岛,岛外是闽语。

与沿海据点型方言岛类似的有沿江或沿边方言岛。前者如长江南岸江苏境内的沙洲市中心河以东、沙槽河以北说江淮官话,与之邻接的江南地区是说吴语的。后者如黑龙江省的二屯话方言岛,位于黑龙江和乌苏里江交汇处,国境内为东北官话所包围,国境外说俄语。黑龙江以东原为华人所居地,1900 年以后为帝俄强占,今汉语已荡然无存。二里屯话带胶辽官话特点。

7. 流动状——浮岛型

流动型方言岛主要是指水上居民的方言。这些水上居民住在船上,沿江河或沿海流动生活,而其方言自有特点。最著名的水上居民的方言是疍家话和船话。船话分布在粤北武江、浈江、北江及沿岸各地,它被客家话所包围,其方言特点与疍家话相近,内部又分为上河船话和下河船话两种。疍家话属粤话,是珠江三角洲、西江等地水上居民的方言,在广西北海市附近的海岛及沿海一带也有分布。广东沿海的疍民近代以来不少人到外国商船上当佣工或搬运工,常与外国人接触,方言受外语影响较多,如称"坐"为"识当"(sit down)。

三、方言岛的成因

方言岛的形成有下述两大原因:某一种方言自身的变化;人口的变迁。

一般城市的方言都跟四围的乡下方言有些不同,许多城市方言实际上是广义的方言岛。城市方言往往比乡下方言发展得快些,因此造成城乡方言的差异。这好像城市的风尚更爱赶时髦,因而造成城市和农村风尚的差别。例如上海和北京这两个城市方言与四围的乡下方言有所不同。北京话在古清音入声字的分派上与乡下不同;上海市区话声调调类只有五个,比乡下少。这类大城市的移民背景比较复杂,也许不能作为因方言发展快而形成方言岛的佳例。一般的中小城市人口比较稳定,方言也是与乡下有明显的差别。例如浙江的温州市,城里的居民长期以来相对稳定,而方言发展比乡下快,如模韵合口一等帮、端、泥、精组字(布、肚、卢、租等)城里话已变成读[øy]韵,乡下仍读[u]韵。仅仅因方言发展快慢不同而造成方言岛,除了上述城市方言岛这一类外,还没有发现别的实例。一般所谓的方言岛都是因移民关系而形成的。

因人口变迁而造成方言岛又可分下述两种情况。

1. 土著方言被移民方言包围而成为方言岛

土著方言的地盘因外来移民的移殖逐渐萎缩,最后只能坚守一小块地方,四周被移民方言所包围,而成为方言岛。例如浙南的飞云江以南本来全是吴语温州话的地盘,但是从明末开始,渐被闽语移民占住,到现代只能坚守住蒲门镇这个方言岛。今岛民操双言(diglossia):吴语温州话和闽南话。再如皖南的郎溪县本来说吴语,太平天国战争后渐被官话所替换,今天只有一些面积很小的吴语方言群岛残留在山沟里。类似的情况还有安徽芜湖的四山吴语方言岛,四周被江淮官话所包围,而与吴语宣州片本体脱离。因上述原因造成的方言岛并不多见,大量方言岛是移民直接造成的。

2. 移民及其方言直接造成方言岛

与方言岛成因有直接关系的移民运动,其历史背景是十分复杂的,大致可以分为以下几类。

(1) 军队驻防

出于各种军事目的,历代常派遣官兵驻守边陲重镇或军事要塞。如果这些官兵在当地长期留守,并且繁衍后代,那么就有可能造成方言岛。浙江苍南的金乡方言岛即是典型的因军队驻防造成的方言岛。在明代东南沿海深受倭寇侵扰之苦,明政府在浙江设置十多个军卫以抗倭,其中之一即是金乡卫。派驻金乡卫的官兵带来北方话。到了五百年之后的今天,金乡话中还有不少北方话的特点,例如麻韵开口二等"马、茶"等字读 a 韵;见母二等"加、价"等字读 tɕ 声母,没有白读音。今天的金乡方言岛是处于闽语的包围中,但是金乡方言在五百年前形成以后,在很长一段时间里,是处于吴语的包围之中,苍南县的闽语大约是明末清初才从福建侵入的。正是由于这个原因,今天的金乡话也带有吴语的特征,如古全浊声母今读浊音,鼻韵尾只有一个-ŋ 等。浙北慈溪县观城镇部分人使用的"卫里话",被四周的吴语所包围。"卫里话"是一种闽语。观城原名观海卫,是沿海抗倭的军卫之一。当年戚继光抗倭时驻守在该卫的官兵皆闽人。其后代至今仍用闽语作为内部交际的语言。

(2) 军屯

中国的屯垦从汉文帝至清代二千多年,历久不衰。屯垦最初是指军队在屯营的地方垦种农田,后来也指国家按编制组织人力垦殖国有土地或无主荒地。历代的屯垦有军屯、民屯、商屯、犯屯(遣送犯人到边地垦种)四种,前两种极有可能造成方言岛,其中又以军屯最为显要。贵州黎平话是因军屯造成方言岛的佳例。现代的黔东南属于西南官话区,但是其中的黎平县的城关镇、德凤区、中潮区和孟彦区的一部分,还有锦屏县的敦寨区,所使用的方言却带有赣语的遗迹,即有一些赣语词汇,形成一个方言岛。这些赣语词汇有:给[pɑ³¹]、痛[tʰən²⁴]、女儿[nio²⁴]、尿[sei³³]、什么[sən⁵³ tʂl³¹]、搞[u³¹]、和[niɑ³³]、表姐[piɑu³¹ tɑ⁵³]等。这个方言岛的历史可以追溯到明初的军屯。乾隆《开泰县志》载:"前五开卫系五溪十洞之一,自有明征其地而屯守之。"明初曾在黔东南侗族地区设置五开卫和铜鼓卫,屯军多属江西籍汉人,屯守军民最多时达三万三千多人。今天的黎平方言岛范围与明初五开卫、铜鼓卫的管辖范围基本相同。

(3) 战乱

战乱避难是历史上移民运动的主要动力之一,但是在历史文献上,可以找到明确证据的因战乱造成的方言岛并不多见。在吴语区,杭州方言的半官话性质显得非常突出。它的语法结构属道地的吴语系统,但是词汇系统却是官话性质的,如人称代词用"我、你、他";结构助词用"的"。字音没有白读,只有文读一类。杭州话的半官话性质显然渊源于北宋末年的宋室南迁。《建炎以来系年要录》载:"切见临安府(即北宋时杭州)自累经兵火之后,户口所存,裁十二三。而西北人以驻跸之地,辐辏骈集,数倍土著。"大量的北方移民带来的北方话与当地吴语交融,造成杭州话这种混合型方言。由于北来的移民是皇族、贵族、富商及其仆从等,其政治和经济地位较高,他们只是住在城里,所以杭州方言岛的范围只限于城区。天津市旧城区一带方言也跟四周方言不同,而成为一个方言岛。据口头、家谱及墓志材料,天津人的祖宗是明代初年燕王朱棣扫北时随军的官兵。如属实,今天的天津话应渊源于皖东、苏北一带的明代方言。

(4) 逃荒

因逃荒造成居民迁徙和方言岛是很普遍的现象。例如四川中江、金堂、简阳和乐至四个县交界地区的老湖广话方言岛的居民的祖先,是明代因逃荒从湖南南部移居四川的。中江积金乡《李氏宗谱叙》说:"明朝万历三十九年(1611)至四十一年(1613)湖广南北屡被水荒,民多流离,兼之边境骚然,征役不息,所在居民散处他处……明季离乱,最为痛切。"

（5）垦荒

"逃荒"是就人口迁徙的原因而言的，"垦荒"是就人口迁徙的目的而言的，不过移居他乡垦荒的原因并不一定是为了"逃荒"。皖南在太平天国战争时期战祸频仍，战后又流行瘟疫，人口凋零，清政府遂鼓励外地人民移居垦殖，当地县志多有记载，如《广德县志稿》(1948 年铅印本)说："州民被咸同兵燹后，土著不及十分之一，招客民开垦入籍，湖北人居其四，河南人居其三……"又，《宁国县志》(1936 年续修)载："同治元年乱定，五月宁国瘟疫流行全境，死亡枕藉，无人掩埋。"在现代皖东南有许多江淮官话(安庆话、湖北话)、吴语、闽语、赣语、客话和湘语的小规模斑点状方言岛。例如芜湖一带吴语宣州片包围中的湖北话方言群岛。

东北的几个沿边方言岛也都是因移民垦荒而造成的。二里屯方言岛的移民来自山东安丘、掖县和黄县；虎林方言岛的移民大多来自辽宁的丹东；太平屯方言岛的移民大都从河北的东光和山东的曹县、泰安迁入。

（6）流放

上文曾述及东北的站话方言岛。说站话的人被称为站人，站人历史上服役于驿站，他们的眷属也居住在驿站附近。他们的祖先因清初吴三桂事件，即所谓"三藩之乱"，被流放到东北服役，至今已有三百年历史。清政府规定站人不得与非站人婚配，并且画地为牢，规定不得离开所属驿站百里之内，所以形成列岛型方言岛。据当地的谱帘(记在布帘子上的家谱)和口头传说，他们多是云南人，至今还有与云南人相似的风俗残留，如室内尚白。民国以后，由于驿站的废弃，站人早已改行，他们的社团也多已离散。目前站人聚居的社团已很少，如肇源县茂兴乡赵家窝棚、泰来县大兴镇时雨村等。站人方言的特点已变得非常淡薄，只有一些较特殊的词汇还残留在口语里。如哈什屋(仓房)、毛子磕(葵花子)、葛挠(垃圾)、勺楞(办事粗心)、莫不开(不好意思)等。中青年的方言可以说已经没有站话的特点。站话只能说是历史上曾经有过的方言岛，今天已几近消亡。

（7）侨居

侨居海外的华侨带去家乡的汉语方言，自成方言岛。因侨居造成的方言岛，在世界各大洲都有。例如在东南亚，泰国有潮州话，菲律宾有闽南话，印尼的爪哇有闽语，加里曼丹有客话，柬埔寨和越南有粤语方言岛等。邹嘉彦曾著文列举海外使用汉语的地点，共一百六十多个。这里举中亚的东干语方言岛为例，略为详说。19世纪后半叶甘肃和陕西两省回民，因起义失败，逃亡至当时的俄国。他们自称"中原人"，说"中原话"，但是前苏联和日本等国的学者称他们为"东干人"，他们的语言被称为"东干语"。东干族所使用的语言可以说是一种兰银官话。东干族在国内的原居地是甘肃、陕西、新疆的吐鲁番和伊犁，在境外聚居于哈萨克斯坦、吉尔吉斯斯坦和乌兹别克斯坦。1989年时约有七万人口。各地东干话的语音系统基本上与西北官话相同，他们的文学语言是以甘肃官话为标准音的，不过声调已简化，只有三个，目前使用的文字是以斯拉夫字母为基础的拼音文字（参见胡振华《中亚的东干族及其语言文学》，载戴庆厦主编《跨境语言研究》，中央民族学院出版社，1993年）。

四、方言岛的演变

方言岛的演变有四个方向：岛民使用双言；方言岛消失；方言岛稳定发展；岛内方言与岛外方言融合。

1. 岛民使用双言

岛民使用双言指岛民能使用岛内和岛外两种方言，在不同的场合使用不同的方言。例如据董同龢20世纪40年代在华阳凉水井的调查，成都附近的客家方言岛上的岛民对外普遍用普通的四川话（西南官话），教书和读书也用四川话；在客家人内部则使用"土广东话"（客家话）。在海外的汉语方言岛，双言现象则更常见，即既使用某一种汉语方言，也使用一两种当地常用的语言。

2. 方言岛的消失

方言岛上的移民社团如果瓦解了，方言岛本身当然就不复存在，这是不言而喻的。例如清代的杭州，满人聚居在"旗下"，即今湖滨一带，四周用围墙与汉人居住区分隔，自成一个满语方言岛。辛亥革命后，围墙拆除，满人四散移居，满语方言岛自然不复存在。下面要讨论的是移民社团并没有离散，但是方言岛却趋向消亡。

　　趋向消亡的方言岛在消亡之前，一般要经过双言阶段，即岛民兼用岛内外方言。经过这个阶段以后，岛内原有方言再向高年龄层次退缩，渐至湮灭，岛民们完全转而使用单一的岛外方言。例如四川乐至靖州腔方言岛就是一个正在经历消亡过程的方言岛。这个岛上的居民的祖先，是三百年前从湖南的靖州会同县和永州零陵县迁移而来的，他们的方言本是一种湘语，当地人称为"靖州腔"。岛外的四川官话被称为"贵州腔"。目前能说"靖州腔"的大多是中年以上的居民，他们跟青少年或外地人谈话都用流利的"贵州腔"。

　　这一类经双言阶段以后逐渐消亡的方言岛大都是狭义的方言岛，即岛内外的方言分属两种大方言，互相间的差别较大。如果方言差别较小，则难以导致双言现象。方言岛趋向消亡的原因大致是：这类方言岛在政治、经济、文化上在当地并不占优势地位；人口较少（如上述靖州腔方言岛只有一千多人口）；岛民没有强烈的"语言忠诚"的态度，即保存方言的意识十分淡薄。

　　3. 方言岛稳定发展

　　方言岛稳定发展指岛民始终使用单纯的岛内方言，即没有产生岛内外方言兼用现象。此类方言岛又可分为三种类型：政治、经济、文化地位较高的方言岛；"语言忠诚"特别强烈的方言岛；以自然经济为主的封闭型方言岛。下面分别举例说明。

　　杭州方言岛是在宋室南迁的 12 世纪形成的，至今已有八百多年历史，它历久不衰，其原因就是杭州在全国（南宋时）和全省（南宋之后）占有至高无上的地位。上文曾述及的城市方言岛，皆属此类。

　　中国的客家人民系意识特别强烈。他们对客家的文化和方言特别忠诚。他们的一条祖训是："宁卖祖宗田，不忘祖宗言。"一个客家孩子在家如果不说祖传的客家话，就会受到大人训斥，在旧时代尤其如此。客家方言的地理分布相当分散，在两广、江西、福建、四川，甚至浙江、安徽散布着许多小型的客家方言岛。它们千百年来历久不衰的主要原因即是"语言忠诚"（language loyalty）。海外的许多粤、客、闽方言岛也属于这一类型。

　　在南方有许多小型的方言岛散落在山沟里。这些方言岛本身往往自成一个自给自足的自然经济社团，跟外界交往很少。所以人口虽然不多,少至几十户,甚至几户,方言岛却长存不变。例如苏南宜兴山区的一个闽语方言岛;浙南斑点状的畲话方言岛;皖南山区的吴语方言岛。

4. 方言岛的消溶

方言岛的消溶是指岛内方言融合在岛外方言中。这一类方言岛往往是广义的方言岛,即岛内外方言系属相同,差别很小,只是在语音结构上或字音上有些微的差别,或岛内的方言只是有些特殊的词语而已。例如黑龙江的站话和东北官话同属官话系统,本来差别不大,通话毫无困难。站话在不知不觉中消溶于当地东北官话中。这种方言岛的消亡并不经过双言阶段。有一种特殊的情况是海外汉语方言岛的消溶,例如菲律宾的闽南华侨,大部分已放弃闽南方言,改用他加禄语。此类方言岛岛内外使用的是不同的语言。据邹嘉彦的调查研究,海外汉语方言被同化要经过五个阶段:语言移借、语言替代、语讯交替、双重语言、残余干扰。

五、汉语方言岛概览

本节将笔者所知已经明确的方言岛列成一览表,以便观览、查阅和补充。内容包括使用地点、岛内外方言系属、方言岛成因和备注。备注一栏列出岛内方言的现成名称(用引号表示)、类型、人数、使用的详细地点等。因各岛的情况和资料不一,所以备注一栏的内容项目也不能统一。下列几种方言岛未列入表内。

第一,斑点状方言岛。例如散布在四川乡间的客家话和湘语方言岛(包括华阳凉水井和成都近郊的客家话方言岛)、两广和海南的客家方言岛等。

第二,一般的城市方言岛,如上海、温州等。

第三,少数民族聚居区,如西藏、新疆、内蒙古等地的汉语方言岛。

第四,流动型方言岛,如疍家话、船话。

第五,20世纪50年代以后形成的方言岛。例如上海支边青年两万多人及其子女,在新疆大多集中在阿克苏、巴楚、石河子等地的兵团或农场,形成上海方言岛。上海话在四川和贵州也有分布。

表 3.4 官语区方言岛一览表

地 点	岛内方言	岛外方言	成因	备 注
四川西昌	客家话	官话	未详	
四川会东	赣语	西南官话	驻防	
安徽芜湖四山	吴语	江淮官话	萎缩	
贵州黎平	赣语	西南官话	军屯	保留赣语词汇
贵州晴隆	湘语	西南官话	未详	"喇叭话",约八万人
贵州东南部	湘语	西南官话	未详	酸汤苗,四五万人
山东剡城	中原官话	北方官话	未详	
四川广元	江淮官话	西南官话	未详	安徽移民话
天津旧城区	江淮官话	北方官话?	战乱	明代皖东、苏北移民方言
黑龙江抚远	胶辽官话	东北官话	垦荒	二三屯
黑龙江虎林	胶辽官话	东北官话	垦荒	
黑龙江嘉荫	北方官话	东北官话	垦荒	太平屯
黑龙江古驿站	站话	东北官话	流放	几近消亡
江苏靖江	吴语	江淮官话	萎缩	

表 3.5 吴语区方言岛一览表

地 点	岛内方言	岛外方言	成因	备 注
江苏金坛	江淮官话	吴语太湖片	未详	
江苏吴江	江淮官话	吴语太湖片	未详	
江苏宜兴	闽语	吴语太湖片	未详	山区
江苏沙洲	江淮官话	吴语太湖片	垦荒	西北部
浙江长兴	中原官话	吴语太湖片	垦荒	河南移民方言
浙江潜阳	闽语	吴语太湖片	垦荒	
浙江杭州	半官话	吴语太湖片	战乱	限于城区
浙江慈溪	闽语	吴语太湖片	驻防	观城"卫里话"

续表

地　　点	岛内方言	岛外方言	成因	备　　注
浙江象山	官话	吴语太湖片	未详	爵溪镇
江苏吴江	江淮官话	吴语太湖片	未详	
福建浦城	客方言	吴语处衢片	未详	
安徽青阳、南陵	江淮官话	吴语宣州片	未详	
温州泽雅	闽语	吴语瓯江片	未详	呑底乡半村

表 3.6　闽语区方言岛一览表

地　　点	岛内方言	岛外方言	成因	备　　注
浙江苍南金乡	半官话	闽语闽东片	驻防	兼有吴语特征
福建南平①	官话	闽语闽北片	驻防	"土官话"
福建长乐洋屿	官话	闽语闽东片	驻防	"京都话"
海南三亚市	粤语疍家话	闽语琼文片	水上居民登陆	岛中岛
浙江苍南蒲门	吴语温州话	闽语闽南片	萎缩	限于蒲门镇内
闽北沿海	闽南话	闽语闽东片	未详	沿海据点
闽北沙埕湾	闽语莆仙话	闽语闽南片	未详	岛中岛
福建武平中山	官话	客家话	驻防	"军家话"
福建顺昌埔上	闽南话	闽语闽北片	未详	

① 南平市区及市郊西芹。

表 3.7　徽、赣、粤、客方言区方言岛一览表

地　　点	岛内方言	岛外方言	成因	备　　注
江西景德镇	赣语	徽语	未详	
江西铜鼓	客家话	赣语	未详	
皖大官湖长江间	江淮官话	赣语	垦荒？	
广东中山	闽语	粤语	未详	"隆都话、南朗话"

续表

地　点	岛内方言	岛外方言	成因	备　注
广西钦州	客家话	粤语	未详	张黄、大旗一带
江西赣州	西南官话	客家话	未详	①
江西信丰	西南官话	客家话	未详	②
安徽广德	江淮官话	徽语	未详	

① 罗香林《客家研究导论》列为非纯客住县。
② 罗香林《客家研究导论》列为纯客住县。

附录　汉语方言岛研究文献简目

1. 中国社会科学院,澳大利亚人文科学院.中国语言地图集(第一分册)[M].香港:朗文出版公司,1988.(注:第二分册已于1990年出版。《中国语言地图集》第二版已于2012年出版)

2. 崔荣昌.四川省西南官话以外的汉语方言[J].方言,1986(3).

3. 崔荣昌.四川乐至县"靖江腔"音系[J].方言,1988(1).

4. 石　林.黎平的"北京话"[J].南开大学学报,1984(2).

5. 李行健,刘思训.天津方言词汇[J].方言,1986(1).

6. 陈　刚.古清入声字在北京话里的演变情况[M]//中国语言学报(第3期).北京:商务印书馆,1988.

7. 郭正彦.黑龙江方言分区略说[J].方言,1986(3).

8. 颜逸明.长江下游沿岸吴语和江淮官话的分界[J].华东师范大学学报,1983(6).

9. 董同龢.华阳凉水井客家话记音[M].北京:科学出版社,1956.

10. 鲍士杰.杭州方言与北方话[M]//吴语论丛.上海:上海教育出版社,1988.

11. 颜逸明.平阳县和泰顺县的方言情况[J].方言,1981(1).

12. 福建省汉语方言调查指导组.福建省汉语方言概况(讨论稿)[M].铅印本.福州:福建省汉语方言调查指导组,1961.

13. 詹伯慧.海南岛军话语音概述[M]//语言学论丛(第3辑).上海:上海教育出版社,1959.

14. 李如龙.澳腰莆田方言岛纪略[J].福建师大学报,1985(2).

15. 黄家教.粤方言地区中的一个闽方言岛——中山隆都话[J].中国语文,1985(6).

16. 梁猷刚.广东省北部汉语方言的分布[J].方言,1985(2).

17. 包拟古(N. C. Bodman).中山县的一个闽东方言:南朗话——兼论闽语对其音韵和词汇的影响(英文)[J].清华学报(新十四卷一二期合刊),1982.

18. 葛维达.苏联东干民族语言[M]//王力先生纪念论文集(中文分册).香港:三联书店香港分店.

19. 邹嘉彦.双重语言与文化同化[J].抖擞,1976(13).

20. 颜逸明.苏南(宜兴)闽语[J].语文现代化,1987(2).

21. 黄谷甘.海南省三亚市的语言分布[C].汉语方言学会第五届学术讨论会,1989.

22. 黄谷甘,李如龙.海南岛的迈话——一种混合型方言[J].中国语文,1987(4).

23. 李如龙,陈章太.宁德碗窑闽南方言岛二百年间的变化[J].中国语文,1982(5).

24. 陈章太.顺昌县埔上闽南方言岛[M]//闽语研究.北京:语言出版社,1991.

25. 李如龙.南平市北方方言岛[M]//闽语研究.北京:语言出版社,1991.

26. 游汝杰,徐波.浙江慈溪的一个闽语方言岛——燕话[J].语言研究,1998(2).

27. 游汝杰.黑龙江省的站人和站话[J].方言,1993(2).

第四节　方言地理演变的特点

汉语方言在地理上演变的特点,从宏观上看是不同类型的方言在地理上作波状推移;从微观上看则是方言特征的渐变。

先讨论方言类型的波状推移。假定有甲、乙、丙三个依次相邻的方言,则甲区中靠近乙区的地段,其方言类型也较接近乙区;而乙区中靠近丙区的地段,其方言类型则较接近丙区。方言类型的波状推移现象较为典型的有以下这些例子。

官话方言中与吴语邻接的江淮官话次方言在音系和词汇系统方面都比别的官话次方言更接近吴语。江淮官话跟吴语一样都保留带喉塞尾的古入声,而且入声韵的韵类分合也接近吴语。下面比较扬州话和松江话的入声韵韵类分合,见表3.8。

表 3.8 扬州话和松江话入声韵尾比较

扬州	松江	例字
aʔ	oʔ	莫托剥
iaʔ	iaʔ	雀削药
uaʔ	ɔʔ	捉郭霍
æʔ	æʔ	八阿
	əʔ	杂
iæʔ	iæʔ	里压
uæʔ	uæʔ	刮
	əʔ	刷
əʔ	əʔ	汁入德旦
ieʔ	iiʔ	急
	iəʔ	笔
	əʔ	折
uəʔ	uəʔ	骨活
	əʔ	出
yəʔ	yoeʔ	月橘薛
	ioʔ	域
ɔʔ	oʔ	独足北
iɔʔ	ioʔ	菊局育
uoʔ	əʔ	拨
	æʔ	说脱

在吴语中松江话的入声韵的分类是分得最细的,例如 iiʔ 和 iəʔ 这两个韵在苏州话里是不分的。如果用一般的吴语入声韵来比较,那么对应关系会显得更整齐。

隋代的扬州江都人曹宪所撰《博雅音》,其中有些语音现象与今江浙一带方言相同,如"蟹"字注"呼买反"。今苏北官话在隋代之前应有更多的吴语特征。

吴语区的南极是以温州话为代表的瓯江片,它南连闽语区。瓯江片的词汇系统比任何别的吴语次方言更接近闽语。下面举出一些温州方言与闽南方言共有的词汇,这些词汇是不见于别的吴语区方言的。

词义	温州话	闽语
那	许 hi³	许 xi³（福州）
冰雹	龙霅 lie²bo⁶	龙霅 lam²pʰo⁶（福安）
早晨	天光 tʰiˈkuɔ¹	天光 tʰĩ˜¹kŋ¹（厦门）
翅膀	翼 jai⁴	翼 ek⁸（潮州）
瘦	癙 za⁶	癙 sø¹（建瓯）
湿	烂 la⁶	烂 laŋ⁶（福州）
遗忘	拉爻 la⁶ɦuɔ²	拉甫 lo⁶po¹（永安）
丢掉	□爻 daŋ⁶ɦuɔ²	□□toŋ⁶tʰiɔ⁶（建瓯）

福建闽语沿海地区的闽南、莆仙和闽东三片具有显著的闽语特点；中部地区的闽中片和闽北片则常有客家话成分，如古山摄开口一二等今音不同韵：乾≠间，第三人称单数说"渠"等。在福建内部从东到西，闽语的成分逐渐减弱，客家话成分逐渐增加（见张振兴《闽语的分区》，载《方言》1985 年第 3 期）。过了闽北片则是闽客过渡区，闽中片以西则是纯粹的客话区。

湖南省的汉语方言从东到西，赣语的特征从很显著到逐渐减弱。湘东与江西交界的平江、浏阳一带方言的赣语特征很显著。杨时逢整理的《湖南方言调查报告》曾选择 52 项特征比较全省各地方言的异同。如果以这 52 项特征为标准，则湘江流域的湘阴和平江的共同特征高达 29 项，到资水流域的益阳已减至 22 项，西进到沅江流域的泸溪，则只有 8 项。

方言类型在地理上波状推移的原因有两方面：一方面是因为两种方言交界地区的人交往较多，方言自然容易接近；另一方面的原因则是人口变迁。方言类型波状推移的方向常常跟人口迁徙的方向相一致。例如如果拿吴语区各地的方言与北方的官话作比较，那么很明显，越往南走，与官话的共同之处就越少，而与闽语的共同点则越来越多。苏南吴语中没有副词"添"后置的句式，到了浙北吴语（如绍兴话）则可以有这种句式，到浙南吴语则不仅可以有"吃碗添"，而且有"你走先"（你先走）、"渠走起"（从他开始走）这样的修饰语后置句式。方言类型从北向南的波状推移跟吴语区开发程度和移民史实有关。吴语区在历史上大致是从北向南开发的。历史郡县设置大致能反映开发和移民的历史。秦代在今吴语区设有 17 县，即丹徒、曲阿、阳羡、吴县、娄县、海盐、由拳、乌程、鄞县、余杭、钱塘、山阴、句章、鄞县、诸暨、乌伤、大末。除诸暨、乌伤在浙中，大末在浙西南以外，其余 14 县皆在苏南和浙北。西汉只在浙江中部沿海设置回浦县，东汉才在浙南沿海设置永宁县，一直到西晋太康年间，由于孙吴的刻意经营，才逐渐大规模在浙中和浙南大量置县开发。北方来的人民也因此渐次南进。南进的人民越走越远，方言也就与北方距离越来越大。实际上，自从先周时代太伯、仲雍南迁至今，历代都有北方人民南移吴语区。不过苏南和浙北比浙中和浙南所接受的北方移民要多得多，如晋室南渡后移居浙江的北方大族多集中在会稽郡，近代以来大量苏北移民渡江南下，也只是定居在钱塘江以北。所以北方话对吴语区的影响以北部为甚。今天的吴语，北部比南部更接近北方话，在词汇方面更加明显。例如"抱"，据明末《山歌》的记载，当时苏州话叫"搛"，但今天的苏州话和其他北部吴语都已变为"抱"，与北方话一致，浙江中部偏南的黄岩、乐清和南部的温州仍叫"搛"，但是黄岩新派已改称"抱"。

在长期没有大量外来移民冲击的地区，方言在地理上的变化也是渐变的。方言学家早在 20 世纪初年就已经观察到这种现象（见第一节），例如晋语地区，古入声今仍读入声的字是从北向南在地理分布上递减的。到了没有入声的地方就是中原官话区了（见李荣《汉语方言的分区》，载《方言》1989 年第 4 期）。即使是互相不能通话的种类不同的方言区，交界地区的方言也可能是渐变的。第二节曾述及客话和闽语交界地区有一个闽语过渡区。吴语的北极是长江北岸的靖江话，其语音系统与吴语相同，但是词汇系统却是官话性质的。吴语的南极浙南平阳蛮话的情况也类似，在语音上塞音和塞擦音有三级分法，与吴语相同，但是词汇却至少有一半是与闽语相同的。如食（吃）、拍（打）、悬（高）、秞（稻）、喙（口）、囝（儿）等。两种方言交界地区往往互相吸收对方的成分，以利交际。

方言在地理上是渐变的，而不是突变的，根本的原因是语言的社会作用在于便于人们交际和交流思想，如果方言是突变的，它就失去或减弱自身的作用。

除了上述根本原因以外，优势方言向劣势方言地区的扩散也是一个重要原因。所谓优势方言或称为权威方言(prestige accent)是指在一个地区方言中最有声望的地点方言,常常是当地的中心城市的方言。这个地区方言的居民在语言心理上往往都看重这个优势方言,甚至仿效它。相对于优势方言而言,该地区的其他方言都是劣势方言。例如厦门话在闽南地区,潮州话在潮汕地区,文昌话在海南岛闽语区,广州话在整个粤语区都是优势方言。优势方言是劣势方言的模仿对象,所以它的特点或成分就不断地向劣势方言扩散,邻近中心城市的地方或交通方便的地方,优势方言的影响就会大些,反之就会少些。例如上海近郊县比远郊县的方言接受市区方言成分多一些,而各县属镇因为与市区交通较方便,来往较多,所以又比乡下受市区话影响大些。

一个地区的优势方言会因该地区的社会和文化背景的变化而变化,从而影响方言地理演变的方向。例如泉州是闽南开发最早的地区。唐开元时有五万多户,人口为当时福建六州府之最。隋唐后成为全国重要对海外交通和贸易中心之一。清代嘉庆年间出版的韵书《汇音妙悟》是闽南各地韵书的蓝本,闽南地方戏之一梨园戏也是以泉州音为标准音的。清末之前泉州音实是闽南地区的优势方言。闽南的漳州话的地位,曾因漳州月港成为闽南外贸的商业中心一度提高,但始终未能取代泉州话。鸦片战争后厦门成了通商口岸,地位渐渐超过泉州和漳州,厦门话也因此取代泉州话,而成为优势方言。优势方言的改变是方言地理演变的重要原因之一。

第五节　方　言　地　图

方言地图试图把方言的地理分布特点表现在地图上,或者说把方言地理调查的结果用地图的形式公布出来,使方言的地理分布现象更直观更明确,同时有利于进一步研究方言地理,也便于一般读者的阅读和理解。常见的汉语方言地图有四种:方言特征图、方言同言线图、方言分类图、方言区划图。还有一种地点方言接近率图。

制作这四种方言地图,都需要事先画好底图。底图的内容要求简洁,以便观览。一般只需要有方言地点、较大的河流和湖泊,必要时画上行政区划,最好有比例尺。

方言特征图是试图将某一个用于比较的项目在各地的不同表现标记在地图上。有多少种不同的表现就设计多少种符号,再将这些符号一一画在相应的方言地点旁边或直接画在方言地点上,然后用图例说明每一种符号的含义。一般是一个项目画一张图。图3是一张山东平度县的方言特征图(见钱曾怡、曹志耘、罗福腾《平度方言内部的语音差别》,载《方言》1985年第3期)。用于比较各地异同的项目是"中古日母止摄开口三等的今音",以"儿耳二"三字为代表,图上的特征符号即直接画在方言地点上,全图简洁可读,但缺少比例尺。

图3 山东平度县"儿耳二"读音

(据钱曾怡等《平度方言内部的语音差别》附图改制)

方言特征图宜于表现规律性不强的方言地理分布现象,例如图3。各地"儿耳二"的读音除有 ɚ 和 lə 两种之外,还有 ɚ、lə 两可的地点。况且读 ɚ 的地区,杂有读 lə 的地点,如河南;或两读的地点,如大宝山;读 lə 的地区杂有读 ɚ 的地点,如大郑家、坵西。对这样的地区,不宜用同言线图表现方言地理分布现象。

同言线图的内容主要有两项,一是方言地点,二是同言线。同言线图上的每一条同言线一般是两分的，即对于同一个项目，同言线的两边方言特点不同，同言线的同一边方言特征相同。一张方言地图上可以只画一条同言线，但同一张图上不同的同言线不宜超过四五条，过多不便观览。也可以将多条同言线用不同的线条符号，综合画在同一张地图上，即形成同言线束。图 4 是一张江苏溧水县同言线束图。图上的方言地点，"在城"是溧水县政府所在地，其余皆是乡政府所在地。吴语和官话的分界线有一部分是通过溧水县的，这张图上有三条同言线，分别说明中古并母、定母和澄母在溧水县的西北部读清音声母[p、tʰ、tsʰ]，在该县东南部则读浊声母[b、d、z/dz]。

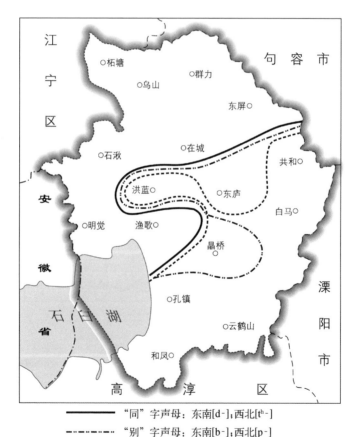

图 4　江苏溧水县同言线图

地图上的同言线只能是两分的,但是实际上有时候同言线的这一边的某个地点方言可能其方言特征与另一边相同,或者反之。例如假定"同"字云鹤读[tʰ]声母,乌山却读[d]声母。也可能同言线同一侧的地点方言内部还有些微的差异。遇到上述情况,同言线图是无能为力的。补救的办法是把同言线图和特征图结合起来,图上既有同言线,又有表示地点方言特点的符号。为了使地图简洁,也可以另列一张表格说明各地点方言的特点。例如可以用表 3.9 来补充说明图四。表上的方言地点有删节。

表 3.9 江苏省溧水县古浊声母今音比较表

地点 例字	在城	洪蓝	东芦	渔歌	新桥	孔镇	白马
同	tʰoŋ²	doŋ²	doŋ²	tʰoŋ²	doŋ²	ɖoŋ²	doŋ²
别	piɪʔ⁷	biəʔ⁸	biəʔ⁸	piəʔ⁷	piəʔ	biəʔ⁸	biɪʔ⁸
茶	tʰa²	ẓa²	tsʰa²	dẓa²	dza²	ẓa²	za²

对于方言调查点很疏朗的地区,例如每县只设一个调查点的省,不宜制作同言线图。因为根据互相距离很远的地点的材料来画同言线,势必不能准确。调查地点越密,同言线在地理上的准确度越高。实际上当一条同言线要划在两个调查点之间时,只能取这两个点的中点通过。如果两个点之间有行政分界线,如乡和乡的界线,也可以使同言线与行政分界线相重合。但是沿同言线两侧往往是广阔的中间地带,所以同言线并不是严格意义上的方言特点地理分界线。

同言线图在反映方言特点的地理分布上准确度不如方言特征图。方言特征图所反映的是每一个有调查材料作为依据的地点的特征;同言线图所反映的某一方言特征的地理分布,却包括大片没有调查材料的空白地带。不过同言线图有时能为方言分区工作提供重要的参考,如图四上的同言线束实际上反映了吴语和官话的重要差异,即是否保留中古的全浊声母。

方言分类地图在地图上把种类不同的地点方言用不同的符号表示出来。这种地图宜于表现方言种类复杂地区的方言分布。它的前

提是对各地点方言已经作过调查,并且归属也已有结论。例如浙江的
平阳县(1984年从本县南部析置苍南县,县政府驻灵溪)有4种方言:
瓯语(吴语温州话之一种)、北港话(闽南话之一种)、蛮话(吴语之一
种)、金乡话(半官话方言岛)。见图5。此图据颜逸明《平阳县和泰顺
县的方言情况》一文(载《方言》1981年第1期)提供的材料和特征图改
制。这种地图对于了解方言复杂地区,不同种类的方言在地理上的分
布,非常方便,可以一目了然。

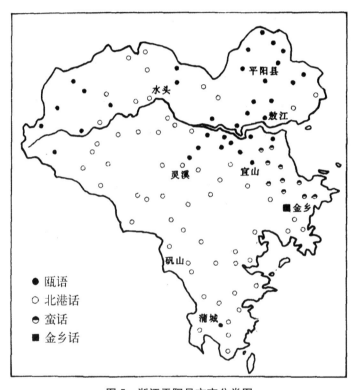

图5 浙江平阳县方言分类图

方言分区图是对不同地点方言进行比较研究和区域划分的结果。
方言分区力图按某一个原则或标准,把性质、特点相同或相近的地点方
言划归同一个区域。实际上一个方言区划的中心地带或核心地带(focal
area)是非常明确的,但边缘地区往往是模糊的。所以方言分区图的重
点是如何画出合理的不同方言的分界线。如果在甲、乙两种方言的中间

有一个地域广阔的过渡地带,可以画出一个过渡区。不过在过渡区与甲方言或乙方言之间仍然要画出分界线,要画出合理的分界线,一需要有边界两侧较详细的方言材料;二需要对边界地区的方言的性质进行较深入的研究和判断。图6是江西省方言分区简图(据颜森《江西省方言分区图》改制。原图载《方言》1986年第1期)。方言分区图便于从宏观上了解方言的地理分布,也便于非语言学专业的一般读者观览和利用。

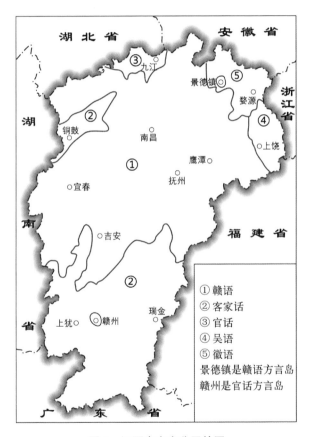

图6　江西省方言分区简图

地点方言接近率图是把一个地区之内任何相邻的地点方言之间的接近率,用数字直接标记在图上,检查图上的表示接近率的数字,可以比较任意两个相邻的地点方言的接近率,而且可以看出一个地区内哪些地带的方言互相较接近。图7是一张笔者所作的湖南东北部地点方言接近率图。《湖南方言调查报告》(杨时逢,1974年台北)用52项方言特征(包括声母、开合、韵母及韵尾、声调、特字、词类)比较湖南各地方言的差异。图7即以这52项特点为标准,计算任意两点的接近率,图上的每一数字均表示用直线相连的两个地点方言特征相同数。例如常德和安乡有35项特征相同。为了便于观览,图中只是标出部分邻县的接近率。从这张图上可以看出哪些方言较接近。例如浏阳和平江较接近(25),而与长沙较疏远(17),所以浏阳更可能与平江归为一区,而与长沙分归两区。同言线图和方言区域图易使读者误会,以为同言线的同一边或同一方言区域的各种地点方言,不仅其特征都是相同的,而且互相间的亲疏也是均等的。而地点方言接近率图可以避免上述问题,能够更准确地表示方言间的亲疏关系。

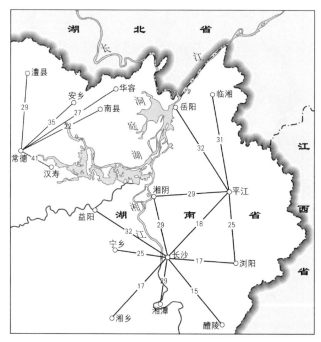

图 7　湖南东北部地点方言接近率图

　　上述5种方言地图,每一种都可以由多幅地图汇集成方言地图集(linguistic atlas),例如《汉语方言区域图集》《汉语方言同言线图集》,等等。

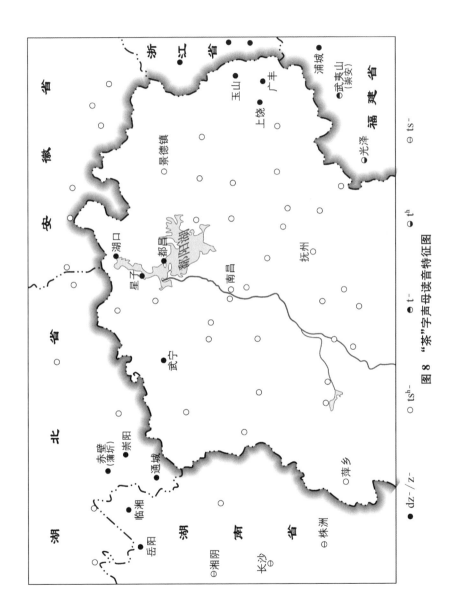

图 8 "茶"字声母读音特征图

在西方传统方言学史上,方言调查的结果多以地图集的形式发表,如 E. Edmont 的《法国语言图集》(1902—1910);V. G. Wenker 的《德国方言地图集》(1926—1956);K. Jaberg 和 J. Jud 的《意大利方言地图集》(1928—1943);H. Kurath 的《新英格兰方言地图集》(1939—1943)等。

方言地图不仅是研究方言地理不可缺少的基础,而且有的时候还能反映方言特征历史演变过程。例如中古汉语的全浊声母 b、d、ɡ、z、dʑ、dz 之类在现代只是完整地集中保留在吴语区,在赣语区、湘语区和西南官话区的方言地图上,全浊声母只是不完整地星散在若干交通较为落后的地方。图 8 是赣北及其周围地区全浊声母(以"茶"字为代表)的分布。从图上可以看出整个赣北地区,除了玉山、广丰、上饶三地与浙江吴语区相通,有全浊声母之外,大片地区"茶"字读 tsʰ 声母,全浊声母 dz 只是退守鄱阳湖北部沿岸的湖口、星子、都昌以及武宁一小片地方。往西则有湖北东南角的蒲圻、崇阳、通城三地,湖南东北角的临湘和岳阳。从方言地图上看,也可知全浊声母只是残留在这些交通不便的少数地点。

方言地图还有助于社会学和历史学的研究。从方言的地理分布地图上,可以看出本地居民的来源或移民背景。例如在皖南方言区划图和分类图上,有许多斑点状方言岛,岛内包括湖北话、河南话、安庆话、温州话、湘语、闽语等。从这些方言岛可以看出太平天国战争之后,大批外地移民涌入皖南,并且可以一望而知这些移民的原居地和今居地。

第四章 方 言 历 史

研究古代方言可以根据记录古代方言的文献资料直接研究,也可以从现代方言来推论古代方言,或者把这两者结合起来。此外,移民史等非语言因素也可以作为研究古代方言,特别是历史方言地理的重要参考。

第一节 记录古代方言的材料

在记录古代方言的各类材料中,以古代的方言学专著最为直接,最为详尽。清末以前方言学专著可以分为三小类。一类是用汉字记录的材料,如汉扬雄《方言》,晋郭璞《方言注》,明李实《蜀语》等。第二类是外国学者的汉语方言学著作。例如 O. F. Wisner 编 *Beginning of Cantonese*(教话指南),广州,1906 年;冯世杰、市野常三郎、高木常次郎《燕语新编》,日本积善堂,1906 年。第三类是用拼音文字记录的材料。主要是西洋传教士的著作(第九章再作详细讨论),也有中国学者用自制的拼音文字记录的材料,如陈虬《瓯文音汇》。方言词典、课本也是近似方言学的著作(详见第九章)。除了方言学专著以外,记录古代方言的材料散见于下述几种文献中。各种均举一两个例子。

第一,史书。史书中的方言材料往往是零星的、间接的、笼统的,需要经过判断、分析,才能成为有用的材料。例如《晋书·乐志》:“《白纻舞》:案舞辞有巾袍之言。纻本吴地所出,宜是吴舞也。晋《俳歌》又云:皎皎白绪,节节为双。吴音呼绪为纻,疑白纻即白绪也。”今按:纻字属鱼部澄母;绪字属鱼部邪母,中古皆属语韵。可见在晋代的吴语(指今苏南一带吴语)里,澄母和邪母已经合流。又如《资治通鉴》:“其他有杨、李、赵、董等数十姓,各据一州,大者六百,小者二三百户,

无大君长，不相统一，语虽小讹，其生业风俗，大略与内地同，自云本皆
华人。其所异者以十二月为岁首。"今按：此段记唐代云南西洱河一
带汉族流寓者情况。唐太宗贞观二十二年，唐将梁建方自越嶲率兵讨
西洱河蛮。越嶲在今四川西昌东南。唐代南诏常侵扰今四川、贵州一
带，掳掠大量汉人，如大和三年南诏陷成都，掠子女百工数万人而去。
所以当时的云南与贵州、四川的人员交往和语言接触较多。所谓"语
虽小讹"，当指云南的方言与四川一带方言差异不大。

第二，经籍注疏。郑玄注《礼记》，何休注《公羊传》，王逸注《离
骚》，常指出某字为某地方音。如《考工记》"沤其丝"。郑注："楚人曰
沤，齐人曰涹。"

第三，字书韵书。例如汉代许慎《说文解字》指明使用地点的方言
词有一百九十一条（见马宗霍《说文解字引方言考》，科学出版社，1959
年）。例如："餽（简体字为"馈"），吴人谓祭曰餽，从食从鬼，鬼亦声。"
"姐，蜀谓母曰姐，淮南谓之社，从女且声。"唐代慧琳《一切经音义》常
辨秦音、吴音之别。唐代玄应《一切经音义》以长安音为标准，常标某
地作某音，包括关中、山东、江南、关西、陕之西、蜀、幽、冀等地的语音。
《广韵》《集韵》等韵书也间或注出方言用法。如《广韵》阳韵："枋，木
名。可以作车。又蜀以木榼鱼为枋。"《集韵》换韵："煓，楚人谓火
曰煓。"

第四，宗教学著作。包括《圣经》方言译本、方言课本、词典等。此
类著作大多是西洋传教士的作品（详见第十章），中国人的作品很少，
例如苗仰山等译的《方言备终录》（1906 年上海土山湾慈母堂排印）。
此书序说，二百多年前利高烈曾著《备终录》劝人为善，山西田文都神
父和江苏李问渔神父曾译为官话，于 1897 年印刷发售。仰山等再用
松江土白译出。全书分三十二日，每日一个话题，内容为宗教劝善，皆
以"想"字当头。如第十三日为"想世俗的虚假"，第二十六日为"想地
狱永苦"。共 328 页。所译松江话很道地。例如第二十二日"想习惯
的毛病"有一段："比方行海路个人，登拉一只破船上，碰着之大风，船
上装拉个物事，又是重，依想伊平平安安过海否。就是无得风浪，也怕
要沉拉海底里。"

第五，笔记杂谈。此类文献常有关于古代方言使用情况的记载。

《世说新语》"言语篇"和"排调篇"中的几则有关方言的轶事是常被引用的。如"排调篇"："刘真长始见王丞相，时盛暑之月，丞相以腹熨弹棋局，曰：'何乃渹（刘孝标注：吴人以冷为渹）？'刘既出，人问：'见王公云何？'刘曰：'未见他异，惟闻作吴语耳！'"晋室南渡后，大批北方士族迁入金陵一带，他们为了拉拢江东原居士族，也学说吴语，所以北来的丞相王导，说话间夹杂吴语。晋代葛洪《抱朴子·讥惑》讥议吴人"转易其声音以效北语，既不能便，良似可耻可笑。"可见当时人的语言态度，即鄙视吴语，而尊重北语（即洛阳话——当时的官话）。也说明晋室南渡以后金陵一带吴人的双言现象。明代郎瑛《七修类稿》述及杭州方言时说："城中语言好于他郡，盖初皆汴人扈宋南渡遂家焉，故至今与汴音相似。惟江干人言语躁动，为杭人之旧音。"今按：所谓城中语言好于他郡，是指杭州城内方言较接近北方官话，系北宋末年北方移民带来。江干指沿钱塘江一带，此地还保留土著吴语。

第六，文学作品。大致包括历代民歌，如明末冯梦龙《山歌》；诗词，如唐诗宋词；明清白话小说，如《金瓶梅》；清末方言文学，如方言小说、弹词、木鱼书、子弟书等。下面举两例。《金瓶梅》第十六回："那西门庆那里坐的住，赶眼错起身走了。"其中"赶眼错"是山东方言，"趁别人没看见"的意思（见董学章《元明清白话著作中山东方言例释》，山东教育出版社，1986年）。清末方言小说往往只是部分内容用方言。例如张春帆《九尾龟》只是妓女说话用苏州话，如卷三第九回："金媛媛瞅了方小松一眼道：方大少，倪搭耐讲讲个道理看，耐搭二少是要好朋友，不比舍格别人，二少吃醉仔酒末，只有耐方大少劝劝二少，叫俚少吃两杯，勿要吃坏仔自家格身体，格末像格要好朋友喔。阿有朋友吃醉仔酒，再要灌俚两杯……"清末和民国时代的一些曲艺脚本倒是全用方言写就的。如《江鲍笑集》（江笑笑、鲍采采著，民国三十年再版）全用苏州话写笑话、唱词。

第七，明清时代研究戏曲声律的著作。如明代魏良辅《南词引正》说："苏人惯多唇音，如冰、明、娉、清、亭之类；松人病齿音，如知、之、至、使之类，又多撮口字，如朱、如、书、厨、徐、胥。""苏人"是指苏州人，"松人"是指松江人。从这段话至少可以看出松江话的两个语音特点，一是没有舌尖后擦音或塞擦音声母，即没有 tʂ、tʂʰ、ʂ，只有 ts、tsʰ、s 声母;二是鱼虞两韵读[y]不读[ч]。今天的松江话仍有这两个特点。可见这两个特点最迟在明代已形成。又如清代王德辉、徐沅征所著《顾误录》对南北方音也有所比较。

第八,地方志。旧时的地方志述及方言的大约占总数的一小半。不过详略不等,最简略的往往只是一笔带过,最详细的可达数十页。方志中的方言部分以载录方言词汇为主,间或述及方言地理、方言演变、当地方言种类、当地权威方言或本地与外地方言异同等。含方言材料的地方志多是清代或民国编修的,明代的很少,明代以前的还没有发现。已知含方言材料的最早的明志是洪武十二年(1379)序刊的《苏州府志》(卢熊撰),卷十六《风俗》中有 264 字有关方言,如下:

> "风土不同,语言亦异。吴人以来为厘,盖有所本。范蠡曰:'得时无怠,时不再来。'《吴氏补韵》云:'怠读作怡,来读作厘。'又本于陆德明,'贻我来牟''弃甲复来',皆音厘。陆德明,吴人,岂遂以乡音释注,或自古本有厘音邪? 谓罢必缀一休字,曰罢休。《史记》吴王孙武曰:'将军罢休',盖古有此语。又多用宁馨二字为问,犹言若何也。谓中州人曰伧。晋周顗以忧愤谓子隑曰:'害我者伧子也。陆玩食酪得疾,与王道笺云:'仆虽吴人,几作伧鬼。'盖轻易之词。又自称我为侬。按《湘山野录》钱王歌:'你辈见侬的欢喜,永在我侬心子里。'又谓人为呆子。宋淳祐中,吴樵任平江节度推官,尝谓人曰:'樵居官久,深知吴风,吴人尚奢争胜,所事不切,广置田宅,计较微利。殊不知异时反贻子孙不肖之害。'故人以呆目之,盖以此也。"

利用方志材料可以研究方言的历史音韵、词汇、词法、地理、分类等。但是方言志所录方言材料往往是十分芜杂的,并不全都可信可用。主要的问题是:第一,后志因袭前志,甲地志抄袭乙地志,并且往往以讹承讹。第二,收词标准不明确,更不统一,最少的只收几个词,最多的收近千词。有的还混有非方言词。大多不讲究次第安排。第三,用反切、"读若"和诗韵来描写语音,也用轻、重、劲、急、迟、简、烦等来含糊地形容语音的听觉特征。这些描写法缺乏精确性和系统性。

如咸丰《黄渡镇志》载:"镇介吴淞,语音亦小异,大率吴淞以北语简而音急,吴淞以南语烦而音迟。""简、急"看来是跟"烦、迟"相对而言的。"简"可能是指单元音和阳声韵尾失落较多?"急"可能是指入声收尾较明显?令人难以捉摸。

第九,移民史料。移民史料大多见于地方志和家谱,可以作为研究方言历史的间接材料。人口的迁徙也就是方言的迁徙,方言跟着它的使用者流动,这是显而易见的。不过移民在到达新地之后,久而久之,其方言可能会发生下述几种变化,这也是不可不注意的。

1. 移民的方言在新地演变成一种新的方言。如果移民到达新地之后与原居地人民绝少联系,或者说他们的方言与原居地的方言绝少接触,那么久而久之,他们的方言会演变成一种与原居地大不一样的新方言。例如现代广西说平话的居民有两百万左右,他们的祖先原是因平南战争从北方山东一带来的移民。据《宋史》,宋王朝曾派狄青南征今广西一带,平定侬智高起义。事定后,宋王朝令南下的平南军在今广西驻守、屯田。这些在当地落户的军士及其家属的家乡很可能是在今山东一带。一直到 20 世纪 40 年代,他们的后代还隔几年派代表到山东祭祖扫墓。除此以外,就整体来说他们与原居地的人民绝少接触,其方言演变的结果至今也与北方官话大不相同。不管是桂北平话或桂南平话,都有若干特点不见于北方官话的。例如桂北平话的下述特点:有的知组字读如端组:猪 ty^{24} 等;有后高不圆唇元音[ɯ],如杯[pɯ²⁴]、读[tɯ²¹]等;没有鼻韵尾[-m、-n],如男[nuo⁴¹]、津[tɕiai²⁴]等。

2. 移民的方言与土著方言杂交。例如浙南苍南县的金乡话居民的祖先可以追溯到明初派驻金乡卫御倭的北方官兵。今天的金乡话虽然仍然有许多北方话的特点,如麻韵(开口二等)"马、茶"等字读[a]韵;见母二等字"加、街"等读[tɕ-],没有白读音,但是因与明代当地吴语杂交的关系,也有吴语特点,如古全浊声母今读浊音,鼻音韵尾只有一个[ŋ]等。现代某些大城市的人口成分中外地移民占很大比例,这些城市的方言往往是本地土著方言与各种移民方言相交融的结果。例如据 1947 年的统计,上海市区 450 万人口中 83%以上是外籍人,本地人只占 16%强。据 1950 年的统计,本地人只占 15%。外籍人主要是江苏人(又以苏南为主)和浙北人。今天的上海话实际上是上海本地话和浙北、苏南移民的吴语杂交的结果。上海话实在是一种混合方言。其混合性质不仅表现在语音和词汇上，而且在语法结构上也有所表现。例如"伊拉爷阿是绍兴人哦？"这个疑问句用"阿是……哦？"这样的结构来提问，与之对应的结构在苏州话中是"阿是……？"，在松江话（早期上海话的源头）里是"……哦？"所以"阿是……哦？"这一结构是苏州话和本地话杂交的产儿。

　　3. 多种移民杂居的社会使用其中一种移民的方言。多种移民方言之中，如果有一种有绝对的权威性，那么，其他移民方言就会隐退或渐至湮灭，而被权威方言所代替，或者全社会以这种权威方言为共同语。例如据 1983 年的统计，香港有 5 344 400 人，其中中国人占 98%。中国人中以原籍在粤语区的最多（主要来自宝安、东莞、中山、广州、惠阳），其次为客话区（占 14.5%），再次为闽语区（7.5%），还有吴语区（以上海人为主，占 2.7%）。移民成分相当复杂。人口最多的是粤语居民，而广州话又历来是粤语区的权威方言。所以广州话成为香港华人的共同语，许多非粤语移民的后代实际上已经不会说原籍的方言。

　　4. 多种移民杂居社会选用外来的权威方言。如果多种移民的方言和本地方言之中没有一种方言有绝对的权威地位，那么移民社会就宁可选用某一种外来的权威方言作为共同语。例如今天的东北方言是接近北京话的，但是东北人的原籍都不是北京。关内人移入东北虽然始于 18 世纪以前，但是一直到 1878 年清政府撤消封禁之后才能自由移入。从 1923 年开始，关内主要是河北和山东两省的人大规模移居东北。东北总人口 19 世纪末为 200—300 万人，1948 年增至 4 000 多万人。大量从冀、鲁各地来的人方言各异，没有一种是有权威性的，大家以北京话为标准，结果形成一种与北京话很接近的东北官话。新加坡的华人原来主要由闽语、粤语、客话居民构成。据 1901 年的统计，广东人占 19%，福建人占 36%，海南人占 6%，客家人占 5%，潮州人占 17%，福州人占 8%。各种方言也没有一种有绝对权威，结果是采用华语（以北京话为基础）为共同语。

　　移民史料对于古代方言地理宏观格局演变研究也是不可或缺的。详见第二节。

第二节 汉语方言的源流及其
在地域上的发展

《礼记·王制》载:"中国夷蛮戎狄,皆有所安居。和味宜服,利用备器,五方之民,言语不通,嗜欲不同。达其志,通其欲。东方曰寄,南方曰象,西方曰狄鞮,北方曰译。"这一段文字是对我国语言地域差异的最早记载。不过所谓"五方之民,言语不通"究竟是指不同民族的语言不同或是指华夏语的方言不同,难以判定,也许只是泛指各地语言和方言不同而已。相当于汉代王充《论衡》所谓"古今言殊,四方谈异"。

方言的地域差异在先秦诸子著作中已有很明确的反映。《荀子·儒效》说:"居楚而楚,居越而越,居夏而夏,非天性也,积靡使然也。"《荀子·荣辱》说:"越人安越,楚人安楚,君子安雅。"这里的"雅"是指"雅言",即"夏言",所以"越""楚"也是指方言。《孟子·滕文公》中有一段记载,更直接反映齐、楚方言的严重差异。孟子谓戴不胜曰:"子欲子之王之善与?我明告子。有楚大夫于此,欲其子之齐语也,则使齐人傅诸?使楚人傅诸?"曰:"使齐人傅之。"曰:"一齐人傅之,众楚人咻之,虽日挞而求其齐也,不可得矣;引而置之庄岳之间数年,虽日挞而求其楚,亦不可得矣。"《孟子·万章》又载:"此非君子之言,齐东野人之语也。"看来先秦时代华夏语的地域方言差异最显著的是夏、楚、越、齐。

"夏"是西周王畿成周一带(今河南北部)的古名,夏方言即是王畿一带方言,亦即周室所用的"官话"。楚语是楚国所使用的方言,楚人的分布地域是汉水和长江中下游流域。越语则是吴越人的语言。先秦时代,吴越是两个不同的国家,但是"言语"是相通的。《吕氏春秋·知化》说,吴越两国"接土邻境壤,交通属,习俗同,言语通。"吴越两国使用越语。齐语则用于今山东半岛,据《史记》的有关材料,甚至可以划定齐语的边界线。《史记·齐悼惠王世家》:"高祖六年,立肥为齐王,食七十城,诸民能齐言者皆予齐王。"此七十城,即汉初临淄、济北、博阳、城阳、胶东、胶西、琅邪七郡之地。相当于今山东巨野以东至即墨一带。这七郡之地即是齐语分布区,当时邻接的鲁地方言当与齐语明显不同,所以能分辨"诸民能齐言者。"

汉代扬雄《方言》和许慎《说文解字》所透露的方言地理分布信息远较先秦文献为详细。《方言》是汉代方言词汇集,常指明某词是某地语、某地与某地之间语或某地与某地之间通语,所述及的地方以秦晋的次数为最多,在语义的解释上也最细。林语堂曾据《方言》所引地名的分合拟测汉语方言的区划。《说文解字》指出使用地点的方言词共有 191 条,涉及 68 个地区或地点。其中出现次数最多的地方是楚(23 次)、秦(19 次)、齐(16 次)。

先秦时代汉语方言以夏、齐、楚、越的差异最为显著。从《方言》与《说文》的材料来看,与先秦时代方言地理比较,最值得注意的是秦晋方言在汉代崛起,受到扬雄和许慎的高度重视。秦的首都在咸阳,西汉的首都在长安,皆在今陕南。秦晋方言的崛起是势所必然。

从两汉之际到杨坚统一全国,建立隋朝五百年间,西汉末赤眉、铜马战争,东汉末黄巾、董卓战争,三国纷争,西晋末永嘉丧乱、五胡乱华,这些历史事件,造成北方汉族大规模的迁徙,见于《后汉书》《三国志》《晋书》等史书。人口流动的宏观方向有二:一是大量北方人口南下,迁入长江以南;二是在北方内部无定向流动。

北方人口南下可以从两汉之际的户口变化看出。据《续汉书·郡国志》,长江以南的郡国有 18 个(地跨长江南北的不计),其中牂牁、益州、永昌三州地处僻远;郁林交趾户口统计数字不详,其余会稽等 13 郡户口变化如表 4.1 所示。此表据《禹贡》四卷十一期陶元珍《两汉之际北部汉族南迁考》一文制。

表 4.1　两汉之际南方人口数量增长表

年　　代	户　数	占全国	人口数	占全国
元始二年(2)	635 492	5%强	3 062 079	5%强
永和五年(140)	2 043 322	21%强	7 409 139	15%强

从元始二年到永和五年的一百三十多年间,南方人口大量增加,占全国人口数或户数显著提高,除人口自然增殖外,主要是移民所致。

北方内部人口流动可以以三国末、晋初为例。

表 4.2 三国末晋初北方人口流动规模表

所自地	徙入地	户　数	人　数
四　川	云南、湖南、湖北	十多万	当六七十万
陕西、甘肃	四川、河南	约十万	当二十多万
山　西	河　南	约十万	约三十万
直　隶	山东、河南	约一万	五六万
汉　中	四川、湖北	当数万	当数十万

表 4.2 据刘掞藜《晋惠帝时代汉族之大流徙》(载《禹贡》四卷十一期)制。晋惠帝在位年代是 290—306 年。从表 4.2 可见,当时北方内部人口流动颇具规模,且无固定方向。

这一时期的移民浪潮造成各地北方汉语方言的混化、北方汉语的南下和南北汉语的接触交融。这 3 个结果可以在东晋郭璞《方言注》中观察到。郭璞注《方言》,述及使用地域的共 135 条,其中只有 4 条使用地域与扬雄时代一样,未有变化,其中有 11 条本来属于方言词汇,郭注变为通语。例如卷十:"颔、颐,颔也。南楚谓之颔。(郭注:今亦通语耳。)"卷九:"车枸篓,……南楚之外谓之篷。(郭注:今亦通呼篷。)"其中仍然注为方言词汇,但使用地域有变化的共 45 条,地域变化包括北方和南方内部的变动,也包括东南西北四方互变。值得注意的是,其中有 3 条郭璞注为"北方"方言。例如卷二:"茫、矜、奄、遽也。吴杨曰茫。(郭注:今北方通然也,莫光反)……"卷十:"遽、极,吃也,楚语也。(郭注:亦北方通语也。)"扬雄的《方言》和许慎的《说文解字》在述及方言地理时曾使用大量地区(后者共有 68 个地名)的名称,但是都没有提出"北方"这个地名。可见当时北方内部各地方言分歧尚较严重,"北方"未形成内部较一致的方言大区。在郭璞的《方言注》里"北方"首次作为一个独立的方言地理单位出现,可见北方汉语经过长期的混化,内部已趋向一致,作为一个独立的方言区域已初具雏形。

南北朝以后,北方方言为单一的方言区的概念逐渐明确。如北朝颜之推《颜氏家训·音辞》载:"南方水土和柔,其音清举而切诣,失在浮浅,其辞多鄙俗;北方山川深厚,其音沉浊而钝,得其质直,其辞多古语。"唐陆德明《经典释文·叙录》载:"方言差别,固自不同,河北江南最为巨异,或失在清浅或滞于重浊。"北宋沈括《梦溪笔谈补》卷一:"《经典释文》,如熊安生辈,本河朔人,反切多用北人音;陆德明,吴人,多从吴音;郑康成,齐人,多从东音。如'璧有肉好',肉音揉者,北人音也……"

唐代天宝、至德年间的安史之乱和北宋末年的宋辽战争,又促使北方人口和北方汉语大规模南移。例如安史之乱后,北方移民大量移入湘西北地区,北方话也随之取代了当地的固有方言。据《旧唐书·地理志》载:"自至德后,中原多故,襄邓百姓,两京衣冠,尽投江湘,故荆南井邑,十倍其初,乃置荆南节度使。"荆南是指荆州(江陵府)至武陵(常德)一带,当地户口暴增十倍,简直已成移民天下。

两宋之交,北方人民南迁的规模和数量之大也是惊人的。这从南宋初年人口猛增可见一斑。见表4.3。从表4.3可知南宋从绍兴三十年至乾道二年的六年间,增加959 717户,6 149 676人。但是从乾道二年至嘉定十六年的57年中,仅增335 351户,2 941 401人。前六年人口猛增显然是北方移民造成的,随时流亡未立户者或未住定者及逃匿人口尚未统计在内。

表 4.3   南宋时期南方人口数量增长表

年 份	户 数	人口数
绍兴三十年(1160)	11 375 733	19 229 008
乾道二年(1166)	12 335 450	25 378 684
嘉定十六年(1223)	12 670 801	28 320 085

到了南宋时代汉语方言的宏观地理格局基本形成,后代变化不大,即北方有北方话,江浙有吴语,江西有赣语,福建有闽语,湖南有湘语,广东有粤语,广西有平话的前身,客话则主要散处闽西、赣南和粤北。各大方言在地理上的演变历史应该作专题研究,可以写成《汉语方言地理发展史》这样的专著。这里只讨论汉语方言地理发展史的两

个特点。

第一,北方方言区的范围越来越大。

北方话作为一个大方言区的概念到唐宋时代逐渐明确。宋代北方话的北界大致在今山西北部,西界在甘肃的河西走廊西极,东界在辽东。宋代郑樵(渔仲)《通志》载:"今宣尼之书,自中国而东则朝鲜,西则凉夏,南则交趾,北则朔易,皆吾故封也。故封之外,其书不通,何瞿昙之书,能入诸夏,而宣尼之书不能至跋提河,声音之道有隔阂耳。"这里所指的"隔阂"是指语言文字不同。也即指出当时汉语的大致流行地域。所说汉语东、西、北三面的极限大致上也代表宋代北方方言的北界,这条北方方言的北界在晋代就应该形成,与汉代比较,已向河西走廊和辽东一带扩展,宋代北方话的东界是黄海和渤海应无疑。西界应该是巴蜀。巴蜀被秦灭之后,即通中原地区,语言也渐渐与中原汉语混化,到宋代大致已成为北方方言的一个次方言。当时巴蜀方言与中原方言的主要差别是平声和去声调形与中原方言恰恰相反。宋代黄鉴《杨文公谈苑》载,"今之姓胥,姓雍者皆平声。春秋胥臣,汉雍齿、唐雍陶皆是也。蜀中作上声、去声呼之。盖蜀人率以平声为去。"如果拿今天的成都话和北京话比较,蜀人依然是"以平声为去。"即成都阳平是 31 调,去声是 13 调,与北京阳平 35 调和去声 51 调的调形恰好相反。

南界大致是以长江中下游为界。不过北方话已在东晋初年过江进入宁镇地区,中唐安史之乱后南进到今湘西北。

青海的原居民族是西羌。虽然从汉宣帝时赵充国的湟水屯田开始,已有北方汉人入居青海,但是一直到元代汉族还不是当地的主体民族。五胡十六国时期,鲜卑人自东向西大量迁入青海,从公元 4 世纪开始的百余年间,迁入青海的鲜卑人达几十万之多。另有些匈奴、羯、氏及东羌族移民。从 13 世纪开始,大量蒙古族军士及眷属随蒙军西征留居青海,他们曾一度成为青海的主体民族。明初洪武年间政府将移民屯田作为"强兵足食"的基本国策,大量北方汉人移入青海进行军屯或民屯。从明初开始,青海东部汉族人口已超过其他民族,汉语北方方言也因此深入并遍布青海。

北方方言是在元明时代扩散进入云南的。虽然从先秦时代开始,历代都有汉族人民不断移入云南，但是大致元代之前入滇的汉人绝大多数渐被各地少数民族同化，元代之后移入的汉人，特别是明代迁入落户的汉人则保持汉人的民族特征。明代初叶从洪武十四年（1381）开始曾由各省调来数十万大军分戍云南各地，实行屯田，军士及其家属大都世代落籍云南。除了军士及其家属之外，还有大量因犯罪谪迁的官吏和流放的百姓以及工商业者，也在明代移入云南。所以云南的人口从洪武二十六年（1393）到万历六年（1578），从 258 693 增至 1 290 972，185 年间人口增加 5 倍。贵州的情况类似云南。

两广从秦代开始即有北来汉族移民。据《淮南子》载，秦略杨越，出兵五十万，越平，置桂林、南海、象郡，以谪徙民，与越杂处。秦亡，赵佗以真定人称帝于越。越氏治越有百年之久。东汉初马援出征南越其士卒多留越不归。据《通鉴》载，东汉末士燮为交趾太守，兄弟雄据两粤，中国人士多往归之。两晋之后南迁的北方人士更多，但在广西除桂、梧等郡之外，多没于蛮僚之势力。唐代柳宗元贬官广西柳州，所著《柳州峒氓歌》称："愁向公庭问重译"。可见当时柳州一带还是少数民族语世界。

宋代狄青西征平侬智高之乱，随之而来的将士所使用的北方话，后世发展为平话。侬智高乱后，土酋羁縻制度改为土官制度，土官大半为汉人。当时汉人多居城厢之内外，依附于土官势力，至今县城所居多为外籍之汉人，尤其是边防一带，如宁明、明江、左县等居民之大半原籍皆为土官同乡之山东人。

明代北来汉族移民有两大宗。一是土官或土官属员之乡人。宋代所建立的土官制度是世袭的。二是屯田的士兵和百姓。据《明史·土司传》，邕州屯兵二十万，断藤屯兵十六万。清代"改土归流"，大量移民进一步深入到广西西郊。此前广西东部实行流官制度，广西西部则实行土官制度，外人入境受到种种限制。据 20 世纪 30 年代的调查，明清两代移入广西的汉人几占全部汉人的十分之九。所以广西西南官话区应是明清时代最后形成。

第二，南方方言地理格局在南宋奠定之后长期稳定。

中国南方的吴、湘、粤、闽、平、赣、客七大方言地理分布的格局是在南宋初年奠定的。八九百年来，长期稳定，变化不大。上述南方七大方言,从方言发生学的角度来看,吴、湘、粤、平、赣是从北方汉语直接分化出来的,可以说是原生的;闽语、客话则是次生的(secondly developed),即是由某一种南方方言派生出来的。

吴语的最早源头可以追溯到先周时代,以太伯和仲雍为代表的北方移民,南徙到当时尚较落后的江南地区(相当于今苏南无锡、苏州一带)。吴语作为一种独立的方言在以《世说新语》为代表的南北朝时代的文献中已经有非常明确的记载。吴语在地理上大致是由北向南扩展。先在苏南形成,继而扩展到浙北的杭嘉湖平原、宁绍平原,进而扩散到浙江中部、南部和西南部。北方移民浪潮涌入吴语区有三次高潮。第一次是三国时代,孙权对江南的开发和经营吸引了大批的北方移民。《三国志·吴书》所载孙权的谋臣猛将共有 21 位,是北方人,如诸葛瑾(琅玡)、鲁肃(临淮)、吕蒙(汝南)、韩当(辽西)。第二次是两晋之交,北方移民浪潮不仅完全侵占了吴语区的宁镇地区,而且深入到浙东。据当时定居浙东的北方大族田园庐墓表,共有 22 个大族移居浙东,因天师道信仰的关系大多集中在会稽县(参见刘淑珍《三至六世纪浙东的发展》,载《历史语言研究所集刊》58 本 3 分,1987 年)。第三次是两宋之交,北方移民不仅造成杭州半官话方言岛,而且侵入到浙南温州地区。据《太平寰宇记》,北宋初永嘉郡四县(永嘉、乐清、瑞安、平阳)合计不过四万多户。到北宋末徽宗、宁宗年间,前后不到 150 年,上升到 462 000 多户。近代以后则不断有苏北人移居到苏南和浙江钱塘江以北。由于北方移民带来的北方话的影响,较古老的吴语特征是从北向南递减,而最古老的吴语特征则保留在今天的闽语中。或者说闽语的底子是古吴语。在今天的浙南吴语和闽语中还可以找到许多语音、词汇、语法方面的共同点。例如古澄母读 t-这一闽语的重要特征,也见于浙南的金华、丽水、温州地区十多个县的方言。例如"猪":龙游音 tua^3;云和音 ti^1;泰顺音 ti^3。浙南吴语、闽语远指代词多用"许"。黄典诚曾举出闽语的特殊词汇 35 个(见《闽语的特征》,载《方言》1984 年第 3 期),其中至少有十个也见于温州吴语:嬭(母)、骹(脚)、涂(海涂)、朌(一半)、塍(田畦)、蛏(长条形薄壳蚌)、伏(孵)、卵(蛋)、徛(站立)、瘦(瘦)。

第一批汉人从北南下入闽时代应是西汉末,当时在福州设置治县,这是中原政权在福建设置的第一个县,此外没有任何别的文献资料可以追索首批入闽移民的原居地、数量等问题。丁邦新认为闽语可能是两汉之间从汉语主流分化出来的(见 *Derivation Time of Colloquial Min from Archaic Chinese*,载《历史语言研究所集刊》54 本 4 分,1983 年)。如从此说,那么可以推断两汉间入闽汉人的数量应该是相当可观的。丁邦新提出的主要证据是今闽语支韵字读 ia,而上古汉语支部读-jar,一直保留到西汉,至东汉时演变为-jei。例字请见表 4.4。今浙南吴语有些支韵字口音也是读-a、-e 或-ei 的,例如温州音:蚁 ŋa⁴、徛 ge⁴、支 ʦei¹。两汉间入闽的汉人有可能是从吴语区去的。吴语区人民大规模移居闽地应该是汉末三国晋初的百年之间。当时江南浙北的移民以福州为中途港从海路在沿海登陆,或者经浦城从陆路移入闽西北。政府在沿海地区新置罗江(福鼎)、原丰(福州)、温麻(霞浦)、东安(泉州)、同安五县;在闽西北增设了汉兴(浦城)、建安(建瓯)、南平、建平(建阳)、邵武、将乐六县,以与移民情势相适应。由于闽西北和沿海的移民原居地不同,加上长期以来内地和沿海交往不便,至今在闽语内部还是闽西北的闽北、闽中两片较多共同点,如近指代词皆用"者"ʦi³,沿海的闽南、莆仙、闽东三片的特点较为接近,如一些古来母字今读 s 或 ʃ,"笠"字永安音 ʃye⁴,建瓯音 sɛ⁶。

表 4.4　古支韵在今闽语区的读音比较表

	上　古	中　古	厦　门	福　州	潮　州
骑	gjar	giě	kʰia²	kʰie²	kʰia²
徛	gjar	giě	kʰia⁵	kʰie⁶	kʰia⁴
寄	kjar	kiě	kia⁵	kia⁵	kia⁵
蚁	ngjar	ŋiě	hia⁶	ŋie⁶	hia⁴

到了唐宋时代,闽语作为一种独立的具有明显特征的大方言,才最后明确起来,为人所注意。"福佬"代表闽语居民的民系名称最早出现在唐代的文献里。福建泉州南安人刘昌言在宋太宗(976—997 年在位)时曾任右谏议大夫,同知枢密院事。"昌言骤用,不为时望所伏,或缺其闽语难晓。太宗曰:'惟朕能晓之。'又短其委母妻乡里,十余年不

迎侍,别娶旁妻。"《集韵》收有明确指明是闽语的词汇,如上声狝韵九件切:"囝,闽人呼儿曰囝。"

闽语扩展到今广东潮汕地区,也应在宋代。韩江下游是沿海低地,不宜耕作,又偏于一隅,到唐代尚未开发,人口稀疏。官吏之谪此者,多视为畏途。到了宋代闽南的大力发展和泉州港的崛起,所带来的繁荣也波及与之邻接的潮汕地区,当地修筑了三利溪等水利工程。经济和人口遂大有发展,闽人可能于此时大量涌入。

今海南岛闽语与福建厦门、泉州、漳州一带闽语较接近,但是什么时代从福建迁来,没有直接的文献资料可供参考。海南岛早在汉武帝平定南越后于元封元年(前110年)即置珠崖、儋耳两郡。不过置县并不意味有很多汉人入岛,《后汉书·南蛮传》载:"虽置郡县,而言语各异,重译乃通。"对汉人入岛有明确记载是在王莽执政后,王莽使汉人"杂居其间,乃稍知言语,渐见礼化。"据《海南岛志》(1933年神州国光社出版),海南的汉族人口唐前仅约二万,唐代增至七万多,南宋时更增至十万。人口增长的主要原因显然是大陆移民入岛。不过从文献记载看,这些移民的原居地似乎多是北方,而非闽语区。宋代苏轼《居儋录·伏波庙记》:"自五代中原避乱之人多家于此,今衣冠礼乐班班然矣。"明代丘浚《丘文公集·南溟奇甸赋》:"魏晋以后,中原多故,衣冠之族或宦或商,或边或戍,纷纷日来,聚庐托处。"在明清时代的文献,如《琼州府志》中,始多见粤、闽人入岛的记载。所以海南闽语区的形成当不会早于明初。

今粤语主要分布在广东。今粤语在语音结构上有些特点与唐宋时代的中古汉语接近。清代陈澧《广州音说》云:"广州方音合于隋唐韵书切语,为他方所不及者约有数端,余广州人也,请略言之。"陈澧共举了广州音与中古音相合的五条特征:第一,四声皆分清浊;第二,浊上独立不混入去声;第三,侵覃谈盐添咸衔严凡九韵皆合唇音,不与真谆臻文殷元魂痕寒桓删山先仙混读;第四,庚耕清青诸韵合口呼字不与东冬韵混读;第五,明微两母不分。陈澧最后指出:"广中人声音之所以善者,盖千余年来中原之人徙居广中,今之广音隋唐时中原之音,故以隋唐韵书切语核之而密合如此也。"从粤语与中古汉语的密切关系来看,粤语的最后形成应有唐宋时代大量北方移民的背景。

　　唐代以前北方汉人南下移入岭南的概况，上文叙述广西官话历史时曾提及。宋代因北方辽金的侵袭，大量汉人南下广东避难。这些新来的移民被称为"客户"。据北宋《元丰九域志》记载，客户占广东总户口 39％。有好些州的客户数高于主户数。如南思州客户占 78％、雷州占 70％、广州和端州各占 55％、梅州占 52％。广东全境总户数为 584 284 户，为唐代的 2.7 倍。在全国的人口比重也由唐代的 2.2％增至 3.5％。看来正是宋代大量北方移民带来的北方方言最后奠定粤语的基础。宋代朱熹《朱子语类》一百三十八云："四方声音多讹，却是广中人说得声音尚好。"这说明当时粤语已有明显不同于别种方言的特点，而这些特点较符合中原的标准音。

　　先秦诸子、汉扬雄《方言》、汉许慎《说文解字》和晋郭璞《方言注》等屡次提到楚语，或楚语的使用地域：荆楚、南楚、东楚。荆汝江湘、江湘九嶷、九嶷湘潭。这些古地名所代表的地域大致相当于今湖北、湖南两省。楚语在晋代之前的汉语方言中是非常突出的。《世说新语·豪爽篇》载："王大将军（指王敦）年少时，旧有田舍名，语音亦楚。"《轻诋篇》载："支道林入东，见王子猷兄弟，还，人问：'见诸王何如？'答曰：'见一群白颈乌，但闻唤哑哑声。'"楚语的可懂度很差，听起来像鸟鸣，不知所云。古楚语应该是古湘语的源头。古湘语因受到历代北方移民特别是中唐时代进入江湘的移民带来的北方汉语的冲击，演变到今天，尤其是长沙一带汉语反而跟官话接近起来，今天的北片湘语与西南官话通话并无困难。古湘语的特点较多地保留在南片湘语中。

　　赣方言和客方言的核心地区在今江西省。今江西地区在汉扬雄《方言》、汉许慎《说文解字》和晋郭璞《方言注》里从没有作为一个独立的方言地名，可见其地方言的特征并不显著。其地在《方言》中包含在"南楚"之中，又，所谓"吴越杨"也可能包括今江西一部分；在《说文解字》里包含在"吴楚"之中；在《方言注》里包含在"江南"之中，当时的江南相当于今湖北长江以南地区、湖南、江西一带。古江西在地理上被称为"吴头楚尾"，在赣语和客家话形成之前，古代江西的方言可能接近吴语和楚语，或者说是一种吴语和楚语混化的方言。今天的湖南、江西、浙江三省南部地名用字的一致性，正是这些地区古代方言一致性的遗迹。这些地名通名用字常见的有：洋、漈、寮、圳、墟。古豪肴两韵的今音浙南有十多个县不同音，在今赣语高安话和南城话中也不同音。见表4.5。表中字音皆读阴上调，调类号略去。

表 4.5　古豪肴两韵在今浙南吴语和徽语的读音比较表

	温 州	青 田	缙 云	高 安	南 城
宝	pə	pœ	pə	pou	pəu
饱	puɔ	pɔ	po	pau	pau

在唐初长安的标准音地位尚未形成的时候，大量北方移民进入赣北鄱阳湖平原。到唐代天宝年间赣北人口密度已达每平方公里10—50人，其时赣南人口每平方公里仅1—10人。这些移民所带来的北方话和当地原有的方言接触形成原始北片赣语。

中唐和晚唐时代北方移民继续南进，逐渐从赣北深入到赣中和赣南。他们带来较接近首都长安话的北方话，和原始北片赣语接触后形成原始南片赣语。原始北片赣语的特点是保留全浊声母、覃谈两韵不同音；南片赣语的特征是全浊声母消失、覃谈两韵同音（与唐代长安话相同）。这些特征至今犹存。例如永修音：潭 $t^hon^2 \neq$ 谈 t^han^2。

唐代中期改革税收制度，原来是按人口纳税，改为按田亩和收成纳税。所以户口册上将有田地者称为主户，无田地者称为客户。外来的移民没有田地，自然立入"客户"。从北宋初至熙宁年间约百年之内，江西的客户从占总数40％降至30％。与此同时江西东南部的武夷山地区的人口大增，这自然大都是从当时人口稠密的赣中地区移入的"客户"所至。这些移民后来进一步西移至闽西和粤北。清代杨恭恒据客家各姓宗谱考证，认为粤北梅县一带客家人的到来多在宋末元初，"由汀来者十之八，由赣来者十之二。""汀"指闽西汀州。可见客家人先进闽西后转粤北。他们原来所使用的原始南片赣语和赣东南、闽西和粤北的土著方言相接触，于宋明之间形成客家方言。在宋明人的著作（如周去非《岭外代答》、陈一新《瞻学田碑》、王世懋《闽部疏》）都提到汀虔南韶居民的语言近于汉音，而与南方其他汉语方言不同。这种方言应该是较接近原始南片赣语的，不过已经有了显著的个性。

赣客方言的形成及其相互关系可以列成表 4.6 来示意。

表 4.6　赣客方言的形成及其互相关系

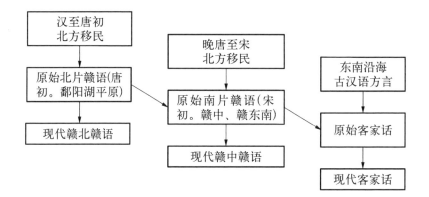

关于客家人和客家话的由来问题，方言学界传统上都是遵从罗香林《客家研究导论》(1933 年兴宁希山书庄出版)旧说，以上介绍的基本上是沙加尔的新说（见 Laurent Sagart，*On Gan-Hakka*，Tsing Hua Journal of Chinese Studies，Vol.18 No.1，June 1988）。

在各大汉语方言中徽语的形成时代和历史成因最为模糊，研究成果也最少。不过有一点可以肯定，即徽语的底子是吴语。从吴语分化的年代下限可能晚至明末。第三章已述及较古老的吴语特征保留在浙南吴语里。但是有些浙南吴语中的特殊成分不见于浙北、苏南吴语，却可以在徽语里找到。这些成分应该是徽语里的古吴语遗迹。试举例如下，浙南吴语以温州话为代表。

止摄和蟹摄开口见系字声母读舌尖音 ʦ、ʦʰ、s，韵母读舌尖元音 ɿ，见表 4.7。

表 4.7　古止摄和蟹摄开口见系在今浙南吴语和徽语的读音比较表

	鸡	骑	喜	记	起
温州	ʦɿ^{44}	dzɿ^{31}	sɿ^{45}	ʦɿ^{42}	ʦʰɿ^{45}
绩溪	ʦɿ^{31}	ʦʰɿ^{35}	sɿ^{214}	ʦɿ^{35}	ʦʰɿ^{214}

用"吃"后加表示早、中、晚的时间词表示"吃早饭、吃中饭、吃晚饭"：

	吃早饭	吃中饭	吃晚饭
温州	吃天光	吃日昼	吃黄昏
休宁	吃天光	吃当头	吃乌昏

句末加"添"字，表示句中动词所述动作的重复。

	再想一下	再打点水
温州	想下儿添	舀厘儿水添
歙县	想一下添	打点水添

有大量儿尾词用法大致相当于北京话的儿化词，儿尾读成前鼻音n。见表4.8。

表 4.8 浙南误语和徽语儿尾词读音比较表

	囡 儿	刀 儿	牌 儿	虾 儿
温州	$na^{31}ŋ^0$	$tə^{44}ŋ^0$	$ba^{31}ŋ^0$	$ho^{44}ŋ^0$
休宁	$ȵien^{24}$	ten^{44}	pan^{42}	$xɔn^{24}$
黟县	nan^{44}	$tɔn^{33}$	pan^{44}	$hɔn^{33}$

明末冯梦龙所辑《山歌》中包含大量苏州方言中的儿尾词，如筷儿、姐儿、钩儿、鱼儿、心儿等。从现代浙北、苏南吴语中残留的极个别儿尾词来看，古吴语的儿尾词是读鼻音的，如上海话：囡儿 $nø^{23—22}ɦŋ^{23—44}$。

汉语南方各大方言中吴语、湘语、粤语、赣语、平话的直接源头应是古代北方汉语，可以说是直接从古汉语分化的；闽语和徽语则是从吴语分化的，客方言是从赣语分化的，可以说是次生的。各大方言的互相关系及其与原始汉语的关系可以用一张树形图示意，见图9。

上述各大方言除了徽语形成的历史尚不明确以外，其他方言都是

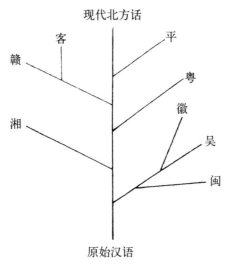

图 9　各大方言的形成与原始汉语的关系

在南宋之前就形成了。南方各方言的宏观地理格局至宋末也已基本奠定。元明之后方言地理只是发生若干局部的或微观的演变。其中主要的有以下几次：北方官话在清代满洲开禁后涌入东北；闽语移入台湾、海南、浙南；客话南进粤北；太平天国战争以后皖南吴语区，被官话所侵占；赣语西进至湘东等。

第三节　古代方言语音的构拟

"构拟(reconstruction)"是欧洲历史比较语言学的术语，原指通过研究有亲缘关系的现代语言的对应关系，或通过确定一种语言在不同历史阶段的变化，来重建原始共同母语(ancestor language)。本节将这个概念移用于汉语方言比较研究，指在比较现代地点方言的基础上，重建原始共同方言(proto-dialect)，也指重建某一历史时期的地点方言。本文讨论构拟古代汉语方言的方法。先简介各家的构拟工作，并评论现行的构拟方法，再提出改进构拟方法的建议。所谓古代方言包括两层意思：一是指原始共同方言，简称原始方言，例如原始粤语；二是指某一历史时期的地点方言，简称古方言(old dialect)，如明末的苏州话。

一、古代方言构拟工作现有成果

（一）原始方言的构拟工作

原始汉语方言的构拟工作，是在 20 世纪 60 年代末期和 70 年代初期，由几个研究汉语的美国语言学家发其端的。贝乐德（W. L. Ballard）、罗杰瑞（J. Norman）、余霭芹（Oi-Kan Yue Hashimoto）先后构拟过原始吴语、原始闽语和原始粤语，张琨也曾构拟原始吴语。80 年代李玉构拟了原始客家话，沙加尔（Laurent Sagart）构拟了原始赣语。现在分别略述他们的工作。

贝乐德在 1969 年发表的博士论文中，全面构拟了原始吴语的声韵调系统。构拟的基础是当时已经发表的 13 个现代吴语地点方言的音系，这 13 个地点是：苏州、无锡、常熟、常州、海门、上海、嘉定、松江、温州、金华、绍兴、永康、温岭。所拟声母的特点是：有浊音和浊擦音；鼻音和边音只有一套不带音的；没有自成音节的鼻音或边音；没有卷舌声母。所拟韵母分 3 类，即开尾韵 10 个、鼻尾韵 25 个、塞尾韵 23 个。其特点是有中高元音ɪ；鼻尾韵分-n 和-ŋ 两套；塞尾韵分-t 和-k 两套。所拟声调只分 4 类，只拟调形，未拟调值，即降调、升调、降升调、塞尾升调。（贝乐德，1969）

罗杰瑞曾比较各地闽语声母的对应关系，从而构拟原始闽语的声母系统。其特点是塞音和塞擦音分为 6 套：清不送气、清送气、清弱化；浊不送气、浊送气、浊弱化。（罗杰瑞，1971）

余霭芹曾根据 20 个地点的现代粤语，构拟出原始粤语的浊塞音声母、浊塞擦音声母和复辅音声母。所拟复辅音声母有：kl-或 gl-、tsʰl-或 kl-、hl-、tl-或 dl-、tʰl-、zl-或 dl-、jl-。（余霭芹，1972）

以上三位美国学者都曾为普林斯顿大学的中国语言学工程（the Chinese Linguisitics Project，Princeton University）工作。他们构拟原始汉语方言的理论和方法，称为"普林斯顿假说"（the Princeton Hypothesis）。三人中以贝乐德的构拟工作最为全面详尽，最具代表性。我们暂且将采用这个假说的学者称为普林斯顿学派。

张琨在《温州方言的历史音韵》一文中，发表了他所构拟的原始吴语。对构拟的方法和过程未作说明。与贝乐德的原始吴语相比较,其特点是:有卷舌声母,即卷舌的 tʂ、tʂʰ、ʂ、dʐ;韵尾有-m、-n、-ŋ,与-p、-t、-k 相配;声调分 4 类,但未拟调形或调类。(张琨,1972)

李玉曾构拟原始客家话的声调和声母系统,其特点是有成套的浊塞音、塞擦音声母;有成套的响音声母,即 m-、n-、l-、ŋ-、nʐ-、n-。李玉所掌握的现代客家话材料比较多,对客家话也有较深入的了解,但是他所采用的构拟方法,从根本上来说,与普林斯顿学派并无二致。

法国学者沙加尔在《论赣—客方言》一文中简述了他所构拟的原始南片赣语的声韵系统,其特点是:舌根声母未腭化,n-、l-声母不混;介音只有 i、u 没有 y;山、咸和效摄一二等有区别,侯韵读-eu;鼻音和塞音韵尾分三套。对构拟的方法和过程未作说明。(沙加尔,1988)

(二)古方言音系的构拟工作

至今还未见有人全面构拟过某一个古代地点方言的声韵调系统,只是对古苏州话的舒声韵和古泉州话的声母和韵母有过较系统的拟测。

胡明扬曾统计《山歌》和《挂枝儿》韵脚合用和独用的次数,运用构拟上古汉语惯用的系联法,归纳出见于这两部民歌集的 10 个舒声韵部:东钟、江阳、支思齐微鱼、皆来、真文庚青侵寻、寒山先天盐咸廉纤、萧豪、歌戈模、家麻车遮、尤侯。并且对照现代方音,构拟出明末苏州话 30 几个舒音韵母,一一拟了音值。(胡明扬,1981)

黄典诚曾根据《拍掌知音》中的 36 张韵图,推定清代泉州话文读音的声母和韵母系统,一一拟了音值。声母特点是不分浊鼻音和口鼻音;韵尾特点是-m/-p,-n/-t,-ŋ/-k 相配。(黄典诚,1979)

(三)古方言零星特点的拟测工作

对古代方言语音特点的零星拟测,散见于一些方言学论著中。例如李荣曾据今方言和古文献,推论切韵时代的福州话群母有一等。详下。

二、现行构拟方法评议

现行构拟古代方言的途径有二:一是根据记录古代方言的文献资料,直接构拟;二是从现代方言推论古代方言。

记录古代方言的文献资料主要有三类:一是地方韵书或韵图,如《五方元音》《戚林八音》;二是地方志中的方言志;三是用方言记录的民歌。

根据古代韵书和韵图直接构拟古方言,与根据切韵时代的韵书和韵图构拟中古汉语,情况相似。由于所据材料内部有质的一致性,即所反映的是某一历史时期的某一个地点方言的音系,所得结果应该比较可靠,如据《拍掌知音》构拟的泉州话。

明清时代的地方志中虽然也有些古今音变的条例,但是往往是举例性质的,并没有系统的讨论,因此不能据以构拟音系,最多只能据以拟测个别特征。例如明正德七年(1512)序刊的《松江府志》载:"以上声为去声,去声为上声。呼想如相,呼相如想之类。"据此可以推知,今上海话阴上和阴去的合并,至迟在四五百年前就开始了。(许宝华、游汝杰,1988)

此外,方言资料也散见于史书、经籍注疏、笔记杂谈、文学作品等。用这些零散的材料,只能推测古代方言的个别特点。例见第四章第一节。

构拟汉语上古音的主要材料是《诗经》韵脚和谐声字。如果能够找到《诗经》那样的用方言记录的民歌,那么就可以如法炮制,来构拟古方言音韵,但是这一类书面记录的民歌,实际上多用标准的书面语记录,并不能反映方言面貌,如清代李调元的《粤风》,卷一的《粤歌》,实际上全用标准书面语记,比方《相思曲》:"妹相思,不作风流到几时,只见风吹花落地,不见风吹花上枝。"清末之前找不到纯粹用方言记录的民歌。只有少数用不很纯粹的方言记录的民歌,成为构拟古方言的极宝贵的资料。例如明末冯梦龙辑录的《山歌》。

《山歌》共十卷,最后一卷是用蓝青官话记录的。前九卷是基本用苏州方言记录的,其中混有个别官话或标准书面语的成分。例如第二人称单数也用"你"和"尔"。方位词"上"不用"浪",而用"上"。统计这些民歌韵脚合用和独用的次数,运用构拟古汉语惯用的系联法可以归纳出《山歌》的十个韵部:东钟、江阳、支思齐微鱼、皆来、真文庚青侵寻、寒山桓欢先天盐咸廉纤、萧豪、歌戈模、家麻车遮、尤侯。(见胡明扬《三百五十年前苏州一带吴语一斑》,载《语文研究》1981年第2辑)

从现代方言推论或构拟古代方言是指通过比较研究现代各方言语音之间的对应关系和规律来追索方言语音的演变轨迹，从而论定某种方言在古代的语音面貌或拟测某些方言共同的原始母语，下面分别举两个例子。

据李荣的研究，在切韵音系里古群母只有三等，而无一、二、四等。但是从现代吴语、闽语、徽语等方言中若干群母字的读音来看，可以假定切韵时代有的方言里群母的分布范围较广，一、二、四等也有群母，李先生用江苏、浙江、上海、安徽、福建、广东等省市二十几处方言的材料，以搁、隑、寒、汗、猴、厚（一等）；掼、鲠、咬、环、街、怀（二等）；悬（四等）共 13 个字为例，来推论古群母在某些方言里有一、二、四等。以下有选择地列出上述被论定属一等的字在闽方言里的今音，见表 4.9。

表 4.9　古群母一等字在今闽语的读音表

	寒	汗	猴	厚	后
福州	kaŋ²	kaŋ⁶	kau²	kau⁶	au⁶
厦门	kũã²	kũã⁶	kau²	kau⁶	au⁶
潮州	kũã²	kũã⁶	kau²	kau⁴	au⁴
海口	kua²	kua²	kau²	kau⁶	au⁶

这些字的声母在各地方言里与相应的群母读音相同，同时这些字的韵母在各地方言里与相应的一等字读音相同。例如福州话"汗"字（山开一去翰匣）今音读 kaŋ²，福州话群母今读 k，如"求"字（流开三平尤群）读 kien²；山摄开口一等读 aŋ，如"安"字（山开一平寒影）读 aŋ¹。所以推论古福州话群母有一等。

切韵时代群母在有的方言里有一等的读法，还有古代文献的依据。《玉篇》："隑、渠铠，牛哀二反。"《玉篇》的作者顾野王（519—581）是吴郡吴人。《博雅音》中群母也有一等读法。《博雅音》的作者曹宪是扬州江都人，"仕隋为秘书学士"。这两本书都是依据作者自己的方言，语音系统与切韵不同。

罗杰瑞曾比较研究现代各地闽语的声母，从而拟测古闽语的声母系统。他所用的方法是，首先假定现代各地闽语是由一个统一的原始闽语演化而出。再排比各地闽语声母的异同，归纳种类，追索其演变的轨迹，从而构拟共同的原始声母，下面以原始声母＊lh的拟测为例加以说明。先比较各地闽语有关声母的异同，见表4.10。

表 4.10　古来母字在今闽语的读音表

	卵	鳞	郎	两	聋	六
福州	$louŋ^6$	$liŋ^2$	$louŋ^2$	$laŋ^6$	$løiŋ^2$	$løiʔ^8$
隆都	—	lin^2	$loŋ^2$	$laŋ^5$	$leŋ^2$	lek^8
厦门	$nŋ^6$	lan^2	$nŋ^2$	$nŋ^6$	$laŋ^2$	lak^8
潮州	$nŋ^4$	$laŋ^2$	$nŋ^2$	no^4	$laŋ^2$	lak^8
建阳	$snŋ^5$	$saiŋ^2$	$soŋ^2$	$soŋ^5$	$soŋ^2$	so^8
建瓯	$soŋ^6$	$saiŋ^5$	$soŋ^5$	—	$soŋ^5$	—

从上述现代闽语的这些字音的声母来看，可以构拟一个原始闽语的声母＊lh。用＊lh可以解释上述字音声母在各地的现代形式。＊lh在福州和隆都演变为l；在厦门和潮州，变为n或l；在建阳和建瓯则演变为s。上述例子引自 J. Norman, *Tonal Development in Min*, Unicorn (Chi-Lin), No.7 (Feb. 1971)。又，余霭芹曾对原始粤语有所构拟，参见 Oi-Kan Yue Hashimoto, *Two Features of Proto-Yue Initials*, Unicorn (Chi Lin), No.9 (Jun. 1972)。

上述两个例子正好代表从现代方言推论古代方言的两种不同的方法。

第一种方法是比较研究现代各地方言的异同，联系以《切韵》一系韵书为重点的古代文献，推论古代方言的某些特点，并不以系统地构拟所谓共同的原始方言为目的。所得结论比较可靠。方言研究以实地调查为本。"方言的历史比较研究如有文献印证，犹如脚踏实地。"（李荣《渡江书十五音序》，载《方言》1988 年第 1 期）

第二种方法是普林斯顿学派惯用的，他们并不参考任何古代文献，只是一视同仁地对待现代不同的地点方言的调查材料，包括文读音和白读音，比较其异同，寻求其对应关系，从而直接推论古代方言。他们"并不试图在互补分配的基础上，使原始音系音位化，而只是在语音系统对应关系的基础上,构拟原始音系。"(贝乐德,1969)这一方法有两个主要的步骤,先是找出现代方言语音对应规律,再寻求一个原始语音形式,它在音理上应该可以解释其在现代的各种演变形式。这种方法的目的在于构拟原始方言,如原始闽语、原始粤语、原始吴语等。然后在各大原始方言的基础上,构拟上古汉语。不过至今还未见他们构拟的上古汉语。

汉语在各个历史时期都有丰富的书面文献,特别是有《切韵》一系韵书和《诗经》。对《切韵》的性质虽然还有争议,但是《切韵》音系与现代各地方音有大致严整的对应关系,却是公认的事实。在方言的历史比较研究中不利用这些文献资料,特别是《切韵》一系韵书,显然是不明智的。

实际上普林斯顿学派在构拟原始方言的实际操作中,也未能摆脱《切韵》音系的影响。在现代吴语里,鼻音韵尾只有一套,塞音韵尾也只有一套,即喉塞音。但是在贝乐德构拟的原始吴语里,鼻音韵尾分-n和-ŋ两套;塞音韵尾分-t和-k两套。虽然贝乐德没有说明这样划分的理由,但是这显然是从《切韵》音系出发的,舍此无从解释。

这个方法在理论上的一个致命弱点是:从汉语方言形成的历史背景来看,所谓"原始粤语、原始闽语、原始吴语"等"原始方言"这个概念本身是令人怀疑的。这个概念,以闽语为例,是假设古代某一时期在某一地点存在一个内部一致的"原始闽语"。后来,使用"原始闽语"的人民四散移居在不同的地方,久而久之"原始闽语"就分化成不同的支派。

移民是方言的主要成因。这个假设有悖于汉语方言区的移民史实,试以闽语为例说明之。第一批汉人入闽是在西汉末,移民只是集中在冶县(今福州)一带。大批汉人是三国时代从吴语区北部移居闽西北地区和今福建沿海一带。闽南方言于宋代传播到潮汕地区,于明初传播到海南。所以从移民史来看,各地闽语并不是从形成于一时一地的所谓"原始闽语"分化而来的。今闽语区最古老的汉语方言应是汉末冶县的方言,但是其他地方的方言并不是当时冶县方言分化的结果。

利用现代方言材料构拟原始方言的另一个出发点是：现代方言中的所有语音形成都是从原始方言逐渐演变到现代的结果。假定现代方言里有 a、b、c、d 四个语音形式，则认为它们各是原始方言里相应的 A、B、C、D 这四个形式演变至今的结果。见图 10。但是实际上现代的各种汉语方言，每一种都是产生于各个不同历史层次的语言成分的堆积。a 和 b 可能是从原始方言中演变而来的。但 c 可能产生于上古，d 也可能是中古才产生的。见图 11。所以如果一视同仁地对待各种材料，用于构拟原始方言，显然是不合理的。关于方言的历史层次详见本章第五节。

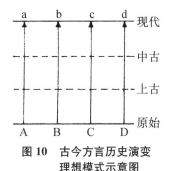

图 10　古今方言历史演变
理想模式示意图

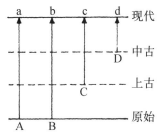

图 11　古今方言历史演变
实际情况示意图

由于上述缺陷，用第二种方法构拟的原始方言是很不可靠的。如果试图在这样的原始方言的基础上，进一步重构上古汉语，其结果显然是不可信的。不过普林斯顿学派提出的构拟原始方言的设想，还是可取的。欧洲的历史比较法本来只用于构拟原始共同母语，但是由于汉语各大方言内部纷繁歧异，甚至有甚于不同的语言，借用历史比较法构拟原始共同方言，也未始不可。不过在方法上要加以改进，才能取得较好的效果。

三、构拟原始方言方法的改进

构拟原始方言的基本工作是建立现代地点方言的语音对应规律，而基本要求是构拟的结果，对现代地点方言的语音对应具有解释力。这是没有异议的。除此之外，本节提出若干改进原始方言构拟方法的建议。

（一）结合方言区移民和方言扩散的历史，逐层构拟

语言或方言分化的最直接最重要的原因是人口迁徙。汉语各大方言区的移民史有一个共同点，即都不是在某一个历史时期，人口从某一个原居地，一次性地向各个不同的新居地迁移，从而造成方言一次性分化。在进行方言的历史比较研究时，必须将方言区移民的历史背景作为重要的参考项。来源于同一个原居地的移民，散居各地，形成现代不同的地点方言。在构拟原始方言的时候，这些地点方言应同属一组。先分组构拟，再在分组构拟的基础上构拟出一个大方言区的原始母语。例如根据移民史的研究成果（沙加尔，1988），汉至唐初的北方移民移居鄱阳湖平原，造成原始北片赣语；晚唐至宋的北方移民移居赣中、赣东南，造成原始南片赣语。因此应该以现代赣北各地赣语为基础，构拟原始赣北方言；以现代赣中各地赣语为基础，构拟原始南片赣语。然后以原始南片和北片赣语为基础，构拟出原始赣语。

（二）分析不同地点方言在构拟中的不同地位

在一个地区方言里，有的地点方言较古老，有的较晚近。在构拟原始方言的时候，当然是较古老的方言有较大的价值。所谓古老或晚近只是就方言特征而言，跟方言形成的早迟不一定有关，例如吴语的发源地是先秦时代的今苏州、无锡一带，南部吴语是太湖流域人民历代南迁逐渐形成的，但是较古老的吴语却保留在南部吴语里。北部吴语因受官话的影响，变化发展较快。例如浊塞音北部吴语一般已经变得带清流，而南部吴语仍较重浊。还有，一般来说，乡村比城市会保留较多古老的方言特征。例如缩气塞音声母在上海市区已消失，但在上海郊县以及浙南永嘉、青田等县仍保留。在构拟原始方言的时候应该借重较古老的方言或乡村方言。例如效摄一二等、咸摄三四等南部吴语（温州、金华）有区别，北部吴语没有区别，构拟原始吴语时应根据南部吴语，从分不从合，又，塞音声母可以根据若干乡村方言，构拟成缩气塞音。

（三）分辨现代地点方言的历史层次，力求构拟所得音系内部质的一致性

所谓"地点方言的历史层次"，主要有三方面的含义：一是新派和老派方言；二是白读音和文读音；三是本地方言固有词或字音和借自

外地方言的词或字音。在构拟原始方言的时候,当然要借重较古老的层次,排除较晚近的层次。

方言中的白读音较古老,文读音是隋唐时代实行科举制度以后逐渐从官话借入的。字音分文读和白读两个层次是汉语方言非常突出的特点,构拟汉语的原始方言时,非分辨不可。文读音应排除在外,构拟所得的原始方言应属于白读音系。排除文读音不仅是因为它产生的时代比较晚近,也是因为在大多数方言里它是不成系统的,而且在不同的方言里字音分布也不一定相同。例如见母开口二等字,北部吴语(如上海)有文白两读,即 tɕ/k;南部吴语只有 k 一读。如果用文白读杂糅的材料,来建立语音对应规律,所得结果难免混乱。例如贝乐德在构拟原始吴语时,取材不分文白读。在 *ȵ 声母的语音对应例词表中有 z、ȵ、ʑ、n、ɦ 五个声母互相对应,他认为对应关系不规则,结果没有说明任何理由,任意用 *ȵ 来构拟。

方言中的外来字音,除了借自官话的文读音以外,还有借自别地方言的字音,也是后出的,也应排除在外。例如温州话"车"字有两读:tsʰei 和 tsʰo,前者是固有音,后者是伴随"黄包车"从上海输入的。在建立麻韵开口三等的语音对应关系时,只能用固有音。

(四)古代地点方言的描写和拟测是构拟原始方言的重要步骤

构拟原始方言最基本的材料是现代的地点方言,但是如果我们知道历史时期的地点方言的面貌,那么构拟工作自然会更加容易,更加可靠。对部分古代地点方言,除了上文已述可以利用历史文献资料所录方言资料拟测之外,还可以从西洋传教士的方言学著作中,直接了解。这些描写地点方言的著作,大多成书于十九世纪后半期和二十世纪初期。因为是用拼音文字记录的,所以不难从中整理出声韵调系统。例如有人曾利用这一类著作,整理出十九世纪的上海语音。(周同春,1988)此类著作多至数百种,对它们的搜集、整理和研究是构拟原始方言的基本工作。

(五)历史比较法和切韵音系参照法相结合

单纯地使用历史比较法,来构拟汉语的原始方言,有不少缺陷,上文已有评论。构拟工作如果结合《切韵》音系,应该会有更好的效果。构拟的大致步骤应该是这样的:先求出地点方言音系和《切韵》音系的对应关系;以《切韵》为纲,求出地点方言间的语音对应规律;根据方言语音对应关系,为《切韵》的每一个韵类构拟一个原始形式;最后归纳音类,整理原始音系。下面以构拟原始吴语的效摄为例,说明如何参照切韵音系。先列出各地吴语(以苏州、绍兴、温州三地为例)效摄一二三四等的古今对应和方言间的对应表,见表4.11。

表 4.11   古效摄一二三四等在今吴语的读音表

	豪	肴	宵	萧
苏 州	æ	æ	iæ	iæ
绍 兴	ɒ	ɒ	iɒ	iɒ
温 州	ə	ɤu	iɛ	iɛ

三四等在三地皆从合,一二等温州从分,余两地从合。考虑到南部吴语较古老,将一二等分别拟成两个音,三四等拟成一个音。将各韵摄的原始形式都构拟出来以后,再排比各韵摄的原始形式,加以归纳,整理出原始形式。

参考文献

1. Ballard W L. Phonological History of Wu[D]. Berkeley: University of California at Berkeley, 1969.

2. Norman J. Tonal Development in Min[J]. Unicom (Chi-Lin), 1971(7).

3. Yue Oi-Kan. Two Features of Proto-Yue Initials[J]. Unicom (Chi-Lin), 1972(9).

4. Chang Kun. Wenchow Historical Phonology[J].中研院民族学研究所集刊,1972(32).

5. Sagart L. On Gan-Hakka[J]. Tsing Hua Journal of Chinese Studies, New Series, 1988, 18(1).

6. 黄典诚.拍掌知音说明[J].方言,1979 (2).

7. 胡明扬.三百年前苏州一带吴语一斑[M]//第3辑.语文研究,1981.

8. 李荣.从现代方言论古群母有一、二、四等[M]//音韵存稿.北京:商务印书馆,1985.

9. 李荣.渡江书十五音序[J].方言,1988 (1).

10. 李玉.原始客家话的声调发展史[J].广西师范学院学报,1985(4).

11. 李玉.原始客家话的声母系统[J].语言研究,1985(10).

12. 许宝华,游汝杰.方志所见上海方言初探[M]//吴语论丛.上海:上海教育出版社,1988.

13. 周同春.十九世纪的上海语音[M]//吴语论丛.上海:上海教育出版社,1988.

第四节　古代方言区划的拟测

对于古代方言的区划,没有历史文献可供直接参考,前人也很少讨论和研究这个问题。实际上,除了林语堂曾利用扬雄《方言》的间接材料画过一幅"前汉方言区域图"外,未见国内学者有古代方言区域图发表①。

在历史文献中,虽然找不到方言区划的直接记载,但是我们仍然可以根据下述几方面的材料,从现代方言区划出发,粗略地拟测出古代方言的区划。第一,各类文献如史书、字书、韵、经籍注疏、笔记杂谈中有关方言分类的零星材料;第二,历史方言学专著,如扬雄《方言》、郭璞《方言注》等;第三,历代移民材料;第四,地方志中的方言材料;第五,历代行政区划。笔者曾搜集并利用上述材料拟测出《诗经》时代、两汉、西晋(永嘉丧乱前)、南宋和明清时代(局部地区)的方言区划。这里只转录诗经和两汉时代的旧稿。

《诗经》的时代前后拉得很长,大约从西周初年一直到春秋中叶,共有五个多世纪。诗三百篇只有少数作品可以考见创作年代。其中最早的作品可以算是《豳风·破斧》,诗中说到"周公东征",那是公元前1114年的事。最晚的作品可以算是《陈风·株林》,这首诗说到陈灵公和夏姬淫乱的事,这事《左传》宣公九年和十年有记载,发生在公元前600年或599年。

古代文献对《诗经》时代方言的地理差异只有一些零星的约略记载,很难据以划定当时的语言或方言区域。如《礼记·王制》说:"五方之民,言语不通,嗜欲不同。"这"五方"的地域究竟何所指,不得而知。可以肯定的只是当时存在着相互不能通话的不同语言或方言。《礼记》中的这一段话是我国古代文献中对语言地理差异的最早记载。

正因为有方言存在，所以当时流行类似于清代官话那样的"雅言"。《论语·述而》说："子所雅言，诗、书、执礼皆雅言也。""雅"字借为"夏"。"夏"是西周王畿的古名。所以当时的"官话"即是王畿一带的方言，也即是周室所用的语言。士大夫所作的诗和外交场合上所用的语言都是"雅言"。当时的外交场合常常有赋诗言志的事，所以各国的士大夫不仅都会做诗，而且大家在诗中所用的语言必须相同才能相互"言志"。在朝、聘、令、盟等场合也必须有一种统一的语言。"雅言"对于周天子与各国的联系和各国间的交流是必不可少的。当时或后来正经的书、文也都是用雅言写的，如《易传》《论语》。

《诗经·国风》是按产生的地域分篇的，包括以下十八个地域：周南、召南、邶、鄘、卫、王（东周）、郑、齐、魏、唐、秦、陈、桧、曹、豳、雅（即"夏"，西周）、鲁、宋。

二雅（《小雅》和《大雅》）都是西周王畿的诗。西周王畿在今陕西中部。三颂中《周颂》是西周王朝的作品，当产于王畿；《鲁颂》是今山东鲁国的作品；《商颂》是周代宋国的作品，地当今河南东部及江苏西北部。

二雅和三颂的产地都是在十五国风的产地范围之内。十五国风中的《王风》《周南》和《召南》不是国名。《王风》是东周国境内的作品，地当今河南北部。周南是周公统治下的南方地区，大约北至汝水，南至今长江北岸的汉水和长江交汇处。因为《周南·汝坟》说："遵彼汝坟。"（"坟"是"堤"的意思）又，《周南·汉广》说："汉之广矣，不可泳思。江之永矣不可方思！"召南是召公统治下的南方地区，大致南至武汉以上的长江北岸。因为《召南·召有汜》说："江有汜""江有渚""江有沱"。此外的十二国风均产在各诸侯国。所以诗经的采集地域是可以大致推定的。

诗三百篇虽然是各地民间的诗歌，最初当然是用各地方言传唱的，但是后来编集时都是经过士大夫整理加工的，所用的语言是统一的雅言。正因为《诗经》的语言内部有同质性，所以今天我们研究诗经的语音系统，仍然发现三百篇的韵部系统是一致的。汉语上古音的研究到目前为止主要的材料是《诗经》韵脚和谐声字。对上古音的系统虽然至今还没有一致公认的结论，但是各家对上古韵母系统的构拟已经趋向一致。《诗经》语言内部的同质性是没有疑问的。所以我们在诗三百篇内部并不能考见当时方言的歧异情形。

在先秦文献中对语言歧异有明确记载的地域是：楚、齐东、南蛮、戎。可见当时这些地方语言的歧异最引人注目。下述几条材料可以说明这些地方的人跟中原一带是不能通话的。

《左传·襄公十四年》，戎子驹支说："我诸戎饮食衣服不与华同，贽币不同，言语不达。""戎"大约是在今天的甘肃及以西地区。

《孟子·滕文公上》："今也南蛮𫘝舌之人，非先王之道，子倍之师而学之，亦异于曾子矣。""𫘝"是伯劳鸟。这是说南蛮人说话像鸟鸣，当然不知所云。春秋时吴人获卫侯，卫侯归，效"夷言"。这夷言就是吴语，大约也属于𫘝舌之语。

《孟子·万章上》："此非君子之言，齐东野人之语也。"齐东当今山东半岛东部，是莱夷所居地。又，《颜氏家训·音辞篇》："夫九州之人，言语不同，生民已来，固常然矣。自春秋标齐言之传，离骚目楚词之经，其较之初也。"可见当时齐言的差异是很引人注目的。

《孟子·滕文公上》："孟子谓戴不胜曰：'子欲子之王之善与？我明告子。有楚大夫于此，欲其子之齐语也，则使齐人傅诸？使楚人傅诸？'曰：'使齐人傅之。'曰：'一齐人傅之，众楚人咻之，虽日挞而求其齐也，不可得矣。引而置之庄狱之间数年，虽日挞而求其楚，亦不可得矣。'"这说明当时齐、楚语差别很大，非置身当地人之中不能学会。

《左传》也注意到楚语的差异。《宣公四年》说："楚人谓乳谷，谓虎于菟。"这两个词都是基本词汇。据考证"于菟"是古代藏缅语言的汉字记音②。

西汉刘向所著的《说苑·善说》记载了一首春秋时代榜枻越人所唱的歌，这首歌当时曾用汉字记音，并且用汉文作了翻译。可见当时的越语不经翻译不得与汉语相通。据考证这首歌所使用的语言跟壮语关系密切③。可见当时的越语并不是夏族语言的一种方言，而很可能是壮侗语族的母语。古代的吴、越是异国而同族，两国的语言应该是相通的，都是古越语，这一点从先秦两汉的历史地名也可以考见④。

总之，戎、吴越、南蛮、齐东、楚这些地方的语言是非夏族语言。还有燕、狄、巴、蜀、淮夷这些地方的人所说的语言也很可能是非夏族语言。我们拿这些边远地域和十五国风采集范围相互参证，拟测了一张《诗经》时代诸夏语言区域图。见图 12。

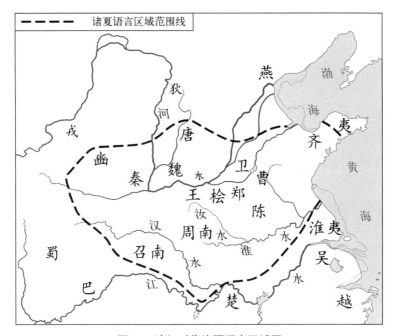

图 12   诗经时代诸夏语言区域图

注：

　① 林语堂.前汉方言区域考[M]//林语堂语言学论丛.1933.

　② 张永言《语源札记》(复印本，作者见赠)。

　③ 韦庆稳."越人歌"与壮语的关系试探[M]//民族语文论集.中国社会科学出版社,1981.

　④ 游汝杰.论台语量词在汉语南方方言中的底层遗存[J].民族语文,1982(2).

　　当时"楚"的地域应该是汉水和长江中游流域，其中长江以北地区跟《周南》所涉及的地域有重合之处，这一带很可能有民族和语言的混合。稍晚些时候屈原所作的楚辞所使用的就很可能是当时当地混化了的语言。从整体上看，楚辞的语言显然不是一种异族语言，但是我们在上文中已经提到在《诗经》时代周朝是以王畿的方言作为雅言。

"雅言"即相当于现代所说的民族共同语。当时各国都以雅言作为标准语,所以方言的向心力增强了。在一个社会中如果存在一种标准的共同语,那么它的方言差异比没有标准语要少一些,这是一般的通例。

但是到了战国时代周王朝已经衰微,周室也已失去了共主的地位,以周室的方言作为标准音的雅言也就自然取消了。所以《说文解字·序》说:"其后诸侯力征不统于王,恶礼乐之害,已而皆去其典籍,分为七国……言语异声,文字异形。"各国都以本国首都的方言作为标准音,所以战国时代的方言比春秋时代更加趋向歧异。也就是说方言的离心力增强了。在《诗经》时代各国方言本来就是有差异的,《说文序》强调战国以后"言语异声",当然是指两方面的情形:一是战国以后雅言不复存在,所以各国异声;二是本来就有的方言差异,因雅言不复存在而愈演愈烈。

秦始皇兼并六国,实施"书同文"。文字虽然统一了,但是由于方块汉字并不是表音的,所以文字的统一并不能促使语言的统一,文字的统一反而使方言的分歧产生惰性,因为朝廷对地方的政令,地方对朝廷的呈报及各地间的重要交流,都可以借助统一的文字进行。汉代的经师们只是热衷于解释先秦的经典,亦即周朝的雅言。两汉并没有编辑韵书之类提供标准音的书。政府的语言政策可以说是听其自然,士大夫是沿用先秦经籍的语言写作,各地人民日常仍然使用各地方言。

这种情况一直到魏晋南北朝才有所改变。《颜氏家训·音辞篇》说:"自兹厥后,音韵蜂出,各有土风,递相非笑,共以帝王都邑参校方俗,考核古今,为之折衷。"当时出现了一些韵书。不过编韵书的人都是以所在国的首都方言为标准音,并不是制定通行全国的标准雅言。如晋吕静《韵系》、南齐周颙《四声切韵》等。可惜这些地方韵书都失传了。

关于汉代的方言地理并没有直接的文献记载,只能根据扬雄的《方言》和许慎的《说文解字》。

《方言》的体例涉及方言地理者有以下三种:一是指明某词是通语、凡语、凡通语、通名、四方之通语;二是指明某词是某地语、某地某地之间语;三是某词是某地某地之间通语。《方言》在许多地方提到

"通语、凡语、凡通语、通名、四方之通语"，这些概念只是指不受方言区域限制的词汇。我们并不能据以断定当时已经产生一种语音、词汇、语法同质的汉民族共同语。可以肯定的只是当时的各方言之间存在许多共同的词汇。至于某地某地之间的通语，是指通行范围较广的词语。

《方言》所引的地域有古国，如韩魏；有域外国或民族，如朝鲜、瓯；有州，如幽冀；有郡，如代、汝南；有县，如曲阜、钜野；有水，如江、河、汾；有山，如岱、嵩。《方言》所提供给我们的材料是不同的地理层次上的方言词语的材料，并且各地的材料也远不是整齐的成系统的。用现代方言地理学的眼光来看是很不理想的。我们很难直接根据这些材料来确定方言的亲疏，从而据以划分方言的区域。林语堂曾根据《方言》所引地名的分合来推测汉代方言可以分为 12 个区域，即：秦晋；郑韩周；梁、西楚；齐鲁；赵魏之西北；魏卫宋；陈、郑之东郊、楚之中部；东齐与徐；吴扬越；楚（荆楚）；西秦；燕代。（见《林语堂语言学论丛》，1933 年）

值得注意的是《方言》提供的材料以秦晋为最多，在语义的解释上也最细，这说明作者对以西汉的首都长安为中心的秦晋方言比较熟悉；也说明秦晋方言在全国方言中占最重要的地位。还有《方言》是将秦晋视为同一个区域，但是在春秋战国时代这两地的方言还是有很大差异的。可见到了两汉之交，由于秦人的东进，秦晋的方言已经糅合而一了。春秋之前诸夏语言的中心地区是成周一带（今河南北部），那时候秦国的语言还偏在西方，在诸夏语言中并无重要地位。到了两汉之交秦晋的方言才一跃而占显要地位。在秦汉之后汉语的最终形成和后来的发展中，秦语起到了关键的作用。后世的北方汉语就是以当时的秦晋和洛阳一带方言为基础逐渐定型的。

《说文解字》中明确载明引用方言俗语的条目共有 191 条，其中与《方言》重出的有 60 多条。不过互有详略，并不尽相同。这些条目所提到的方言区域或地点共有 60 多个，即：齐、楚、晋、秦、益州、青齐允冀、南昌、朝鲜、秦晋、宋齐、南阳、东夷、宋鲁、关东、关西、晋赵、汝南、燕代东齐、允州、梁益、齐楚、陈留、凉州、吴楚、海岱之间、江淮之间、南楚、伊洛而南、蜀、江淮而南、南方、东方、北方、西方、河内、宋魏、宋楚、颍川、三辅、周、宋、陈楚之间、吴、江南、齐鲁、淮南、北道、沛国、弘农、东齐、宋卫、上谷、南越、陇西、韩郑、楚颍之间、青徐、河朔、吴楚以外、匈奴、陈宋、巴蜀、东楚、洛阳、汝颍之间、赵魏、蔑貉、九江、淮阳。

《说文》所提供的方言材料远比《方言》少，提到次数最多的区域是"楚"，共23处，这说明当时楚方言的差异可能是最明显的；其次是"秦"，19处（另有秦晋并提五处），这跟《方言》一样说明秦晋一带方言的重要地位；再次是"齐"，16处，齐方言的差异也应该是很明显的。

《方言》和《说文》中的一些材料不一定都是汉语的方言，其中有一部分可能是当时的少数民族的语言。如《方言》中提到的东齐、青徐、三夷、羌狄、南楚、瓯、东胡；《说文》中提到的朝鲜、南越、匈奴。

参酌比较《方言》和《说文》的有关材料，我们拟测了一张汉代方言区划图。见图13。图上的秦晋、赵、齐、汝颍、吴、东齐、淮、楚、蜀是汉语方言，越、南楚、西戎、北狄、北燕、朝鲜是非汉语。

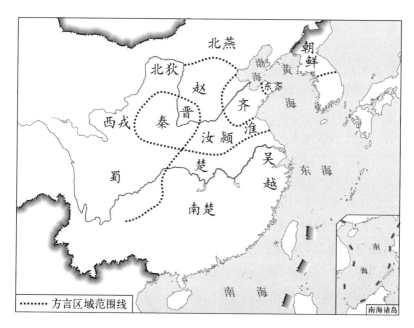

图13 汉代方言区划拟测图

　　附带讨论一个问题。扬雄是两汉之交的人，许慎年代不可考。从《说文》所引和《方言》重出有 60 多条来看，许慎当晚于扬雄。从两人都以秦晋方言为重来看，他们的时代可能相距不远。许慎至少不可能是东汉末年人，因为东汉的首都是洛阳，而《说文》所引的洛阳方言材料极少。许慎生活的时代最大的可能是东汉初年。

　　附注：笔者的《诗经时代诸夏语言区划的拟测》和《两汉时代汉语方言区划的拟测》最早曾在上海《现代语言学》（油印本）1985 年第 8 期和第 9 期连载。有关今上海地区在明清时代的方言区划的文稿，笔者最早曾于 1982 年在"吴语研究学术会议"上作为会议论文《方志所见上海方言初探》（油印本）的一节发表。以上三部分以及有关西晋和南宋时代方言区划的文稿都曾编入《方言与中国文化》（上海人民出版社，1986 年）。这里据油印稿采录。

第五节　方言的历史层次

　　语言是人类世代积累而成的精神财富。因为是积累而成的，所以它的现代形式必然包含多重历史层次的积压。不过语言的层积不同于地质学或考古学上的层积：后者的层积是一个层次压着一个层次，多重层次处于不同的平面上；而语言的多重层积却是同时暴露在现代的形式中，即表现在同一个平面上。并且，语言中新的历史层次出现的时候，旧的层次可能会保留，也可能会渐渐隐退消失，到了现代，某些历史层次可能已经消失得无影无踪，或者只是剩下残迹。所以语言的历史层次不像树木的年轮那样容易分辨，即使能分辨出其中两个或几个不同的层次，往往也难以断定这些不同的层次产生的时代。也就是说，不同时代层次产生的成分杂陈于现代方言之中，颇难分辨其中的不同层次及其产生的时代。

　　总而言之，概括地讲，语言的历史层积的特点有二：一是不同的层次表现在同一个平面上；二是不完整、有残缺，难分辨。语言历史层积的这两个特点可以用图 14 来示意，图中的 ABC 代表不同的历史层次，虚线表示残缺不全。

　　在语音、词汇、语法三个不同的层面上都可以发现不同时代产生的成分的累积。

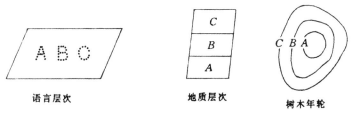

图 14 语言历史层积的特点

现代方言的内部往往有年龄层次的差异,即所谓老派和新派的差异。老派和新派的特点可以并存于同一个时代,但是这种并存现象是短暂的,发展的趋势是新派特点完全取代老派特点。例如老派上海话 ä 和 ɑ̃ 两韵有分别:打 tä³⁴ ≠ 党 tɑ̃³⁴,新派将此两韵合并为 ã,打 tã³⁴ =党,新老派的这一差异,并存于目前的中年上海人的口语中,但是三十岁以下的上海人,已将此两韵完全混用。本节所谓方言的历史层次,不包括这种生命短暂的新派和老派特点并存的现象。

方言的历史层次可以分为不同的类型,或者说可以从以下不同的角度来考察。

1. 底层成分和表层成分

底层语言理论(substratum theory)认为,某一地区被新来的民族占据以后,原居民族的某些语言成分有可能长期残留在新来民族的语言里,这些残留的成分称为底层成分。原居民族的语言称为底层语言,新来民族的语言称为表层语言。底层成分往往非常隐秘地溶解在表层语言中,不经过一番仔细的辨认和比较,很难发现。

中国长江以南在秦汉之前还是百越民族的居住地。秦汉以后汉人南下,逐渐开发南方,北方汉语也随之移入南方,并且形成今天的汉语南方方言,汉语南方方言中应该含有古百越语的底层成分。而古百越民族的语言发展到现代,即是汉藏语系壮侗语族各语言。仔细地比较南方方言和壮侗语言,可以找出这些底层成分。

底层成分残留在表层语言的语音、词汇(尤其是地名)和语法等各个平面。南方方言的古壮侗语底层成分,在语音方面有 ʔb、ʔd 声母等,在地名方面有"于"字冠首的地名等,在词汇方面有栏、舻、嬭等,在语法方面有修饰语的后置等。下面以两个底层词为例,说明怎样辨认底层成分。

　　藻(浮萍)

　　《方言》载:"江东谓浮萍为藻。"此字《广韵》收在宵韵符宵切。中古音可拟为 *biæu,上古音可拟为 *pjiaw。现代的一些吴语和闽语仍称浮萍为"藻":

温州	建瓯	建阳	政和	潮州
bie^{31}	p^{h}iau^{33}	p^{h}yo^{334}	p^{h}io^{33}	p^{h}io^{55}

现代一些壮侗语言中称"浮萍"的词的语音可以与上述汉语古音和方言相证合:

壮语	水语	毛难语	临高话
piu^{2}	pi:ŋ^{6} pieu^{2}	puk^{8} pjieu^{2}	fiu^{2}

上述水语和毛难语的第一个音节是词头,第二个音节才是可以用来比较的词根。浮萍在江南自古以来用作猪和家禽的饲料,元代王祯《农书·畜养篇·第十四》载:"尝谓江南各地多湖泊,取萍藻及近水诸物,可以饲之。"江南在六七千年以前就开始养猪,浙江河姆渡文化遗址即有猪骨骼出土。浮萍是猪的主要饲料,在古代江南居民的农业生活中应占有重要地位,"藻"这个词的产生应在北方汉人移居江南之前,也就是说"藻"这个词是南方土著居民原有的词汇,今天仍作为底层词保留在吴语和闽语里。

　　马蹄(荸荠)

　　"荸荠"粤语称为"马蹄";闽语、客家话和赣语称为"马荠";介乎客家话和闽语之间的光泽话称为"马蹄"。"马蹄"是俗写,并不是本字。各地的读音举例如下:

广州	厦门	建瓯	梅县	光泽	建宁
ma⁴tʰɐi²	be³tsʰi²	mo²tsi	ma¹tsʰi²	ma³tʰi²	ma³tsʰi²

这个词在武鸣壮语里作 ma⁴tai²，其语音形式跟广州话相似。其中第一个音节的含义是"果子"。在侗台语里 ma 是"果子"的意思，或用水果类名词的词头，例如侬话：lɯk ma 果子 ma maːn 辣椒；莫话：lɯk ma 果子。第二个音节的含义是"地下"。"地"这个词在侗台语里的读音举例如下：西双版纳傣语 hai⁵；水语（三都）dai³；莫话 dai⁵。所以壮语 ma⁴tai² 是"地下的果子"的意思。汉语方言中的"马蹄"应是台语底层词汇。至于"马荠"则是合璧词，前一音节是台语底层词，后一音节"荠"则是汉语词。

荸荠是南方植物，在中国主要分布于江浙和两广等地的低洼地带。百越是中国南方的先住居民，他们先有称"荸荠"的词，这也是顺理成章的。

2. 混合型方言的两重或多重层次

混合型方言是指由两种或多种性质大不相同的方言杂交而成的方言。两大方言的边界地区的方言接触可能造成混合型方言，但典型的混合型方言是历史上较大规模的移民运动造成的。

甲方言区的人民向乙方言区大规模移民以后，甲方言和乙方言交融，往往产生混合型方言。从底层语言理论来看，乙方言可以称为底层方言，甲方言可以称为上层方言。不过上层方言的成分在新方言中是大量存在的、成系统的，不像底层语言成分那样是零星的、不成系统的。

福建邵武的方言是一种混合型方言。邵武的居民十之八九是从江西迁入的，其中大部分是在宋代迁入的，又以南宋初年迁入比北宋多。在江西人到来之前，邵武话应该是与建瓯话相似的闽北方言。江西人带来赣语后，两大方言交配成一种非驴非马的新方言。拿今天的邵武话和建瓯话以及江西的南城（即建昌，古属南城）话比较，可以看出邵武话中的闽语和赣语两大层次。下列两组词汇分别与南城话或建瓯话相接近。

	坐	菜	草	蚕	贼
南城	$t^hɔ^6$	t^hai^5	t^ho^3	t^han^2	$t^heʔ^7$
邵武	t^hoi^3	t^he^5	$t^hɑu^3$	t^hon^7	$t^hə^7$
	唇	箸	鼎	囝子	
建瓯	$ts^hiɔ^5$	ty^6	$tiaŋ^3$	$kyiŋ^3$	$tsiɛ^3$
邵武	$tɕ^hyo^5$	t^hy^6	$tiaŋ^3$	$kyiŋ^3$	$tsiɛ^3$

另一种典型的混合型方言是杭州话。北宋王朝南迁时带来的北方话和当地的吴语相交融造成一种混合型方言。在今天的杭州话中,底层方言的成分主要是它的语音结构,即保留全浊声母、保留入声、鼻韵尾只有一套、古咸山两摄韵尾失落等,这些特点与今天各地吴语的共性一致;表层方言的成分主要是它的词汇系统的若干特点,如缺少文白异读现象、人称代词用"我、你、他、我们、你们、他们"、结构助词用"的"、否定词用"不"等。浙南的平阳蛮话和湘西北的瓦话也是混合方言,它们形成的历史文化背景还有待研究。

广东北部的麻话作为一种混合型方言,它的形成原因是较特殊的。麻话是曲江、乐昌、硇石等地水上或陆上疍民的方言。疍民在历史上不断迁移或流动,所以他们必须与多种方言接触,同时也把多种方言的成分吸收到自己的方言中。麻话也就成了融合多种方言的混合型方言。这种方言中最早的一个历史层次应该是闽语。

对混合型方言的不同层次的辨认和分析,有助于追索当地居民的移民历史。不过,如果没有任何别的文献和口头材料,光凭方言层次的分析,要追溯当地居民的历史来源,也不是轻而易举的。例如瓦话和伶话的内部层次都已经分辨出来,但是居民的祖籍却不易断定。方言材料的最大用处是与文献或口头材料相印证。

3. 文白异读

汉语方言语音普遍有文白异读现象。文读和白读代表不同的语音层次。方言中的文读音是隋唐时代实行科举制度以后逐渐形成的,白读音代表较早的历史层次,文读音代表较晚的历史层次。例如厦门话的白读音较接近上古音系,文读音较接近中古音系。如"站"字,白读音是$tiam^5$,文读音是$tsam^5$。"站"是知母字,知母读 t 是上古音系的特点,读 ʦ 则是中古音系的特点。

文读的产生虽然比白读晚,但是文读音并不是从白读音发展而成的,两者并没有直接的历史联系。就历史来源来说,方言区的文读音是从外地借来的,追根溯源,可以说都是来源于唐宋以后的北方话,白读音则是本地固有的。所以构拟古方言应以白读音为基础。

方音的文读和白读都可以包含多重层次,即同一个字的文读或白读可能有两个以上语音形式。例如海南岛澄迈话(一种闽南方言)就有新旧两个层次。下面举些例子(引自何大安《澄迈方言的文白异读》,载《历史语言研究所集刊》52 本 1 分,1981 年)。见表 4.12。

表 4.12　海南岛澄迈话文读音和白读音的层次表

字	旧　文　读	新　文　读	白　　读
状	tuaŋ^{33}	ʦuaŋ^{33}	to^{22}
三	tam^{22}	sam^{22}	ta^{22}
雪	tit^5	sit^5	tuai^{55}
学	hiak^3	hiok^3	o^{33}

新文读音的特点较接近粤语,可见新文读音是澄迈闽语人口的祖先迁离闽南进入广东之后才产生的。

方言的语音虽然有文白两个层次,但不是所有字音都有文白异读。有文白读的字音在各方言中所占的比例也不同,例如在闽语中几乎占一半,在吴语中却只占不到十分之一。仅依据白读音不能整理出一种方言的完整的语音系统。方言的语音系统实际上是依据文读音整理而成的。在同一个方言里面超出文读音系统的白读音不多见,这些白读音可以作为归纳方言语音系统的补充。例如"亩"字在吴语太湖片有文白两读,白读一般是自成音节的[m],在文读系统里没有这个声化韵。

方言字音异读并不都是文白差异造成的。文白差异不过只是造成字音异读的最普遍最显著的原因。除此之外,移民和外地方言的借用也是很重要的原因。例如"车"字在温州方言里有三种读音。"车"作为象棋棋子之一种读[tɕy¹];在下列词汇中读[tsʰei¹]:水车、风车、倚车儿(供幼童站立的手推车)、车栾;在下列词汇中读[tsʰoˡ]:黄包车、脚踏车、汽车、车床。"车"是麻韵开口二等字。麻韵开口二等在温州话中的普遍规律是读[ei]韵,如蛇[zei²]、蔗[tsei⁵]。在上海话中则读[o],如蛇[zo⁶]、蔗[tso⁵]。在温州话中"车"字读[o]韵显然是从上海话借入的,这一类词所代表的事物也正是现代从上海输入温州的。"车"字读[o]这个层次显然是晚近才产生的。

上述字音异读是指同一个字有不同的读音,而不同的读音反映不同的时代层次。语音的时代层次也反映在音韵地位相同的一组字读音有差异,而这种差异是有规律的。例如闽语可以分成四个音韵层次(据张光宇《闽方言音韵层次的时代与地域》,载《清华学报》新19卷第1期,1989年),即唐宋文读层,此层的特点是韵尾保持完整,如四等是[-ing/k、-ien/t、-iam/p];同摄三、四等完全同音;吴楚江淮层(郭璞时代之前),此层的特点(以厦门话为例)是四等和三等A韵的主元音都是前高元音,阳声韵带鼻化,入声韵带喉塞尾,如天[tʰĩ⁵⁵]、扇[sĩ²¹]、青[tsʰĩ⁵⁵]、舌[tsiʔ⁴];古中原层(西晋前),此层的特点是大体维持三、四等韵的三向对立形态,如厦门音,四等是[-an],三等A韵是[-iã],三等B韵是[-iũ];客赣方言层,此层的特点是古透定两母读[h],古清从两母读[tʰ]。

文读音更接近北方音,这是因为实行科举制度的历代王朝都是以北方音为标准音的。

文白异读在字音上的层次关系也渗入到词汇中,在方言中晚近出现的词汇或晚近才在口语中流行开来的书面语词汇倾向于用文读音。例如上海口语中"交通、交易、交涉、交叉、性交、立交桥"等词中的"交"均用文读音,不可用白读音。又如厦门方言中用白读音读的词较古老,用文读音读的词较新。"家"在旧词"家官(公婆)"中白读作[keˡ],在新词"家长"中文读作[kaˡ];"行"在"先行(先走)"中白读作[kiã²],在新词"行动"中文读作[hiŋ²]。

中国的文化是从北向南发展的,长期以来,在北方形成的文物典章制度、北方的文化、北方的方言对南方持续不断的越来越强的影响,也反映在文白读音的地位的微妙变化上。文读音虽然较为晚出,是唐宋时代实行科举制度以后形成的,但是由于以北方方言为基础的书面语词汇和现代普通话词汇越来越多地渗入方言口语,文读音在方言中的分布范围和出现频率,特别是近几十年以来,大为提高。浙江省寿昌方言的情况是很典型的。寿昌方言有很发达、很完整的文、白读系统。当地不论男女老少都会说文读和白读两套音,本地人内部交际用白读系统,与外地人交谈时用文读系统。文读系统较接近普通话语音。当前的情况是文读有取代白读的趋势,文读词往往渗入到白读系统的话中,年轻人更乐意用文读音,新近流行的词,如自行车,一般都采用文读音,有的旧的白读词也往往被新的文读词所代替,如"剧院"替换了"戏馆","厨房"替换了"灶下"等。白读音系也渐渐靠拢文读音系,如白读的 yɛ 韵并入了文读音系的 yəŋ 韵,白读的 ɒ 韵,变成 a 韵,已向文读的 æ 韵靠拢。

4. 一字多音

除了文白异读之外,方言中还有别的类型的一字多音现象,其中有一部分是历史上的文化浪潮或文化事件造成的。在闽语里有些字有三种读音,这三种读音分别代表三个历史文化层次。如厦门话中的"石"字:

石 tsioʔ   石砚(砚台)siaʔ   石(文读)sik

第一种读音是汉代北方汉人入闽时带来的,第二种读音是西晋末年永嘉丧乱后北方大族南逃入闽时带来的,第三种读音是唐末科举制度入闽后产生的。这三种读音正是北方文化浪潮三次大规模入闽所留下的遗迹。

划分语音的历史层次还是比较容易的,要确定各层次产生的时代,就不是轻而易举了。在下述两种情况下,可以对某层次的产生时代作些推测。一是方言中的某一语音层次与某一历史时期的古汉语语音系统相似,例如上述闽语的唐宋文读层的韵尾与《切韵》音系相似,所以推测这个文读层产生于唐宋时代;二是有历史文献资料可以作为断代的依据,例如山西闻喜方言白读音的特点是《切韵》音系中的全浊塞音、塞擦音不管声调平仄,皆读送气,宕摄和果摄合流,曾摄和梗摄分立,通摄为-uēi<uen。这些特点与西夏文的汉语注音一致(据

王洪君《闻喜方言的白读与宋西北方音》,载《中国语文》1987 年第 1
期)。所以可以推断这个白读层应产生于西夏文时代(11—13 世纪)。

5. 等义异字

"等义异字"不是指一般的"等义词"。方言中常有等义词,如上海
方言中,"麦克风(microphone)"和"话筒"等义、"插朴(plug)"和"朴
落"或"插头"等义。几个等义词在方言中并存往往是临时性的,经过
一段时间竞争之后,其中必有一个词取得胜利,其他词变成历史词汇,
如上海方言中"风潮"和"台风"曾并存,"地动"和"地震"曾并存,现在
"风潮"和"地动"已不用。但这里所说的"等义异字"是指产生于不同
时代的意义相同的语素长期并存在不同的词汇中。例如温州方言中
"牙"和"齿"并存于"门牙"和"齿轮"中,"牙"是原始南亚语来源的底层
词,"齿"是北方汉人文化南移时带来的;"嬭"和"妈"并存于"阿嬭"和
"阿妈"(均是"母亲"的面称)中,"嬭"是古壮侗语来源的底层词,"妈"
是在北方后起的词;"兄"和"哥"并存于"兄嫂"和"阿哥"中,"兄"是先
秦汉语中就有的词,"哥"是"五胡乱华"时,北方阿尔泰语来源的借词,
北朝时才产生;"脚"和"骹"并存于"凳脚"和"江蟹骹"中,"骹"是古壮
侗语来源的底层词,"脚"的意思;"卵"和"蛋"并存于"鸡卵"和"皮蛋"
中,除了在"皮蛋"中用"蛋"外,在别的词汇中都用"卵",如盐卵(咸
蛋)、卵糕(蛋糕)、鸭卵、卵汤等。可见"皮蛋"是晚近从外地输入的。

在不同的词汇中用不同的语素表示相同的词义,而不同的语素即
代表不同的时代层次,这在各地方言中都是很常见的。例如温州方言
口语词汇,见表 4.13。

表 4.13　温州话里词义相同语素不同例词表

词　义	较　古　层	较　新　层
眼睛	目睲(眼睛) 大目镜(放大镜)	眼灵珠(眼睛) 眼厘毛(眉毛)
牙齿	牙床肉(齿龈)	齿轮
脸	洗面(洗脸)	大花脸
脚	江蟹骹(蟹腿)	凳脚

续表

词　义	较 古 层	较 新 层
蛋	盐卵(咸蛋)	皮蛋
哥哥	兄嫂	阿哥
看	眙戏(看戏)	近视
睡觉	睏(睡。土白) 眠(睡。儿语)	午睡

6. 叠义复合

"叠义复合"是指产生于不同历史时期的或不同语言(或方言)的等义语素叠用,造成复合词。笔者称这一类词汇为"合璧词"。"筷子"在古汉语中称为"箸",后来有些地方的船民因忌讳"箸"与"住"同音,改称为"筷"并且流行开来。苏南、浙江、上海一带本来称"筷子"为"箸",放筷子的竹筒为"箸笼",后来受外来的语言的影响,将"箸"改称为"筷子",将"箸笼"改称为"筷箸笼"。"筷箸笼"就成了叠义复合词。北部吴语区改"箸"为"筷"的历史不会早于明末,因为冯梦龙所辑《山歌》(当时的苏州方言民歌集)中仍用"箸"字,不见"筷"字。浙江江山方言将"哥哥"称为"兄哥",其中"哥"是阿尔泰语来源的借词。浙江淳安话把"母亲"称为"妈母","母"字见于先秦经籍,"妈"字不见于《说文》,是晚出的。

7. 语法的历史层次

在方言中有可能发现用不同的语法形式表达相同的语法意义的现象。这些共存的语法形式一般来自不同的历史层次。

可以通过以下几个途径,来判断方言中共存的语法形式的时代层次:

(1) 有没有共同语的文献资料可以用于断代?

(2) 有没有方言文献资料可以用于断代?

(3) 从方言类型地理学的角度来看,哪些形式见于方言演变较慢的地区?

(4) 对于同一个地点方言中的并存形式,则要看哪些形式用于老派,哪些形式用于新派? 哪些形式较常用? 哪些形式较少用?

　　例如吴语温州话未然体反复问句有两种并存的语法形式(V＝动词　F＝发问词　neg.＝否定词　conj.＝连词)：

　　"V-conj.-neg."　　　　例如：走也不？（去不？）

　　"V-conj.-neg.-V"　　　例如：走也不走？（去不去？）

　　在这两种形式中，应以"V-conj.-neg."来自较古老的层次，"V-conj.-neg.-V"来自较新的层次。

　　在古代汉语文献中最早出现的反复问句即是"V-neg."，从先秦到南北朝，除了秦墓竹简较为特殊外，"V-neg."是唯一的反复问句形式。（张敏《汉语方言反复问句的类型学研究》，北京大学博士学位论文，1990年）

　　能够反映某些温州方言语法特征的最古老的文献是宋代南戏作品《张协状元》，其中"V-neg."型反复问句有6例，而"V-neg.-V"型反复问句却只有1例。在元本《琵琶记》(作者是温州人)里，"V-neg."型有13例，"V-neg.-V"型却只有3例(见上引张敏博士学位论文)。《全唐诗》吴语区作者的作品只用"V-neg."型，不用"V-neg.-V"型。这说明在当时的温州话里"V-neg.-V"还是新兴句型。在古汉语中"V-neg.-V"型的形成和发展是在唐宋时期(见上引张敏博士学位论文)。历史上北方移民进入今吴语区有三次大浪潮，先后发生在三国东吴、两晋之交和两宋之交。在第三次移民浪潮中，温州人口大增，南戏也正是在这个时期在温州形成的。"V-neg.-V"很可能于此时进入南部吴语。但是"V-neg.-V"在吴语中盛行应在明代之后，《二拍》中的反复问句仅用"V-neg."型，至今在有的地点方言里"V-neg."型仍用得极少，如天台、崇明、玉山。（详见拙著《吴语里的反复问句》，刊《中国语文》1993年第2期）

第五章 方言变异

方言变异可分为四大类：地理变异、历史变异、语流变异和社会变异。方言的社会变异是指同一个地点的方言，因社会阶层或使用地点不同，而发生变化。方言的社会变异是社会语言学研究的对象。例如在吴语永康方言里"哥、姐、叔、婶"这四个词，因背称和面称的不同，声调也随之变化。见表 5.1。方言的地理变异，第三章已有较详细的讨论。本章着重讨论方言的语流变异和历史变异。

表 5.1　浙江永康话面称和背称的声调别义表

称　谓	背　称	面　称
哥	kuə⁴⁴	kuə²⁴
姐	tɕi³⁵	tɕi⁵³
叔	su³⁵	A⁴⁴ su⁵³
婶	səŋ³⁵	A⁴⁴ səŋ⁵³

第一节　方言变异的观察

任何一个地方的长住居民都不难感觉到方言在时间和空间上的变化。方言变异现象常常是一般人谈论的话题。城里人时不时取笑乡下人的口音，老年人往往兴叹方言的历史演变。例如明末人傅山说："太原人语多不正，最鄙恼人，吾少时听人语不过百人中一二人耳。今尽尔矣。如酒为九，九为酒，见为箭之类，不可胜与辨。"（见傅山《霜红龛全集·咳唾珠玉》补遗第 31 页，光绪二十二年刻。）这说明在傅山的时代，太原的老年人还分尖音和团音，新派就完全不分了。傅山为此而烦恼，是他不明方言历史演变的必然性。如果要较为深入地揭示方言的变异，就需要进行方言学的专业调查和研究。调查研究历史变异的途径大致有六：

一是地点方言的年龄层次差异，可以为历史演变提供活的证据。例如宁波老派单字调有六个：阴平、阴上、阴去、阳去、阴入、阳入，新派单字调只有五个：阴平、阴去、阳去、阴入、阳入。从老派到新派，阴上已并入阴去。

二是拿前人的方言学著作，如地方韵书、西洋传教士的著作，跟今方言比较。详见第七章。

三是拿历史文献上的方言材料和今方言比较。例如比较明末苏州一带的民歌集《山歌》和今苏州话，就会发现有些词汇已不用或已改用其他词汇。如《山歌》里的下列几个句子中加着重号的词，今已废弃，而改用括号中的词。

　　　　一日子月黑夜暗搂(抱)子我就奔。(卷八)
　　　　我弗知你为啥个事干(事体)。(卷八)
　　　　我吃个打生(陌生)。
　　　　丢得团鱼(甲鱼)也烫得虾。(卷四)

这四个现代苏州话已不用的词，却仍然保留在吴语区南部的温州话里，其中"打生"也可以扩展成"打生陌生"，是产生于不同时代的词叠床架屋。可见历史变异也反映在地理变异中。

四是从地理变异发现历史变异。语言或方言在地理上的演变是不平衡的，有的地方变得快，有的地方变得慢。例如就城乡差异来看，乡下的方言特征往往较为古老，城里的方言发展得较快。所以调查乡下方言往往可以发现城里旧时方言的特征。例如长沙城区话没有卷舌音声母 tʂ、tʂʰ、ʂ，郊区则有 tʂ、tʂʰ、ʂ 和不卷舌的 ts、tsʰ、s 的对立，如知 tʂɿ¹≠资 tsɿ¹。

五是拿已经拟测的古代音系跟今方言音系作比较，也能发现语音的演变。例如帮滂明三母中古音已拟为 p、pʰ、m，将这三个拟测的音跟古帮滂明三母开口三、四等字在今山西闻喜方言中的读音比较，可以发现在口语里逢细音，p、pʰ、m 会变为 t、tʰ、l，如碑 ti¹，病 tʰie²，灭 lie⁴。

六是比较长住本地的居民和长期作客他乡的同乡人的方言。本地居民和长住外地的同乡人方言常有差异。他们在互相接触交谈的时候，对方言差异会很敏感。例如 20 世纪 40 年代离别家乡移居海外的上海人及其青少年后代，说的是一口老派上海话，例如会说出"吃饭哉""到快哉"这样的句子，仍将"哉"字用作句末助词。今天上海的老派也已很少使用这个助词。这说明本地方言发展较快，迁离本地的方言反而保留较古老的特征。从两者的比较自然可以看出方言的历史演变。

本地人对方言的历史变异和地理变异比较敏感，但是对语流音变则较难自省。语流音变常常需要较深入的调查研究，才能发现和揭示。

第二节　语　流　音　变

方言的语流变异（sandhi）是指方言语音在连续的自然口语中所发生的变化。语流音变是方言在一定的语境中所发生的共时变异。语流音变可以分为两大类：音段（segmental）音变和超音段（supra-segmental）音变。音段音变又可分为三小类：声母变异、韵母变异和音节变异；超音段变异又可分为四小类：声调变异、音长变异、音强变异和语调变异。现在逐类举例加以讨论。

先讨论音段变异。

（1）声母变异：指音节中的声母在一定的语音环境中发生变化。例如杭州话的"十"单念是 zəʔ⁸，但是在"年三十"（农历除夕）中变读为 səʔ⁷，即 ȵie² sɛ¹ səʔ⁷。

（2）韵母变异：指同一个语素中的韵母因语音环境发生变化而变化，而不是指同一个音位在不同的语音环境中变为不同的变体。例如北京话韵母音位An 在 i 介音后读 ɛn，即 iɛn，这一类变化不算本章所说的韵母语流音变。例如在晋东南方言里"孙"字单念是suən¹，韵母是uən，但是"孙子"一词读 suɐ̃:ŋ¹,其中韵尾 ŋ 相当于"子",韵母则变为 uɐ̃:。

(3) 音节变异:指在语流中相邻的两个音节合并为一个音节,或者相邻的多个音节合并为两个音节,甚至一个音节。这种语音变异现象一般称为合音。分别举例如下。

两音节合并为一音节。例如华阳凉水井客家话:

$$m^{13}+xie^{42}\rightarrow mie^{42} \qquad m^{13}+oi^{42}\rightarrow moi^{55}$$
$$\text{不} \quad \text{是} \qquad\qquad \text{不} \quad \text{要}$$

此两例声母皆从第一音节,韵母从第二音节。第一例声调从第二音节,第二例则声调另有变化。合音字音节并合的规律详见第九章。

三音节合并为双音节。如温州话:

$$\text{ɕie}^5\text{ɦo}^6\text{ŋ̍}^2\rightarrow\text{ɕiɛ}^5\text{ɦoŋ}^2 \qquad \text{ko}^7\text{lo}^8\text{ŋ̍}^2\rightarrow\text{ko}^7\text{loŋ}^4$$
$$\text{笑 话 儿 笑 红} \qquad\qquad \text{角 落 儿 角 拢}$$

又如上海话:

$$\text{ɦiɤ}^{23-22}\ \text{iʔ}^{5-5}\ \text{ŋE}^{23-21}\rightarrow\text{ɦiɤ}^{23-22}\ \text{ŋE}^{23-21}$$
$$\text{有} \quad \text{一} \quad \text{眼} \qquad \text{有} \quad \text{眼}$$

此例中间的音节缩减了,但是整个两字组仍保持三字组的调形,即 22—5—21→22—21,规则的两字组变调形应该是 22—44。

四音节合并为三音节,进而合并为双音节或单音节。如温州话:

$$\text{ki}^7\ \text{i}^7\ \text{ɦo}^4\ \text{ŋ̍}^2\rightarrow\ \text{ki}^7\ \text{ɦo}^2\ \text{ŋ̍}^2\rightarrow\ \text{ki}^7\ \text{ɦoʔ}^2\text{ŋ}\rightarrow\ \text{ko}^4\ \text{ŋ̍}^2\rightarrow\text{koŋ}^7$$
$$\text{个 一 下 儿 个 下 儿 个 红 驾 儿}$$

"个一下儿"是"这一会儿"的意思。

跟合音相反的是分音,即原是单音节的词变读成两个音节,其中第一个音节的声母跟原音节的声母相同,第二个音节的韵母跟原音节的韵母相同。例如福州话：

$$kou?^5 \rightarrow ko^{31} lou?^5 \qquad\qquad p\varepsilon^{31} \rightarrow p\varepsilon^{31} l\varepsilon^{31}$$
$$\text{滑} \qquad\qquad\qquad\qquad\qquad \text{摆}$$

又如山西汾西晋语：

杆 $k\bar{a} \rightarrow k\partial?^8 l\bar{a}^3$　　　　　　卷 $t\varphi y\bar{a}^3 \rightarrow ku\partial?^7 l\bar{a}^3$

搅 $t\varphi iao^3 \rightarrow k\partial?^8 lao^5$　　　　　摆 $pai^3 \rightarrow p\partial?^8 lai^3$

　　合音是语流音变现象，分音不是语流音变现象，而属历史音变范畴。分音可能来源于民间反切语。如乾隆《宝山县志》说："俗呼精曰即零，精字反切也。""即零"就是"精"字的分音。

　　再讨论超音段变异。

　　（1）声调变异：在许多方言里单字调进入连字组后，声调的调值要发生变化。如上海话：天 t^hi^{53} 和窗 $ts^h\tilde{a}^{53}$ 这两个字都是阴平调，单字调调值都是 53，但是组合成两字组，前字调值为 55，后字变为 31，即天窗 $t^hi^{53-55} ts^h\tilde{a}^{53-31}$。

　　在有的方言里，用单字的声调变化来表示附加的派生意义。如吴语泰顺话：一般的"鲞"称为 $\varphi\bar{i}a^{53}$，小的"鲞"称为 $\varphi\bar{i}a^{44}$，声调调形从高降变为高平。

　　（2）音长变异：指音节的韵母在语流中音长发生变化，如吴语义乌方言，单音名词单念时韵母读短音。如果后接儿尾，则韵母变长音，如"花"$hua^1 \rightarrow$ "花儿"$hua：n^1$，韵母中的主元音变长音。

　　（3）音强变化：指音节的音量在语流中的相对变化。例如北京话："棉 $mi\varepsilon n^{35}$"和"花 xua^{55}"单念时无所谓轻重，但是组合成"棉花 $mi\varepsilon n^{35} xua \cdot |$"一词，则后字音强减弱，变为轻声。又如老派武汉话："画"字单念是 xua^{35}，但是在"洋画"（香烟盒里的画片）里则读轻声，即 $ia\eta^{213} xua \cdot |$，如果不读轻声，读作 $ia\eta^{213} xua^{35}$，则意为"洋话"（外国话）。这一对词后一音节的音强变化是受语义制约的。

　　（4）语调变化：指句子的语调因句子意义的变化而变化。例如温州话:"妆狃宕爻"。这个句子句尾读升调或降调语意不同。即：

$$\text{tɕuɔ}^{33}\,\text{ŋau}^0\,\text{duɔ}^{35}\,\text{ɕuɦ}^0\,\uparrow（搞哪儿去了?）$$
$$\text{tɕuɔ}^{33}\,\text{ŋau}^0\,\text{duɔ}^{31}\,\text{ɕuɦ}^{31}\,\downarrow（搞丢了。）$$

以上分别举例说明各类语流音变现象。在实际语流中,各类音变可能单独出现,也可能二、三类同时变化。如声调和声母同时变化,韵母、声调和音节同时变化,如此等等。例如吴语温岭话:"桔"字单念是 kyʔ^5。"桔"字附加"儿"尾,变成"桔儿",则读 kyn^{51},其中的"n"是"儿"尾,"桔"的韵母和声调同时发生变化。

第三节　方言变异的原因

本节讨论语流共时音变的原因,历时变异的原因、方向和方式。

方言的语流音变从成因的角度来分析,可以分为三大类: 语音环境变异、语法环境变异和语义环境变异。

语音环境变异是指与语法结构或语义无关的音变现象,音变的方式不受语法结构或语义的限制,是纯粹的语音层次上的变异。辅音、元音、声调,甚至音节,在处于某种特殊的语音环境时,都可能发生变异。

辅音的变异常常是因语音同化(assimilation)造成的。语音同化可分顺同化和逆同化两种。常见的是顺同化,即前一音节中的辅音影响后一音节中相邻的辅音,使后者变得与前者相同,或在发音方法和发音部位上变得与前者接近。例如广州音:"今"字单念时是 kɐm^{53},"日"字单念时是 iɐt^2,但是"今日"连读时可作 $\text{kɐm}^{52}\,\text{mɐt}^2$。又如华阳凉水井客家话:不曾 $\text{m}^{13}\text{tʰien}^{13}$,也可以说成 $\text{m}^{13}\text{ȵien}^{13}$,后一种说法中的第二个音节的声母顺同化为鼻音。逆同化是指后一音节中的声母,影响前一音节的韵母或韵尾,使它们在发音方法或发音部位上接近后一音节的声母。例如武汉话:堂屋 $\text{tʰaŋ}^2\text{u}^0\rightarrow\text{tʰau}^2\text{u}^0$,前一音节中的韵尾本来是 ŋ,逆同化为 u;真话(同于反问) $\text{tsən}^1\text{xua}^0\rightarrow\text{tsoŋ}^1\text{xua}^0$,前一音节的韵尾本来是-n,因受后一音节的声母 x 的发音部位(舌根)的影响,逆同化为 ŋ。

　　韵母的语流音变可以分为两类。一类是因韵尾不同引起的变化。例如湖南安乡话(一种西南官话)所有韵母如果后接儿化韵尾,都要发生变化,即开口呼韵母变读 ə,如"字字儿"tsʅ^{33}tsər^0(字据);齐齿呼韵母变读 iə,如"衣衣儿"i^{55} iər^0(小孩衣服);合口呼韵母变读 uə,如"屋屋儿"u^{35} uər^0(小房子);撮口呼韵母变读 yə,如"鱼鱼儿"y^{213} yər^0(小鱼)(详见应雨田《湖南安乡方言记略》,载《方言》1988 年第 1 期)。另一类是因连调引起韵母变化。例如福州话"事"字单字调读 søy^{242},韵母是 øy,但是在"事故"中,"事"字变调为 53,韵母相应变为 y,即事故 sy^{53}kou^{213};"故"字单字调读 kou^{213},但在"故事"中"故"字变调为 53,韵母变为 u,即 ku^{53}løy^{242},后一例中声母也变为 l(详见李如龙《声调对声韵母的影响》,载《语言教学和研究》1990 年第 1 期)。

　　字调连读的结果引起声母的变化,最为显著的是后字如果变读低调或后字音强减弱,则后字声母极易浊化。如上海话"蛙"字单字音是 ʔo^{53},但是在"青蛙"tɕʰiŋ$^{53-55}$ ɦo$^{53-31}$ 中,声母浊化为 ɦ-。又如北京话"瓜"字单字音是 kua^{55},声母是清音,但是在"西瓜"ɕi^{55} gua^0 中变为浊音 g。

　　声母的语流音变一般是单字连读引起的。例如闽语漳平(永福)方言单字调阴平是 24 调,如霜 sŋ^{24},阳平是 11 调,如条 tiau^{11},但是阴平字和阳平字组合成词时,前字阴平会变为 33 调。例如霜条(冰棍)sŋ$^{24-33}$ tiau^{11}。在"阴平＋阴平＋阳平"的三字组中,前字和中字阴平会变为 11 调和 33 调。例如天光时(早上)tʰĩ$^{24-11}$ kuĩ$^{24-33}$ si^{11}。这类单字调在连调中的变化跟词组的语义或语法结构无关,纯粹是因语音环境造成的(见张振兴《漳平(永福)方言的连读变调》,载《方言》1983 年第 3 期)。

　　语法环境变异指因语法结构的变化而引起语音变异。在许多有连读变调的方言里,连调的调值跟两字组的语法结构有关。例如在江苏丹阳方言里"炒菜"一词如果是动宾结构,是指一种烹调动作,其变调值是 55—44,即跟本调相同;如果是偏正结构,指炒出来的菜,那么变调值是 33—33。语法结构的变化引起连读变调的变化,这种现象在吴语中是普遍现象。

　　在有的吴语地点方言里,语法结构还会影响两字组前后字的音长对比。例如在温州话里,下述几种结构的两字组前字读短音或弱音,后字读长音或强音，前字不可延长，后字可延长：动宾、量词重叠、名词重叠、动词重叠、单音动词后接可能补语；在下述几种结构的两字组里，前字读长音或强音，可以延长，后字读短音或弱音，不可延长：动代、数量、动词后接结果补语、动词后接趋向动词。

语义环境变异指语义变化引起语音变化，又分三种情况。

一是语义变化引起两字组连读变调的变化。例如丹阳话"板"和"版"两字作为单字完全同音，但是"木板"的变调值是 2—24，"木版"的变调值却是 3—33。又如温州话的小称变调，如"刀儿"如果读作 $tə^{44}ŋ^{31}$，是"刀子"的意思；如果变读作 $tə^{44}ŋ^{212}$，则是"小刀子"的意思。

二是所谓"变音"，即单字因附加某种语义，语音发生变化，某字读变音，有的方言只是声调发生变化，如广州话"鹅"在"天鹅"里读本音（base form），即 $t^hin^{54}ŋɔ^{21}$，在"烧鹅"里读变音（derivative form），即 $siu^{54}ŋɔ^{35}$；有的方言韵母也跟着变化，如吴语义乌话："小狗"读作 $sɯə^{53-33}kəɯ^{53-53}$，"小狗儿"读作 $sɯə^{53-53}kə:n^{53-55}$，后一词中的"狗"读变音，声调和韵母都跟本音不同。

三是语义的变化可能引起"字间组结"（intersyllabic juncture）的变化。例如上海话"歇两日"（停两天、过两天），其中的"两"如果是实数"两"，那么"歇"和"两日"之间有停顿。其中的"两日"按两字组变调规则变，"歇"仍读本调，即 $ɕiɪ^5/liā^{13-22}n̩iɪʔ^{4-2}$；如果其中的"两日"是虚指不多的几天，那么"歇两日"是个"语音词"（phonological word），不能拆开，按三字组的变调规则变，即 $ɕiɪ^{5-2}liā^{13-33}n̩iɪʔ^{2-2}$。凡动词后接"两＋量词"的词组皆如此，如买两斤——买/两斤；吃两只——吃/两只；抄两张——抄/两张。其他吴语也普遍如此。

第四节　方言历史演变的原因和方式

方言历史演变的原因有外部的和内部的两方面。促使方言演变的外部动力主要来自优势方言、标准语、移民和方言接触。

方言历史演变的宏观取向是劣势方言向优势方言靠拢。这包含三层意思：一是乡下方言向城里方言靠拢；二是地区方言向该地区的权威方言靠拢;三是方言向民族共同语靠拢。城乡方言的发展速度是不一致的,一般是城里的方言发展快些。乡下的方言朝着城里方言的发展方向向前发展。例如上海地区方言,缩气塞音 ʔb、ʔd 在城里只是残留在少数老派口语里,在郊县却是老派普遍的语音特征。而在郊县中年人中缩气塞音的字音分布和使用频率已趋低,新派则已不再使用,代之以与城里一模一样的 p、t。包括若干城市的某一地区的方言向该地区的权威方言靠拢,以粤语区和广州话最为典型,例如广西南部桂南粤语,俗称白话,跟广州的粤语有别,但近年来加速向广州话靠拢,如南宁白话和梧州白话皆如此。

上述劣势方言向优势方言靠拢,可以说是一种社会心理现象,这跟乡下总是追随城里的时髦风尚可以类比。下述现象则既是出于社会心理的要求,也是出于交际的需要,即来自同一大方言区不同地方的人互相交谈时,不用自己的家乡方言,而采用该地区的权威土语作为共同的交际语言。这也是检验权威土语的最有效的途径。例如吴语区的人相聚时有可能采用上海话交谈,但不可能采用苏州话交谈,这说明在当代吴语区上海话更有权威。海口市、韶关市和广西许多县城都通行广州话,这足以说明广州话在粤语区及邻近别的方言区的权威地位。这种地区性的共同交际语,自然会对该地区的方言演变产生影响。

在地区性的共同交际语之上,还有民族共同语或国家的标准语。民族共同语是各地方言历史演变的又一重要方向,最近几十年民族共同语对方言演变的影响越来越大,尤其是在词汇和新派音系这两方面。第一章曾述及,这里再举一例。"街、解、介、界"四字老派四川话读 kai⁵⁵,新派读 tɕie⁵⁵;"研"字老派读 ȵien⁵⁵,新派读 ien⁵⁵;"仰"字老派读 ȵiaŋ⁵¹,新派读 iaŋ⁵¹。很明显新派的字音向普通话靠拢,即"见母"腭化,"疑母"变读零声母。

在古代社会里,方言中的文读音的产生和演变都是离不开民族共同语的。方言中的文读音是隋唐时代盛行科举制度后产生的。文读音的发展变化也受到标准语的制约。如闽语建瓯话的文读音,对照《建州八音》和现代老派读音,可知乾隆时和民国时读音有别。清末民初新学兴起,今老派的读音显然是受标准语的影响形成的。见表5.2。

表 5.2　福建建瓯话文读音的新旧两大层次表

字　　　　读法	唇	罢	远	旬
原读	œyŋ²¹	pai⁴⁴	xiŋ⁴⁴	tsœyŋ²¹
后读	sœyŋ²¹	pa⁴⁴	yiŋ²¹	sœyŋ²¹

(详见潘渭水《建瓯方言中的异读字例释》,1989 年汉语方言学会年会论文)

　　方言历史演变的现象有一部分是可以用上述的外部原因来解释的,另一部分却难以用外部原因解释,只能认为是内部原因促使方言演变。至于原因何在,为什么旧的形式要让位给新的形式,至今还没有令人满意的解释。丹麦语言学家叶斯丕森(Jespersen)认为语音演变是语音模仿误差逐渐累积的结果。这好像锯木头,以已锯好的木头作为长短的标准来量度第二段木头,又以第二次锯好的木头为标准锯第三段木头,每一次都会有误差。语音的演变过程就好像锯木头一样,是渐变的。霍凯特(Hocket)曾提供一幅按统计数字分布的语音演变图,实际上也持语音渐变论。

　　王士元的"词汇扩散理论"认为语音是突变的,一个语音从某种形式变为另一种形式,是突然转变的,并没有连系两头的许多中间形式。但是词汇却是渐变的,即在语音上同类的词汇采用新的语音形式是逐步的缓慢的,有的先采用,有的后采用。这个理论只是说明语音演变的方式和过程,并没有指出语音为什么会演变。不过,既然认为语音突变和词汇渐变是互为因果的,那么,这个理论实际上还是否定了叶斯丕森有关语音演变原因的"模仿误差累积说"(这是笔者给它起的名称)。

　　现在暂且撇开语音演变的内在原因,先来看看语音演变的方式。语音演变的方式应该有突变和渐变两种。突变的一类是发音上很难有渐变过程的语音,例如 m→b;b→v;t→ts;k→t 等。渐变的一类是发音上允许有渐变过程的语音,例如 ts→tɕ;n→ȵ→ŋ;u→ʋ→v;ʔb→p;e→ɛ 等。笔者在吴方言的实地调查中常发现这些语音渐变的实例。例如上海南部郊县老派分尖团,尖音读 tɕ、tɕʰ、ɕ,团音的舌位靠得很后,常是 c、cʰ、ç,例如:精 tɕiŋ¹≠经 ciəŋ¹;秋 tɕʰiɤ¹≠cʰiɤ¹;箱 ɕiɛ̃¹≠香 ciɛ̃¹。中年人逐渐不分尖团,即将老派的团音舌位逐渐移前。移前的程度因人而异。当舌位正在移前的过程之中,尚未稳定,比字的时候常常难以判定是否已不分尖团,或者有的字分尖团,有的字未分,有的字难以判定。也许可以用听觉和发音模仿误差,来解释这一类渐变的语音形成的原因。

根据词汇扩散理论,新的语音形式在词汇中的传播是逐渐扩散的,即有的词汇先用新形式,有的后用,有的则新旧两种语音形式并存。见表 5.3(采自王士元《语言变化的词汇透视》,译文载《语言研究》1982 年第 2 期)。

表 5.3 　"词汇扩散"表

词 ＼ 阶段	u	v	c
w_1			$\overline{w}_1$
w_2		$w_2 \sim \overline{w}_2$	
w_3		$w_3 \sim \overline{w}_3$	
w_4	w_4		
w_5	w_5		

表中 w＝词,u＝未变,v＝共时变异,c＝已变,$\overline{w}$＝语音已变的词。

笔者虽然认为语音演变有突变和渐变的两类,与"词汇扩散理论"有所不同,但是仍认为"语音演变的词扩散说"是可信的。此说对于突变或渐变的语音都是适用的。现在举例说明,温州方言中古戈鱼虞模诸韵读音从 u 韵变为 øy 韵的词扩散见表 5.4。

表 5.4 所收字以《方言调查字表》为依据,字表中以下几类字不收:一是温州口语不用的字,如跛;二是已读入他韵的字,如"募"读 o 韵,"梳"读 ι 韵;三是一字两调的只收一次,如"磨"作动词解读阳平或去声,作名词解只能读去声。不论文白读,只看实际读音,即读 u 的算未变,读 øy 的算已变。如"素"字文读是 su^5,白读是 $søy^5$,即列入"共时变异"栏。

表 5.4 可以说是表 5.3 的一个实例。øy 正处于词扩散的过程中。从赵元任《现代吴语的研究》(1928 年)中的温州话材料来看,戈韵帮组当时还读 u 韵的,现在已有 6 个字读 øy 韵了。

表 5.4　温州话里戈鱼虞模四韵词汇扩散表

韵母	声母	未变 u	共时变异 u/øy	已变 øy
戈	帮组	波菠坡玻		婆魔磨破
	来母	螺脶啰裸		
鱼	来母			庐驴吕旅滤
	庄组	初锄蔬阻 楚础助疏		
虞	非组	肤敷俘扶 无诬脯斧抚 辅武舞侮鹉	巫讣	夫符芙府 父腐付赋傅 赴附务雾
	庄组	数		
模	帮组	菩普浦部簿		补谱布佈怖 铺步埠
	端组		徒	都屠途涂图 堵赌肚土吐 杜妒兔度渡 镀
	泥组	奴努鲁橹怒		卢炉芦鸬虏 卤路露鹭
	精组	组做	素	租粗苏酥祖 醋诉塑
百分比		38.7%	3.6%	57.7%

　　音变的词扩散现象表明，有的词先变，有的词后变。现在要问：哪些词会先变？哪些词后变？有没有规律可循？有一种意见认为词的出现频率越高，变化越早。从表 5.4 中的实例来看，频率并不是决定因素。例如模韵"做、组、簿、部"等字口语使用率是相当高的，但是仍未变 u 韵，而"赴、赋"两字口语几乎不用，只是读书报时才会用到，却已变读 øy 韵。模韵的"屠、镀、谱"等字也是使用频率很低的字，但是已经变为 øy 韵了。

　　从这个实例来看，对音变在词中扩散的先后，至少有两个制约因素。一是同音词容易一起变，即同音词中有一个变了，其他词不管是否常用,容易跟着变。如"诉"字变了,"塑"字也跟着变;"卢"字变了,"炉芦鸬"也跟着变。二是同声符的字容易一起变或不变,如"奴努怒"皆不变;"魔磨"皆变;"土肚吐"皆变。这是字形对词扩散的影响。在别的一些例子里还可以看出另一个制约因素,即发音机制作用。例如上海郊区金山县缩气塞音 ʔb、ʔd 变为 p、t 也处于词扩散的过程中。从词扩散的趋势来看,除阻时口腔共鸣器的空间越小的字音越早变成读 p、t 声母。如果从字音的韵母来看,即依次是 i＞u＞e＞o＞ɔ,即含 i 韵母的字音先变读 p、t 声母,含 ɔ 韵母的最后变。这跟 ʔb、ʔd 的发音机制有关,除阻时口腔共鸣器越大的字音越容易缩气(详见拙著《老派金山方言中的缩气塞音》,载《中国语文》1984年第 5 期)。

　　一个新的音变现象总是先在一群人中产生,先在某些词中立足。它能不能扩散到别的人群,以至整个方言社团? 能不能继续扩散到别的词,以至所有同类词? 其中的决定因素是什么? 这是些有待研究的问题。目前能够观察到的因素有两个。一是这个新的音变是否符合优势方言或民族共同语的发展方向,如果答案是肯定的,那么它会迅速扩散,如上述上海郊区的 ʔb、ʔd 变 p、t 即是如此。二是这个新的音变现象能不能在社会心理上被当作新的时髦,如果答案是肯定的,那么它也会迅速扩散。例如,据沈炯《北京话合口呼零声母的语音分析》一文(载《中国语文》1987 年第 5 期)提供的资料,北京话中"外、碗"一类合口呼字的声母有 w(汉语拼音字母)开头和 v 开头两种读法。v 型是一种后起的音变现象。对社会各阶层的调查结果表明:女性读 v 型的比例总数高于男性;不管是男性或女性,都是青年的比例数高于中老年。见表 5.5。女性和青年更倾向于追求时髦的社会风尚,这个新的音变已经被当作时髦来追求,所以女性和青年的比例数较男性和中老年为高。北京话中另一类似的音变现象是所谓"劈柴派"读音,即团音的尖音化,已成为知识女青年追求的目标。对这两个音变现象的最初记录是在 20 世纪 30年代,它们后来的长足发展,都可以从社会心理的角度去解释的。值得注意的是,这两个新的音变现象至今仍是不符合普通话的规范的,但是并不因为不规范而停止发展。

表 5.5　北京话零声母合口呼读音年龄和性别分层调查结果表

性别 ＼ 年龄层	老　年	中　年	青　年
男性	43.29	44.91	83.65
女性	39.39	70.40	81.48

第五节　历史音变规律及其例外

　　一个方言中的任何一种语音的历史演变都是有规律的，不是杂乱无章的。其中的规律可以通过古今语音系统的比较来发现。例如中古豪韵今北京话读 au；中古平声清音字今北京话读 55 调，这就是两条历史音变规律。

　　新语法学派主张"语音演变的规律没有例外"（Phonetic laws have no exceptions）。"词汇扩散说"则认为语音演变有例外是很正常的常见的现象，这个论断针对新语法学派而言是非常正确的。不过"词汇扩散说"的所谓例外也可以说是成规律的。不同的只是从"词汇扩散说"的立场来看，一条语音演变的规律不会在所有有关词中一次性实现，有的词先按规律变，有的词则后变。如果说先变的词符合规律，那么就视后变的词为例外，或者反之。其实这两种情况都是有规律可循的。

　　本节所谓"例外"是指上述两种情形之外的"例外"。"例外"是指个别字音没有按照一般的语音演变规律变化。造成例外的原因可以分为方言内部原因和外部原因两大类。内部原因又可以分为回避忌讳字音、感染作用和古音孑遗三小类；外部原因又可分为字音来历、方言借用和误读三小类。一共是六小类。以下试分类举例说明之。

　　第一，回避忌讳字音。因民间忌讳心理的关系，而改变某些字的读音，改音的结果造成例外。各地民间的忌讳心理不甚相同，各地方言的语音和词汇系统也不同，所以在不同的方言里改音的字不一定相同。改音有两种改法：一是改忌讳字的音；二是改与忌讳字同音的字的读音。第一种改法如"蛇"字，在济南话中按音变规律应读作 ʂɤ²，麻韵开口三等（章组）字今济南音皆读 ɤ 韵，但"蛇"字的实际读音是 ʂa²。这个音节只用于"蛇"字,这样就可以与别的本来同音的字回避开,如舌 ʂə^2。也与原来同韵的字分开。表5.6是开口三等麻韵章组字今济南话的读音。第二种改法如"操"字在《广韵》中有平声豪韵七刀切和去声号韵七到切两读。今北京音将操字去声一读,即 tsʰau^5 只用于一个粗俗的词,在别的词,如"操劳、操演、体操"中皆读阴平。又,"糙"字见于《广韵》去声号韵七到切:"米杂谷"。按音变规律今音应读作去声 tsʰau^5,但因回避与"操"的去声一读同音,故改读平声 tsʰau^1,如糙米 $\text{tsʰau}^1\text{mi}^3$。

表5.6　济南话"蛇"字读音例外表

声母 ＼ 韵母	麻	马	祃
章	遮 tʂə^1	者 tʂɛə^3	蔗 tʂə^5
昌	车 tʂʰə^1	扯 tʂʰə^3	
船	蛇 ʂa^2		射 ʂə^5
书	奢赊 ʂə^1	舍 ʂə^3	赦舍 ʂə^5
禅	佘 ʂə^1		社 ʂə^5

第二,感染作用。语法上同属一小类的用法相近的字,有时读音互相感染,取得某种一致性,从而造成某些字音读音的例外。至今所观察到的感染作用仅见于代词类,例如客话人称代词:偓(我)、你、佢(他)。"偓"是方言字,字音来历不明;"你"字中古音属阳上调;"佢"(渠)中古音属阳平调。古阳上调和阳平调在今梅县客话中调值不同,前者是31,后者是21。但是"偓、你、佢"三字在今梅县话中调值却相同,都是12调。"你"变读12调是受"佢"感染的结果,因而造成例外。五华客话的情况也类似。见表5.7。

表5.7　客家话人称代词读音感染表

方言 ＼ 人称	偓	你	佢
梅　县	ŋai^{12}	ni^{12}	ki^{12}
五　华	ŋai^{34}	ni^{34}	ki^{34}

　　第三,古音孑遗。有些口语词汇的读音,一直保留较古的读法,并没有跟着同类字音的演变而演变。从同类字音的今音来看,这些个别的古读似乎是例外。例如北宋时温州曾推广一年两季的"占城"新稻种。这种稻种源出古越南的"占城",故以地名称之。自北宋以来温州一直沿种这一品种。光绪《永嘉县志》载:"占城种出占城国,俗名金城,九月熟。"占城种至今仍是温州稻谷的主要品种之一,但是稻种的名称却叫"金城",不叫"占城"。"占"字中古音属开口三等艳韵章母,今温州音读 tɕi⁵,凡盐韵字韵尾皆已失落,韵母演变为 i;"金"字中古音属开口三等侵韵见母,今读 tɕaŋ¹。"占"字的今音与古音相差已很远,倒是"金"字今音较接近"占"字的古音,这是"占"字古音在口语中相承至今的孑遗。这样,"占城"的"占"读作 tɕaŋ¹(写作"金"),就成了音变的例外。

　　第四,字音来历的历史层次不同。南方方言中的有些词汇是在不同的历史时期从北方输入的,输入这些新词的时候有可能连带输入当时北方的字音。方言的历史音变规律是将今音跟切韵音系相比较之后得出的结果,但是有些字的字音是晚近才从北方输入的。同一个字在北方方言中,在不同的历史时期有可能不同。所以这些后输入的词可能不合音变规律。例如"饺子"的"饺"本字是"角"。《正字通》释"饺"字说:"今俗饺饵,屑米面和饴为之,干湿大小不一。水饺饵即段成式食品汤中牢丸,或谓之粉角。北人读角如娇,因呼饺饵,讹为饺儿。""角"字中古属觉韵,是入声字,但至明代"北人"已读如平声的"娇"。按吴语音变规律此字今音亦应读入声。但是今吴语普遍将"饺子"的"饺"(本"角"字)读作宵韵,如上海音:tɕiɔ⁵³。可见此物系北方"入派三声"之后才传至吴语区,字音借自北方口语,故不合音变规律。

　　第五,方言借用。语音演变的规律是只适用于一种方言语音内部的。如果某个字音是从别种方言借入的,那么就有可能成为例外。例如"车"字中古属麻韵开口三等昌母,按温州话音变规律,麻韵开口三等字(除见组外)今韵皆读 ei,如遮 tsei⁴⁴、写 sei³⁴、社 zei²³ 等。"车"字在"车栾、风车、猗车儿(一种供小儿站立玩耍的小车子)"中读 tsʰei⁴⁴,这是符合音变规律的,但是"汽车、黄包车、裁缝车、脚踏车"中的"车"字,却读 tsʰo⁴⁴。这些现代诞生的新事物是从上海输入的,它们把"车"字

的上海音 ts^ho^{53} 也带进温州话,从而造成此字韵母读音的例外。又如"卸"字中古属开口三等祃韵心母,如按音变规律,今温州话读 sei^5(开口三等麻韵除见组外今韵皆读 ei),但在"装卸"和"卸货"中"卸"字今音却读 ca^5,不合音变规律。这两个词及"卸"字的例外音是近代从上海口语输入的。上海话开口三等麻韵(精组)读 ia 韵,如写 cia^5、借 $tcia^5$。

第六,误读。误读的最重要的原因是字形影响。字形相近或相同的字,容易相混淆而误读。误读一旦定型,并广为流行,就形成例外。"字形相同"造成误读是指一字多音误为一字一音,或者字形本来不同,读音也不同,但写成简化字,字形相同,也将读音误为相同。例如,"复"字繁体本来有多种字形,两种读音,如在"复杂"中的"复"字繁体作"複",来源于中古屋韵合口三等非母,《广韵》:"複,重衣,方六切。""复活"的"复"繁体作"復",来源于中古合口三等屋韵奉母,《广韵》:"復,返也重也,房六切。"这两个"复",本来读音不同,但今吴语新派已将两音皆读如"方六切",如上海音 $fo?^5$。"字形相近"造成误读大多是字的偏旁相同所致。例如潮阳方言中的误读例:"玫"字中古属明母灰韵莫杯切,因受偏旁"文"的影响,今读如微母文韵无分切,即与"文"字同音 bun^2;"燥"字中古属上声心母苏到切,因字形与"操"相近,今读如去声清母七到切,即与"操"字同音 ts^hau^5。

以上分析了造成语音规律例外的 6 种原因,其中一、二、五、六项李荣《语音演变的例外》(载《中国语文》1965 年第 2 期)曾述及。第一项"回避忌讳字音",本是词汇层面的问题;第二项"感染作用",本是语法层面的问题;第六项"误读",本是文字层面的问题。可见语音演变不仅跟语音层面相关,而且跟词汇、语法、文字牵涉。就语音层面来说,又有不同语音系统互相借用问题。就是在同一种方言的语音系统内部还有字音来历的问题。这种种复杂的因素交织在一起,不时地干扰语音演变的过程,所以语音规律就难免有例外了。如果有一种方言,它的语音演变过程可以排除所有这些干扰,那么"语音规律没有例外"这个论断也许可以成立。但是事实上恐怕没有一种方言是绝对纯净的。

第六章 方 言 接 触

　　人们对方言的分歧比较敏感,有关的记载也不绝于史,如"五方之民,言语不通,嗜欲不同"(《礼记》)、"古今言殊,四方谈异"(《论衡》)、"南染吴越,北杂夷夏"(《颜氏家训·音辞篇》)等。但是对于方言的接触和融合就较难观察和发现了。方言学史上也是对方言的分歧研究较早较多,对方言接触的专门研究则是较晚近的事。虽然从汉代以来的经籍注疏类著作中,可以看出方言变通语或甲方言变乙方言的事实,但是它们毕竟还不是专著。

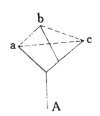

图 15 方言的分化和融合关系示意图

　　历史语言学上惯用谱系树图来说明同源语言的互相关系。实际上谱系树只能反映语言的分化,语言的融合也许可以用网状图来示意。方言的分化和融合与语言的分化和融合大同小异。不同方言的互相接触引起互相影响和渗透,从而使它们互相融合。分化的过程和融合的过程是同时发展,并行不悖的。并不是先分化,后融合。并不是分化到一定的时候,分化的过程完全停止,再开始融合。只是在不同的历史时期,分化和融合有主次之分而已。所以谱系树图和网状图要互相结合起来,才能反映同源语言或方言历史发展的全貌。设有母语 A,后来分化成 a、b、c 三种方言,它们的互相关系可以用上图来示意。图中实线表示分化,虚线表示接触和融合。

　　方言接触(dialect contact)是指不同的方言互相接触、影响、渗透。方言接触的原因可以分为两大类:一是移民因素,即说甲方言的居民移居乙方言区,造成甲乙两种方言的接触;二是非移民的社会文化原因,例如乙方言区输入甲方言区的新事物、新名词,优势方言对劣势方言的影响,等等。

方言接触的表现或结果是方言的借用、萎缩、转用、混杂、兼用等现象。

第一节　方言的借用

方言之间的互相借用与语言之间的互相借用主要差别是：方言间的借用更经常、更容易、更难觉察。语言之间的借用常常通过文字翻译的途径，方言间的借用则主要是由口头接触造成的。两者都会涉及语音、词汇和句法结构三个层面，不过方言间的借用在语音上有可能形成借用的系统，例如方言的文读音系统，这里是指纯粹的语音借用现象，不是指因借用词汇而形成语音系统，如布依语中汉语来源的借词读音自成系统。方言间的借用在词汇上则有借用"使用频率"的现象。方言间的借用都用于口语，语言间的借用成分有的仅见于书面语，如汉语中从英语借入的句法结构"人称代词带修饰语"，如"病中的她"，仅见于书面语。

现在分别讨论方言的语音、词汇和句法的借用现象。

1. 语音的借用

方言间的互相借用最值得注意的是文白异读现象，文白异读是汉语方言的特点。几乎各地方言都有文白异读现象，就各大方言来说，闽语的文白异读字最多，官话最少，各地吴语中的文白异读字大约在200 个左右。也有的地点方言大多数字都有文白异读现象，如浙江的金华、义乌、寿昌。寿昌人对外地人说话用文读音，白读音则用于本地人之间。大致方言中的白读音是本地音，文读音则是从外地借入的。很多方言的文读音跟北京音较接近，白读音则差别较大。如吴语中许多见母和溪母开口二等字，白读音读 k 声母，文读音读 tɕ 声母。如上海音：交 $\underline{kɔ^{53}}$ $\underline{tɕiɔ^{53}}$；敲 $\underline{k^hɔ^{53}}$ $\underline{tɕʰiɔ^{53}}$。北京话则相反，文读音是本地音，白读音是从外地借入的。如一些中古收 k 尾的入声字，在今北京音中白读音收 i 尾或 u 尾，文读音则是开尾韵。如落 $\underline{luo^{51}}$ $\underline{lau^{51}}$；薄 $\underline{po^{213}}$ $\underline{pau^{213}}$；角 $\underline{tɕyə^{213}}$ $\underline{tɕiau^{213}}$。文读音可能借自江苏和安徽官话，详见赵元任 *Interlingual and Interdialect Borrowing in Chinese*（载 *Aspects of Social Linguistics*，Stanford University Press，U. S. A.，1976）。

　　有些方言中的文读音自成系统,与白读音音系不同。如江苏丹阳方言,ya、o、iaŋ、yɑŋ、ŋ̩、yɑʔ 六个韵母只用于白读音,ieŋ、iæʔ 两个韵母只用于文读音。文读音的单字调只有平、上、去、入四个,白读音则多出两个,即阴入和阳去,古阳平、阳上、阴去同调,调值和文读音去声相同。

　　方言间语音的互相借用有成批字音借用和个别字音借用两类现象。成批字音的借用,除了上述的文白读外,多见于晚近各地新派方言借用北京音。例如新派四川官话将中古见母二等字白读音的声母腭化,读 tɕ-。例见第五章所引。个别字音的借用更为普遍。例如第五章所述温州话的"车"和"卸"借用上海音。

　　字音的借用常见的是借声母或韵母,或同时借声韵母,只借声调不借声母的情况较少见。可能是因为声调比声韵母稳定的缘故。

　　新的语音成分借入之后,一般都是加以改造,将其纳入本方言固有的语音系统,并不增加额外的音位。这跟语言间的互相借用一样,只有个别地点方言的文读音音位系统跟白读音不同。

　　2.词汇的借用

　　方言词汇的借用是十分普遍的经常发生的现象,古今皆然。在晋郭璞《方言注》里可以发现许多汉代以来方言词汇的借用现象。例如:

　　　　"晞,晒,干物也。扬、楚通语也。注:亦今北方通语耳。"
　　　　"簟,宋魏之间谓之笙。注:今江东通言笙。"
　　　　"贺,担也,关而西陇冀以往谓之贺。注:今江南语亦然。"
　　　　"箪,自关而西,秦晋之间,谓之箪。注:今江南亦名笼为箪。"

　　方言词汇借用的原因主要有三。第一,甲方言区所产生的新事物为乙方言区所无,例如 T 恤衫(源自英语 T-shirt),产生于广州,后引进上海,这个词也从粤语借入吴语。第二,劣势方言放弃原有的词,借用优势方言中对等的词,如吴语放弃"影戏"这个词,借用"电影"这个官话词。第三,甲方言里的词所表达的意思,在乙方言里没有对等的词,在这种情况下,乙方言容易借用甲方言的词,例如官话借用吴语词

"尴尬"。

方言词汇借用的方式有两种。一种是只借义不借音。这些词是可以用各地方言通用的汉字记录的,字音仍按原有的读音读,只是借用词汇意义而已。例如官话从吴语借入的"货色""名堂"两词。另一种是音义兼借。例如北方官话从西南官话借入的代动词"搞"。"搞"字不见于《广韵》,其本字应是"搅"。"搅"字中古音属开口二等巧韵见母,本来只有"搅拌"的意思,见于《广韵》巧韵古巧切:"手动。《说文》乱也。"北京官话今音读 tɕiau³,西南官话今音读 kau³。后来此字在西南官话里词义引申为"做、干(某事)",相当于"弄"。例如"搅好了,搅坏了,搅懂了"等。北方官话将这个字的引申义和读音一并从西南官话借入了,并且新造了一个形声字"搞"来记录这个借词,读作 kau³。

3. 句法的借用

因为句法结构比语音和词汇更稳定更保守,所以句法的借用不像语音和词汇那么容易。已经观察到的句法借用现象多是南方方言向官话借用。例如官话"你先走"。这个句子在温州话里有三种说法,即:

① 你走去先。
② 你先走去先。
③ 你先走。

第一种说法是原有的,副词"先"后置于动词,后两种说法是借用官话结构,"先"字可以前置于动词。第二个句子有两个"先",后边的"先"读轻音。第三个句子的词序跟官话完全一样。目前三种说法并存,第二种说法可能是第一种说法演变到第三种结构的过渡形式。再举一个类似的例子:"再吃一碗饭"这个官话句子在温州话里有三种表达法,即:

① 吃碗饭添。
② 再吃碗饭添。
③ 再吃碗饭。

在第一个句子里"添"字后置。第二个句子既用"添"字后置又用"再"字前置,是叠床架屋。"再"字前置是借用官话结构。第三个句子将后置的添字完全取消,其结构变得跟官话完全相同,可能是将来的发展方向。

从别的方言借入官话的句法结构较少见。有一种特殊的情况是以方言为母语的人说普通话或国语的时候,有可能借用方言的句法结构。如"有"字在闽语里可以前置于动词或动词短语,表示动作的完成。所以以闽语为母语的台湾居民所说的台湾通用语中出现下述句子:

① 昨天我有说你拿了钱吗?
② 我有叫你赔这笔钱吗?
③ 这锅饭有熟。
④ 我早上有在家里。

粤语区居民所说的普通话中也有借用粤语句法结构的实例,如"你知不知道他来了?"这是一个反复问句,其中的动词"知道"叠用,中间插入否定副词"不"。动词是一个双音节的复合词,第一次出现时只用了第一个音节。这是粤语句法的特点。这句话用北京话说,通常是"你知道不知道他来了?"其中第一个"知道"也是双音节的。

第二节   方言的萎缩和转用

方言的萎缩有两方面的涵义:某种方言在地理分布上的萎缩,与之相应的是另一种方言的扩张;某种方言在方言特征上的萎缩。

汉语的几大方言在形成之后,在地理分布上的萎缩,最为显著的是湘语和吴语,而在地理分布上的扩张,最为明显的是官话和闽语。

古湘语区大致相当于今湖南省全境。从南朝至唐代中期大量北方移民带来的方言在今常德地区扎根。两宋时期的300年间又因沅水中上游在行政地理上纳入湖北地区,北方方言遂扩展到整个沅水流域。明清时因江西移民的大量移殖,致使湘东狭长地带沦为赣语区。

吴语区则在两晋之交丧失了宁镇地区,为北方方言所侵占,在明末清初浙南的边境地带则沦为闽语区。在地理分布上呈扩张态势的官话和闽语,在历史上除了扩展到上述地盘外,官话在明清时代大规模地扩展到东北、西北和西南;闽语约在宋代扩展到潮汕地区,在明清时代扩张到台湾和海南岛。

方言特征的萎缩可以说是劣势方言的发展趋势。相对优势方言而言,所有劣势方言的方言特征都处于不断萎缩之中。

方言特征萎缩现象最典型最明显的是湘语。湘语特征的萎缩最重要的有两项:一是古全浊声母的衰颓;二是古入声的衰颓。全浊声母的衰颓,从字音分布和浊度两方面来考察,从强到弱可以分成四级:第一级是古全浊声母不管平仄都读浊音,而且浊度很强,属于这一级的地点方言只剩临湘、武冈、城步三县;第二级是虽然古全浊声母今音不管平仄都读浊音,但是浊度很弱,类似于吴语北部的清音浊流,可称为半浊音。属于这一级的只剩东安、洞口等七县;第三级是古全浊声母今音平声读浊音,仄声读清音;第四级是古全浊声母今音平声读半浊音,仄声读清音。逐级的衰颓现象显而易见。至于入声,多数地点方言已失去塞音尾,只是自成调类而已,即只是保留所谓"假入声"。少数地点则连调类也不再独立。竟没有一处跟多数吴语一样还保留喉塞尾ʔ的。其衰微的痕迹至为明显。

现在举一个句法特征衰颓的例子。吴语武义话的名词小称本来是用变韵的手段来表达的。例如:鞋 ɦia² → 小鞋 ɦiŋ²。"鞋"的韵母本是 ia,"鞋"变小称时,韵母相应变为 iŋ。这种表达的手段已经萎缩,只是残留在一批老资格的小称名词里头,不再构成新的小称名词。目前普遍使用变调手段表示小称。如:书 ɕy¹ → 小书 ɕyʔ⁷。表示小称时将阴平调变为阴入调;或者借用官话的词汇表达法,即用"小"前置于名词。

方言特征的萎缩如果是因不断借用乙方言引起的,那么在萎缩的同时就会不断增加乙方言的特征。极端消长的结果,就会造成方言的转用,即原来说甲方言的人群,改说乙方言或跟乙方言相似的方言。因方言萎缩而造成方言转用,其过程是非常缓慢的,绝不是一两代人可以完成的。最典型的例子是长沙一带的所谓新湘语。传统的方言分类法把湘语分为新湘语和老湘语两类。这种分类法是从历史来源的角度出发的,并不考虑现代方言的共时异同。实际上从共时的平面来看,新湘语更接近西南官话,两者通话没有困难,而与老湘语差异较大,两者通话很困难。可以认为长沙一带的方言由于长期受官话的影响和侵蚀,湘语特征极端萎缩,到现代已变成西南官话的次方言。现在拿长沙话跟汉口话(西南官话)、双峰话或城步话(皆老湘语)分别举例比较三者的语音和词汇。

语音的举例比较(比韵母开合),见表 6.1。表 6.1 共列出 7 个例字(字音据《汉语方音字汇》),从中可以看出在韵母开合方面长沙和汉口接近,相同的有四项,长沙和双峰没有一项是相同的。从这些例字也可以看出在声母方面也是长沙和汉口比较接近。事实上双峰有全浊声母: b、d、dz、dʑ、g,长沙和汉口都没有此类声母。

表 6.1　长沙、汉口、双峰韵母开合比较表

类　别	例　字	长　沙	汉　口	双　峰
端系一等合口	对	tei^5	tei^5	tue^5
精组三四等合口	旬	sən^2	ɕyn^2	dzuən^2
知系合口	船	tɕye^2	tɕʰuan^2	duĩ^2
庄组阳韵开口	床	tɕʰyan^2	tsʰuaŋ^2	dzaŋ^2
见系一等果韵合口	果	ko^3	ko^3	ku^3
见系一二等合口	光	kuan^1	kuaŋ^1	kaŋ^1
见系三四等合口	决	tɕye^7	tɕye^2	tue^2

表 6.2 是若干常用词汇比较。表上列出封闭类词:代词(三地相同的不列)、结构助词、否定助词。并选列了两个可以用于区别方言的典型的动词。词汇材料据赵元任等《湖北方言调查报告》和杨时逢等的《湖南方言调查报告》。表中词汇除"这个、那个"以外,长沙和汉口完全相同,而长沙和城步的所有词汇都不同。妨碍通话的主要因素是词汇,所以新湘语与老湘语不能通话,而与西南官话通话无困难。实际上在词汇,甚至在语音系统上老湘语与吴语更接近,而与新湘语较疏远。

表6.2 长沙、汉口、城步若干常用词汇比较表

词	长沙	汉口	城步
我们	我们	我们	我里
他	他	他	渠
这个	kei⁵ 个	这个	个项
那个	kə 个	那个	ȵi⁵ 项
谁	哪个	哪一个	tɕia³ 个
的	的	的	个[kə⁷]
不	不	不	冒
说	说	说	讲
站	站	站	企

除了上述方言特征的极端萎缩之外，方言转用的原因也可能出于方言的兼用，即双言现象不能长久维持，详见第四节。

第三节 方言的杂交

方言长期互相接触和借用的另一个结果是方言的杂交，形成混杂型方言。"混杂型方言"这个概念相当于混杂语或称为克里奥尔语（Creole），只是层次不同，后者是指不同语言的混杂。混杂型方言的特点有四：一是它已经定型，自有明显的区别于他种方言的特征；二是它不是临时性的，在其使用地点或地区，它是当地居民世代相传的母语；三是可以分辨出它所包含的不同方言的成分或层次；四是在给方言分类或分区时，混杂型方言的归属往往成为有争议的问题。

在下列三类地方有可能产生混杂型方言：人口由各地移民组成的大城市；两个或多个方言区交界地带；广义的方言岛。现在分类举例说明混杂型方言的混杂现象及其特点。

人口由各地移民组成的大城市以上海最为典型。据上海的人口统计，1934年原籍外地的居民占75%；1950年原籍外地的居民占

85%。这些移民的原籍方言主要是苏南和浙北的吴语。这两地的吴语与本地人的吴语相交融,形成了混杂型的上海方言。这三地方言皆属吴语太湖片,所以上海话即是吴语太湖片内部的混杂方言。因而对太湖片居民来说容易听懂,也容易学会。第三章曾从移民史的角度讨论上海话的混杂性质,并曾举句法方面的例子,现在选择几个字,列成表 6.3,用以说明语音的混杂性质。此表将一百年来的上海话分为三个历史时期(据胡明扬《上海话一百年来的若干变化》,载《中国语文》1978 年第 3 期):第一期为 19 世纪后半期至 20 世纪 20 年代以前;第二期为 20 世纪 20 年代至 50 年代以前;第三期为 20 世纪五六十年代。上海人口至第三期已趋于稳定,不再有大批移民迁入,上海方言也在第三期趋于稳定。表上所列地点方言除上海市区外,还有松江、苏州、宁波。上海旧属松江府。旧松江府的方言是上海话的底子。本表以苏州话代表苏南吴语,以宁波话代表浙北吴语。比较此三地吴语与第一期至第三期的上海话的异同,可以看出上海话在发展过程中所吸收的浙北和苏南吴语成分。用以比较的项目共有 6 项。第 1、2 项是声母:其中第 1 项是比从母等今读 ʣ 或 z;第 2 项是比尖团音的分混。余 4 项是韵母:其中第 3 项比咍韵与覃谈两韵的分混;第 4 项是比桓韵见母的今音;第 5 项是比先韵(合口四等)今音;第 6 项是比桓韵(帮组)今音。备考一栏注出各项在第三期上海话的发展是受苏南或浙北吴语影响。

表 6.3　现代上海话声母和韵母中的苏南和浙北吴语成分

序	例字	上海			松江	苏州	宁波	备考
		一	二	三				
1	从	ʣ	z	z	z	z	ʣ	苏南
2	千、牵	≠	≠	=	≠	≠	=	浙北
3	来、兰	≠	=	=	≠	=	≠	苏南
4	官	uē	ue	uø	ue	uø	ũ	苏南
5	县	yø̃	yø	y	iø	yø	y	浙北
6	半	ē	e	ø	e	ø	ũ	苏南

闽西北的邵武话是一种包含闽语和客赣方言成分的混杂型方言。今邵武居民的先民十之八九是从江西迁去的。移民大部分来自宋代，又以南宋初年比北宋多。江西人带来的客赣方言和当地土著的闽语杂交形成独特的邵武话。拿今天的邵武话与江西的南城（古抚州建昌）话和闽北建瓯话比较，可以分辨出其中的客赣方言成分和闽语成分。如邵武和南城古全浊声母今音不论平仄皆读送气清音，这是客赣方言的特征。例如"坐、蚕、贼"三字邵武读：t^hoi^3、t^hon^2、$t^hə^7$；南城读：$t^hɔ^6$、t^han^2、t^he^7。但是邵武和建瓯古来母读 s，这又是闽语的特征。见表 6.4。

表 6.4　福建邵武和建瓯来母的闽语特征

方言 ＼ 词	卵	露	螺	李	鳞
邵武	son^3	so^5	$suei^7$	$sə^5$	$sæn^5$
建瓯	$soŋ^6$	su^6	$sɔ^5$	se^6	$sain^5$

平阳蛮话分布于浙南的鳌江南岸（原属平阳县，今属苍南县，1981年从平阳县析置苍南县）。据《平阳县志》，蛮话是土著方言，使用人口20多万。平阳蛮话的特点是兼有吴语和闽语的特征。其主要的吴语特征是：古全浊声母今读浊音；入声韵尾只有一个喉塞音；鼻韵尾只有一套，即-ŋ。其主要的闽语特征是部分古舌上音知彻澄三母字读如舌头音，如猪 ty^1、虫 $doŋ^2$；有许多词汇与吴语不同而与闽语相同。

据易家乐的研究（见 S. Egerod《南雄方言记略》，刊《方言》1983 年第 2 期），粤北南雄县城关镇的南雄方言白读音接近闽语，文读音接近湘语。在语音上兼有闽语、湘语、粤语和赣客方言的特点。南雄邻近粤闽湘赣客五大方言区，多种方言在历史上的不断接触，造成今南雄方言的混杂性质，这是不难理解的。

方言岛上的方言往往兼有岛内和岛外方言的特征，而具有混杂方言的性质，如杭州话、南平话、麻话等，第三章已述及。

还有些混杂方言的来历尚未深入研究和了解。例如湘西北的瓦乡话，地处湘语和西南官话的包围中，但是跟这两种方言难以联系。从它的语音系统来看，有明显的混杂性质，详见王辅世《湖南泸溪瓦乡话语音》(载《语言研究》1982 年第 1 期)。又如伶话,这是广西龙胜县北区太平塘村使用的一种汉语方言。当地伶话使用人口有两百多人。此外,在龙胜东区有苗族一万余人,他们所使用的方言跟伶话基本相同。现在的伶话是一种混杂方言,以本族原有方言为主,夹杂一些其他方言的成分。伶话的特点是同一中古声母或同一中古韵母往往有两种读法。如非奉微三母在口语常用词中读重唇音,在书面语和新词中读轻唇音。豪韵有 u 和 ɔ 两种读法,如毛 mu²²、帽 mɔ⁴⁴。详见王辅世《广西龙胜伶话记略》(载《方言》1979 年第 2—3 期)。这两种方言的混杂性质虽然能确定,但是是由哪些方言混杂而成却难以确定。

　　方言或书面语中的"合璧词"是方言杂交在词汇上的反映。"合璧词"是笔者提出的一个概念和术语,指一个双音节合成词的两个语素分别来自不同的语言或方言。这里是指来自不同方言的语素组成一个同义复合的合成词。这样的合成词在方言和书面语中都有。"合璧"是汉语词汇从单音节向双音节发展的原因之一。现在挑选一些合璧词列成表 6.5。表中列出 8 个词在各地的不同说法,词汇材料取自《汉语方言词汇》(1964 年,文字改革出版社),个别词汇有所修正。下面举表中 3 个词为例,略为说明。"剪刀"北京、长沙等地称为"剪子"或"剪刀",厦门和福州称"铰刀"。温州和广州的"铰剪"是"铰"和"剪"的同义合璧。"翅膀"是北京、长沙等地的说法,梅县、广州、厦门、福州称"翼",温州的"翼膀"是"翼"和"膀"的同义合璧;"咳嗽"温州、厦门、福州称为"嗽",广州称"咳",官话的"咳嗽"是个合璧词。这类合璧词还有池塘、绳索、坟墓、宽阔、寻找、光亮、传递、潮湿、饥饿、玩耍、关闭、哄骗等。这些词在书面语中都是双音节的,或者可以是双音节的,但是它们在许多方言口语中是单音节的,只用其中一个语素。

表 6.5　汉语方言里的合璧词举例

方言	池塘	绳索	剪刀	坟墓	宽阔	翅膀	咳嗽	寻找
北京	池子	绳子	剪子	坟	宽	翅膀儿	咳嗽	找
成都	池塘	绳子 索子	剪刀	～	～	～	～	～

方言	池塘	绳索	剪刀	坟墓	宽阔	翅膀	咳嗽	寻找
合肥	塘	绳	剪子	～	～	膀子	～	～
西安	池塘	绳子	～	～	～	翅膀儿	～	～
苏州	池塘	～	剪刀	～	阔	～	～	寻
温州	池	绳索	铰剪	～	～	翼膀	嗽	～
长沙	池塘	绳子	剪刀	～	宽	翅膀	咳嗽	～
南昌	～	～	～	～	～	～	～	～
梅县	～	索	～	地	阔	翼	～	～
广州	塘	绳	铰剪	坟墓	宽	～	咳	揾
厦门	池塘	索子	铰刀 剪刀	墓 风水	阔	～	嗽	揣
福州	池	～	铰刀	墓	～	～	～	讨

（～表示同上）

第四节　方言的兼用

方言的兼用即一般所谓"双言现象"（diglot），指同一个社会里的居民在日常生活中，在不同的场合口头使用两种或多种不同的方言。这些能够熟练地兼用两种或多种方言的居民，称为方言兼用人或双言人（diglot）。广义的"双言现象"也包括兼用方言和标准语。狭义的双言现象不包括标准语。这里只讨论后者。

双言现象的形成有一个前提，即两种（或多种）方言相互的差别较为明显，以至影响通话。如果差别甚小，在交际上就没有必要使用双言，双言现象不能长久维持，其结果是方言的同化或融合。例如宁波人在上海说宁波话可以通行无阻，就不必采用双言制，或者改说带宁波腔的上海话，到了第二代就可能被上海话同化。在上海的双言现象只存在于差别较大的方言之间，例如上海话/粤语、上海话/官话、上海话/温州话。

在下述四种环境中,才有可能产生双言现象。

第一,杂居双言制。母语不同的居民杂居在同一个地方。例如福建的龙岩、南靖、平和、诏安的西部有一个长条地带是福佬人和客家人杂居的地方,当地居民兼用闽南话和客家话。永泰、福清南部、惠安北部的沿边地区居民既说本地话(闽东话和闽西话),又说莆仙话。

第二,城市双言制。城市中来自别的方言区的居民及其后裔往往兼用母语和这个城市的方言。例如上海人在北京,广东人在上海等。

第三,边界双言制。一个地区的居民内部互相交际时使用本地方言,当跟邻接的方言区的居民交际时,则使用外地人的方言。在这种情况下,本地话往往是劣势方言,外地话往往是优势方言。例如浙南的丽水人内部交际时用丽水话,跟温州人交谈可以用温州话,这种关系不能逆转。再如湘南的嘉禾、蓝山、临武、宁远、宜章、桂阳、新田、道县、江华、江永等县居民兼用两种方言,本地人日常交谈用本地土话,跟外地人交际或读书时则用一种接近郴州话的西南官话。湘南各地的土话差别颇大,各地居民互相交际也用这种西南官话。

第四,方言岛双言制。方言岛在产生的初期一般使用单一的方言,久而久之,可能也使用岛外的方言。例如浙江慈溪的闽语方言岛,双言现象是很普遍的,目前的情况是"街面"上使用吴语,闽语只是在家庭内部使用。

双言人获得双言的环境并不完全一样,大别之有两种不同的情况。一是从小生长在双言社团或环境中的双言人,他们是在语言学习的最佳年龄习得双言的。他们对双方言的熟悉程度几乎是相等的。二是双言人长大以后因交际的需要,如迁入别的方言区或出于跟邻接的方言区居民交往的需要,才学会第二方言的。从理论上说,双言人应该可以同等熟练地使用两种或多种方言。但是事实上,上述第二种双言人使用母语和第二种方言的熟练程度,显然是有差别的。第二种双言人使用第二种方言是被动的。他的"内部语言",如沉思默想、心算、默读的时候所用的语言,是他首先习得的方言,即他的母语。第一种双言人使用双言则是完全自由的。在人数上第二种双言人可能大大超过第一种双言人。

双言现象一旦在一个社会中形成之后,其发展趋势如何?会长期维持双言制或变为单方言制？在杂居双言制的环境中，如果两种方言势均力敌，并无优势和劣势之分，那么双言制可能长久维持。如浙南的苍南县吴语和闽语的双言制。如果两种方言有优势和劣势之分，那么以劣势方言为母语的居民经过若干代之后，可能放弃母语，即放弃双言，而转用单一的当地优势方言。例如苏南的溧水县太平天国战争后曾有河南移民移居，他们既说家乡的河南话，也会说当地的吴语，双言制已维持一百多年。但是由于在人数、经济和文化上长期处于劣势地位，到今天新一代几近放弃母语，老一代的河南话也因借用许多吴语成分，而变得不纯粹。在城市双言制的环境下，移民的双言现象一般都难以长久维持。因为移民的母语对于这个城市的方言来说，往往处于劣势，除非移民在人口上占多数。如 20 世纪四五十年代移居香港的上海人，他们的第二或第三代所说的上海话已经支离破碎了，但是粤语却说得很流利。在边界双言制的环境下，双言现象一般可以长久维持。

第七章 方 言 比 较

方言的比较研究可以包括五方面：某一种方言内部的比较；不同方言之间的比较；方言和民族共同语的比较；某一种方言的现状和历史的比较；方言和古代汉语的比较。其中第一项又包括同一种方言内部的新派和老派之间的比较；不同阶层或场合的方言的比较；一个音系内部的字音比较；个人方言的比较等。前三项比较是共时的比较，后两项比较是历时的比较。本章着重讨论方言比较研究的某些方法及应注意的问题，方言比较与方言学研究的关系及其对方言历史研究的意义等。

第一节 方言的共时比较

本节主要讨论共时比较应注意的几项原则问题，语音对应规律，方言间亲疏程度比较，而不列举各大方言的实际差异。

1. 先讨论语音比较、词汇比较和语法比较应注意的问题

音类比较重要还是音质比较重要？这要看比较的目的。如果要比较不同方言的差异，给方言分类或分区提供证据，那当然是音类比较重要，因为音类关系到语音系统，况且一个音类往往涵盖许多字音，如果为了寻求语音对应规律而比较方音，更非比较音类不可。音质比较只是在进行方言内部的比较的时候才显得非常重要。音类比较实质上是不同的音位系统的比较。如果要进行不同方言的语音学上的比较则非比较音质不可。

音类比较在理论上应该首先分别归纳出不同方言的音类，然后一类字一类字地逐一比较。但是在实际操作中可以从《广韵》音系出发，选出若干能代表音类的字，初步比较在不同方言中的读音，例如用

"天"字比较阴平调的调值,用"茶"字比较古全浊声母在今方言中的异同,用"因、音、英"三字比较鼻韵尾的分混等。经过初步比较后,再将那些有价值的项目挑选出来,进行深入细致的比较。撰写比较结果的研究报告,可以用《广韵》的音类、声母、韵母等名目来说明方言的异同,再举出代表字。如说长沙方言老派和新派的差异之一是"通摄舒声不跟深臻曾梗四摄的开齐韵混合",如老派音:东 toŋ¹、门 mən²;新派音:东 tən¹、门 mən²。在制作比较表时通常都用代表字代表音类,以达到以简驭繁的效果。这种实际操作的简便方法之所以可取,是因为各地现代方言与《广韵》音系的音类都有成规律的对应关系。

以方言的分类或分区为目的的方音比较,一般来说,音类的比较比单字的字音比较重要得多,但是有时候个别字音的比较也能反映方言的差异,这些字往往是音变规律不合常例的字,称为"特字"。"特字"也可以用作比较的项目。例如"偏"字在《广韵》属帮母,就湖北方言而言,光化、襄阳等处读 pien⁵,合于音变规律,但是当阳、随县等处读 pʰie⁵,不合音变规律,似来自中古滂母。有的特字符合《广韵》一系韵书另一反切的读音,如"踏"字在《广韵》属透母,但是吴语一般读若定母,即 d-,合于《集韵》达合切一读。也有些特字在古韵书里找不到来源。例如"赐"字在《广韵》属心母,但是许多方言读如清母。

不同方言的词汇比较应在语音系统的比较的基础上进行。不同方言中的同源词(cognate)应建立在语音对应规律的基础上,只有这样,才能准确地建立同源关系。因为历史音变的关系,在不同方言里,同源词可能面貌迥异,而非同源词也可能语音面貌相似。例如"嫁"这个词在福州称为 ka⁵,在闽北的建瓯称为 xa⁵,在温州称为 xa⁵。如果光凭这三个词的语音形式的异同来判断,似乎建瓯和温州的 xa⁵ 同源,福州的 ka⁵ 不同源。但是如果比较语音对应规律,则会发现这个词建瓯和福州同源,温州不同源。见表 7.1。这个表上所列的字只是举例性质的,目的在于说明古见母在这三种方言中的对应情况,即福州 k—建瓯 x—温州 k/tɕ。从这条对应规律来看,很明显福州的 ka⁵ 和建瓶的 xa⁵ 是同源的,即来自古见母字"嫁",温州的 xa⁵ 声母不是规律之内的 k 或 tɕ,所以不是古见母来源的,其语源也不可能是古"嫁"字,应另有来源。

表 7.1   古见母在今福州、建瓯和温州话里的对应关系

方言＼字	肝	桔	救	教	韭
福州	kaŋ¹	kiʔ⁷	kiu⁵	ka⁵	kiu³
建瓯	xueŋ²	kiu⁵	xiau⁵	xau¹	xiu³
温州	ky¹	tɕai⁷	tɕau⁵	kuo⁵	tɕau³

不同方言中的同源词完全等义的只有一部分，很多是不等义的，尤其是形容词和动词。在比较同源词的时候要深入、细致，才能发现其中的差异。同源词有下述四种不等义值得注意。

第一，词义范围不同。例如官话词"相信"在上海郊县松江话中有"喜欢"一义，如"郭友松是松江一个才子，性格蛮诙谐个，相信开玩笑。""侬（你）相信去哦（吗）？相信去就去；勿相信去就勿去。"又如"水"在粤语和闽语中兼指"雨"；"雪"在粤语中兼指"冰"；"蚊子"在长沙话中兼指"苍蝇"。

第二，搭配关系不同。例如在汉语各大方言里，"食、吃、喫"跟"饭"搭配构成动宾词组；"食、吃、喫、喝"跟"茶"搭配构成动宾词组，因方言不同搭配关系也不同。见表7.2。每种搭配关系仅举一例。

表 7.2   方言词汇搭配差异表

方言＼词	客	官	赣	吴（上海）	吴（温州）
饭	食饭	吃饭	喫饭	吃饭	喫饭
茶	食茶	喝茶	喫茶	吃茶	喝茶

第三，使用频率不同。有的词在不同的方言里都用，但是口语中出现的频率大不相同。例如，官话多用"说"，少用"讲、话"，吴语除杭州话外多用"讲、话"，少用"说"；官话多用"打"，闽语多用"拍"；官话多用"下"，粤语多用"落"（落车、落水、落去等）。

第四，指称对象不同。同源词在今不同方言中词义转移，指称对象不同。如"客气"在赣语中指"漂亮"；"冤家"在闽语中指"吵架"。

方言语法的比较研究可以从造词法、虚词、语序、句式等几方面着

手。方言语法内部或外部各方面的比较最忌套用西洋语法框架,否则往往弄巧成拙,既不能揭示汉语方言语法的特点,更不能究明这些特点的来龙去脉。现在举两个例子。

许多方言的各种人称代词复数形式,往往本身即是实词或由实词音变而来,如不加深入比较研究,极易误认为这些复数形式是"构形成分",或认为人称代词有形态变化。例如山西临汾市郊方言的人称代词的复数和单数语音形式,见表 7.3(见田希诚《临汾方言语法的几个特点》,载《语文研究》1981 年第 2 期)。如果不经细究,套用西洋语法的分析方法,很可能认为 a 是人称代词复数的构形成分。但是事实上这三个复数的人称代词只不过是"我家、你家、他家"的合音而已。临汾方言分尖团音,见母在齐齿呼前读 d 声母,溪母和群母在齐齿呼前读 t 声母。合音的变化如下:我家 ŋuo+dia→ŋua;你家 ni+dia→nia;他家 na+dia→naya。用"家"字后置构成人称代词复数,在别的方言里也很容易找到旁证,如吴语的常州话和江阴话。

表 7.3　山西临汾话人称代词复数合音表

数 ＼ 人称	一	二	三
单数	ŋuo(我)	ni(你)	na(他)
复数	ŋua	nia	naya

温州方言近指代词"这"可以称为 ki[7],"这里"可以称为 kau[7];远指代词"那"称为 hi[3],"那里"可以称为 hau[3]。如果只是根据泛泛的观察,而套用西洋语法概念,可能会认为这是用"内部屈折"的语法手段构成近指和远指。但是事实上 ki[7] 是"个"kai[7] 的弱化结果,hi[3] 的本字是"许"(比较朱熹诗句:"问渠那得清如许")。kau[7] 只是"个屋宕"(这个地方)的合音和省音,即个屋宕 kai[7] u[7] duɔ[6]→kau[7] duɔ[6]→kau[7];hau[3] 只是"许个屋宕"(那个地方)的合音和省音,即许个屋宕 hi[3] kai[7] u[7] duɔ[6]→hau[3] duɔ[6]→hau[3]。

2. 语音对应规律

第六章曾讨论方言的历史音变规律,现在讨论方言的语音对应规律。历史音变规律是就同一种方言内部古今的语音演变而言的,是历时的现象;方言的语音对应规律则是就不同方言间的语音系统的异同而言的,是共时的现象。方言和方言之间,在语音上往往有成系统的有规律的关系。这种关系叫做方言语音对应规律。先举两个例子。

例一,北京音系中的 au 韵对应于温州音系里的 ə 韵、uo 韵或 iɛ 韵,如(斜线前是北京音,斜线后是温州音):毛 mau²/mə²;包 pau¹/puo¹;烧 ʂau¹/ɕiɛ¹。

例二,北京音系的 au 韵在上海音系里是 ɔ 韵,如(斜线前是北京音,斜线后是上海音):宝 pau³/pɔ³;茅 mau²/mɔ²;炒 tʂʰau³/tsʰɔ³。

方言语音对应规律是对不同方言的音类进行比较研究的结果,而不是对个别字音及其音质比较研究的结果。所以在归纳语音对应规律之前,要先行整理两个不同方言的语音类别,将所有常用的字分派在各个类别中,即先要做好同音字表,然后寻求类与类的对应关系。

语音对应的规律可以是一对一的关系,也可以是一对多的关系,即甲方言中的一类音可以只对应于乙方言中的一类音,如上述例二,也可以对应于乙方言中的多类音,如上述例一。

语音对应规律有有方向性和无方向性两种。有方向性,即如果某条规律是适应于从甲方言出发的,那么倒过来不一定能成立。例如上述例一,不能倒过来说温州的 ə 韵、uo 韵和 iɛ 韵对应于北京的 au 韵。事实上温州的 iɛ 韵有时也对应于北京的 iau 韵,如"挑"字,温州音是 tʰiɛ¹,北京音是 tʰiau¹。

无方向性即倒过来也能成立,如南昌音系阴平的 42 调对应北京音系阴平的 55 调。这条规律倒过来也能成立。

语音对应可以是两种方言相对应,也可以是多种方言之间互相对应。如同属闽南方言的几个地点方言之间的一条对应规律:厦门 i——晋江 ə——龙溪 i——揭阳 ə。例字见表 7.4。

表 7.4　闽南四地的一条语音对应规律表

方言 字	厦　门	晋　江	龙　溪	揭　阳
猪	ti¹	tə¹	ti¹	tə¹
去	kʰi⁵	kʰə⁵	kʰi⁵	kʰə⁵

　　方言语音有文白读的区别,因为文读音和白读音之间也有对应规律可循,所以方言语音对应规律并不排斥白读音。只是在说明规律的时候,最好将文读音和白读音分而述之。例如北京音系的 iau 韵对应于上海音系文读音的 ciɔ 韵,也对应于上海音系白读音的 ɔ 韵。如"教"字北京音是 tɕiau⁵,上海音是 <u>tɕiɔ⁵</u> <u>kɔ⁵</u>。

　　方言语音之间存在对应规律的原因有两方面:一是不同的方言是从某一种共同的母语分化发展而成的,即本来就是同根的;二是就某一种方言内部而言,古今的音变都是有规律的,所以演变到现代,在各方言的横向比较中也可以有对应规律。例如中古的明母 *m 在今广州话中仍读 m,但是在厦门方言里经历史演变,今音读 b。所以今广州的 m 声母和今厦门的 b 声母相对应。

　　方言语音对应规律也有例外,其原因即是方言的历史音变本身有例外。方言语音对应的规律和例外,都是由历史音变的规律和例外所规定的。

　　寻求语音对应规律是一种共时的研究,只要求进行同时代的方言语音系统或音类的互相比较,可以完全不必顾及语音的历史。方言中有些口语词的音节无字可写或本字未明,只要这些音节所包含的音位已经进入方言的语音系统,这些音节本身也合于方言的音节结构,也都可以参加比较。换言之,语音对应规律对这些方言口语词的语音也是适用的。例如温州方言的 taŋ¹ 这个口语词是鸡鸭类的"嗉子"的意思,无字可写。但是这个音节(包括声韵调),与"灯"字同音,已经进入温州音系。所以在语音对应研究中可以与"灯"字同样对待。

　　将此类词纳入语音对应规律还有助于通过横向联系追索这类词的词源。例如"柚子"这个词,温州音读 pʰə¹,绍兴音读 pʰɔ¹,福州音读 pʰau¹,本字未明,究竟是否同源? 通过这三种方言的一条语音对应规律可以检验,即温州 ə——绍兴 ɔ——福州 au/ɔ,所以此三词可能同出一源。

　　3. 方言亲疏程度的计量分析

　　通过数量统计来判断不同方言的亲疏程度或接近率,目前已经采用的方法有三种。

　　第一,算术统计法。

　　算术统计法将两种或多种方言中的各种成分或特征的异或同,用加减法进行统计,从而以百分比计算接近率。这里介绍一项词汇接近率的统计法。詹伯慧和张日升曾据他们所编《珠江三角洲方言词汇对照》(广东人民出版社,1988年)的材料,分类比较北京话和珠江三角洲粤语词汇的接近率。参加比较的共有1 001个常用词,两者完全相同的只有140多个,仅占10.4%。这些相同的词在各类词中所占百分比如下:自然8.3,时令5.3,农事0,植物23,动物15.7,房舍用具9.1,称谓6.6,人称5,疾病1,服饰15.5,饮食10.7,起居4.76,交际0,婚丧14.8,商业2.7,文化9.3,动作0,性状2.2,方位4.2,指代词2.8,副词3,介词5.5,数量25.4。

　　在没有此项统计之前,对北京话和粤语的词汇差别究竟有多大并不明确,此项统计令人信服地说明两者差异很大,完全相同的词汇只占十分之一强,而常用动词竟没有一个是完全相同的。

　　简单的算术统计法对于比较常用词的异同,还是很有效的,但是对于比较声母、韵母等项目,则有一个致命的弱点,即不能区别“权重”,即难以对主次作出分析或数量说明。如每个声母或韵母所包含的字有多寡,并且每个字的使用频率又不同,等等。

　　第二,语言年代学方法。

　　M. Swadesh提出的语言年代学(glottochronology)假设用200个基本词汇比较各语言,其结果可以说明亲疏关系,并假设每过1 000年同源词的保留率为81%。

　　日本学者王育德1960年发表用语言年代学方法研究汉语方言接近率及其分化年代的成果(见《中国五大方言の分裂年代の言語年代学の試探》,载《言语研究》,三十八号,1960年)。参加比较的方言有北京话、苏州话、广东话、梅县话和厦门话,分别代表官话、吴语、粤语、客家话和闽语五大方言,所用的方言材料是平山久雄、桥本万太郎等5位日本学者调查的。先用Swadesh设计的包含200个基本词汇的词汇表,比较五大方言的异同。将五大方言两两搭配,共得10组,计算出各组方言词汇相同数的百分比,见表7.5。从此表可以看出共同率最高的组是北京和苏州,达73.47%,最低的是北京和厦门,仅51.56%。

表 7.5 五大方言共同率表

	苏 州	广 州	梅 县	厦 门
北京	73.47	70.77	65.10	51.56
苏州		71.05	64.43	54.12
广州			70.53	56.77
梅县				59.90

语言年代学认为可以从语言间词汇的共同率来推算各语言的分化年代。Swadesh 提出的计算公式是 $d = \log c \div 2\log r$，其中 d 是分化年代，c 是共同率，r 是每千年后词汇的不变率，即 0.81。根据这个公式计算的结果，这五大方言的分化年代如下。

厦门/北京	1699—1572 年前	魏东晋间
厦门/苏州	1579—1457 年前	东晋梁间
厦门/广州	1405—1344 年前	梁隋间
厦门/客家	1270—1216 年前	唐初
梅县/北京	1068—1019 年前	唐末五代
梅县/苏州	1093—1043 年前	唐末五代
梅县/广州	857—848 年前	北宋末
广州/北京	841—821 年前	北宋末南宋初
广州/苏州	838—811 年前	北宋末南宋初
苏州/北京	756—732 年前	南宋初

王育德所使用的统计方法包括两部分：第一部分是比较 200 个基本词汇在各方言中的异同数，所用的方法即是算术统计法；第二部分所用的公式最大问题是保留率或不变率的设定。并且这种假设的出发点是方言分化后各自独立单纯发展，同源词因时间推移逐渐减少。这种假设把方言的演变过程想象得过于简单，所以所得结果也难以置信，例如吴语和官话的分化年代为南宋初，显然太晚；再如好几对方言并不存在分化问题，如粤语和吴语、闽语和粤语等，何来分化年代？研

究方言分化的年代,仅仅依据今方言的异同事实显然是不够的。各种方言的历史演变千姿百态,演变的快慢速度也不相同,在分化过程中又有接触和融合的关系,许多复杂因素造就今天方言的不同面目。此外,方言的分化从宏观看是移民造成的,所以研究方言分化的历史必须参考移民史实,才不致乖谬太甚。

第三,相关系数统计法。

这种方法是采用"皮尔逊相关"和"非加权平均系联法"来计算不同方言的亲疏程度,同时提供方言分区的方法。这种方法是郑锦全从1973 年开始建立的(详见郑锦全《汉语方言亲疏关系的计量研究》,载《中国语文》1988 年第 2 期)。现在以词汇统计为例介绍这种方法。数据库是《汉语方言词汇》(文字改革出版社,1964 年)所收的 18 个方言点的 6 454 个词语(共 905 条词目)。先用计算机来统计,凡某词在某地出现的,就用 1 标示,不出现的用 0 标示。例如"太阳"和"月亮"这两个词在各地方言中共有 12 个不同的说法,它们在北京、济南、沈阳这三种方言中的反映如表 7.6 所示。

表 7.6　方言词汇异母计算方法举例

方言＼词	太阳	日头	爷	热头	太阳佛	日头公
北京	1	0	0	0	0	0
济南	1	0	0	0	0	0
沈阳	0	1	0	0	0	0

方言＼词	月亮	月光	月	月娘	亮月子
北京	1	0	0	0	0
济南	1	0	0	0	0
沈阳	1	0	0	0	0

再用"皮尔逊相关"的有关方程,计算出北京和济南的相关度是1.000 0,北京和沈阳的相关度是 0.888 8 等。可以用相同的方法把 18个方言两两搭配的相关系数全部算出来。这些系统即可看作是方言

亲疏程度的指标。现在选几对列成表 7.7。

表 7.7　各大方言词汇相关系数表

方　言	苏　州	广　州	梅　县	厦　门
北京	.289 1	.240 1	.214 9	.198 7
苏州		.184 1	.182 1	.165 8
广州			.302 2	.170 7
梅县				.165 8

对照表 7.5 和表 7.7,可以看出两者所得结果相差无几。就北京与其他四地方言的亲疏程度的顺序来看,情况完全相同,即苏州、广州、梅县、厦门。

　　为了用更直观的图表表示它们之间的亲疏程度,可以用非加权平均值系联法,对这些系数作聚类分析。先找出差距最小的一对方言,即北京和沈阳 0.698 3,定为一集,再与差距次小的方言相系联、类归。分析所得结果可以用树形图来表示,见图 16。

　　相关系数统计法的主要优点有二:一是对众多的方言的亲疏程度可以用树形图作出直观而细密的描写;二是因为利用计算机可以准确处理数量庞大的方言材料,所以有可能让更多的有价值的项目参加比较,例如比较声调时,可以统计某一中古调类在现代各种方言中演变为哪些类别,各类调值、字数等。显然相关系数统计法比算术统计法和语言年代学方法要精确和合理得多。

　　第四,可懂度加权统计法。

　　第三章第一节曾讨论一种非加权的可懂度算术测定法,以下介绍两种新近提出来的加权统计法。

　　郑锦全曾对各大方言间的可懂度进行计量研究,提出沟通度(可懂度)的计算,必须建立方言间语言成分对当的类型。再根据不同类型对沟通度的重要性不同,决定不同的权重,然后进行加权统计。他还只是对语音沟通度进行理论上的而不是实际口语上的计算。计算结果北京话对广州话的可懂度是 0.475。(郑锦全《汉语方言沟通度的计算》,载《中国语文》1994 年第 1 期)

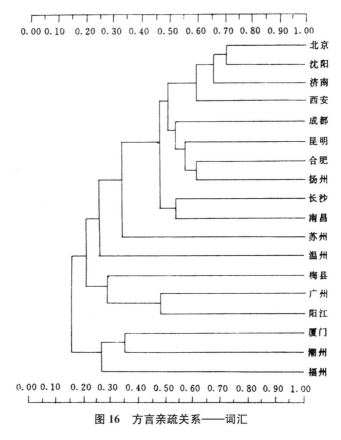

图 16　方言亲疏关系——词汇

　　笔者和杨蓓曾统计上海人对广州话的口语词汇可懂度。词汇材料采用《上海话音档》(上海教育出版社,1994 年)所录常用词汇,共 18 个。这些词汇共分 17 类,如自然现象、动物、植物、房舍等。其中第 17 类是高频词,是指频率在 0.5 以上的词。因为每组词汇数都很少,如果某组高频词略多,组频率就会增大过多,所以把高频词集中起来另列一类。17 类共包括 182 个基本词汇。权数的大小与词频相联系。被调查人是以上海话为母语,并且会说普通话的大学一年级学生,共 40 人。调查方法是先请一位以广州话为母语的发音人将 182 个词按意义分类各读三遍,同时用录音机记录。然后播放录音带,请被调查人用汉字记录听懂的词。词汇是分类播放的,每播放一类前都说明此类词的内容,例如“房舍”“植物”等。播放录音及记录的时间共 45 分钟。

计算步骤和公式,详见《上海话、广州话、普通话接近率的计量研究》,刊《汉语计量和计算研究》(邹嘉彦等编,香港城市大学语言资讯科学研究中心,1998 年)。计算结果:粤语对上海话和普通话口语词汇可懂度为 67.215％。

第二节　方言的历时比较

方言的历时比较包括两方面:一方面是某一种方言内部异同的比较;另一方面是方言与古代汉语书面语的比较。

方言内部古今异同比较所据的材料,除了现代新老派口语的调查材料外,即是些书面材料,包括前人所作专著、字典以及文学作品等。比较的目的在于研究方言的历史变迁,例如寻求历史音变的规律、分期、趋势,研究方言词汇和语法现象的发展变化等。

研究方言的历史变迁,若是研究晚近两三代人的变化,最可靠的办法,自然是就地调查研究老派和新派方言。

若要研究较长时间跨度(如 100 年以上)的语音演变,最好的途径是拿记录和分析不同历史时期的本地方言的专著或字典互相比较,再跟今音比较。因为这些著作已经提供当时的音系,或从中得出音系不很困难。而从文学作品,即使是韵文,也难以求得完整的音系。所以研究方言历史音变的著作,大多是拿现成的历史时期的方言学著作作为依据。例如比较《戚参军八音字义别览》(所记可能是 16 世纪中叶的福州话)、《林碧山珠玉同声》(所记是 17 世纪后半叶的福州话)、《闽音研究》(所记为 20 世纪 20 年代福州话)和今福州语音,可以看出声韵母的历史演变,又可以根据它们的演变过程,将中古至 20 世纪前半期的福州话语音的历史发展划分为三个时期。第一期:中古至明后半期,以戚书为代表;第二期:明末至清初,以林书为代表;第三期:清至 20 世纪前半期,以 1930 年出版的《闽音研究》为代表(详见赵日如《闽音斠疑》,载《中国语文》1980 年第 3 期)。前三期韵母的合并情况举例见表 7.8。从表中可知第二期将第一期的金韵并入宾韵(im→iŋ);第三期除金、宾两韵仍合并外,又将秋韵并入烧韵(ieu→iu)。

表 7.8　福州话韵母类别历史演变表

分　期＼韵	*iu	*ieu	*im	*iŋ
第一期	烧	秋	金	宾
第二期	娇	周		京
第三期	烧秋			金宾

各大方言区都有产生于历史时期的方言学著作,包括 19 世纪后半期至 20 世纪前半期西洋传教士的大量著作。利用上述方法研究方言的历史演变是大有可为的。

利用历史上的方言文学作品中的韵文,模仿利用《诗经》韵脚构拟上古音的方法,参考方言的今音,自然也可以构拟古方言的韵母系统,再进而跟今方言作比较研究,例如胡明扬曾利用《山歌》韵脚构拟明末苏州话韵母系统。可惜材料充足可用的方言韵文材料很少。

现代方言的语音系统跟《切韵》一系韵书所代表的中古音系有成规律的对应关系。无论拿哪一个地点方言的音系跟这个中古音系统相比较,都可以发现两者之间有许多整齐的关系。所以从这个古音系统出发,去调查方音和整理今方言音系,有许多便利之处。换言之,可以从《切韵》音系出发,来研究现代方言的语音系统。方言之间的互相比较,方言较古时期的语音拟测,也都要仰仗这个中古音系。如果要问为什么两者会有如此密切的关系,这就要研究《广韵》这本书的性质。这是一个复杂的音韵学史上的问题,暂且勿论。这里只是将现代方音与《广韵》音系在事实上的关系,从方言调查和研究的角度,加以概述。

方言的声母与中古三十六字母有成规律的分合关系。《广韵》本身虽然没有标明三十六字母,但是从反切上字仍可分析出跟三十六字母相应的类别。虽然从《广韵》的反切上字不能分辨帮组(重唇)和非组(轻唇),但《集韵》将此两类声母分开,在今方言中也常有分别;照组按《广韵》反切上字可分为章组(照三)和庄组(照四),现代有的方言也有区别;喻母的反切上字也分为两类,所以可以分为云母(喻三)和以母(喻四),现代有的方言也有区别;泥母和娘母现代方言无区别,所以调查今方言时可以合并为一类。为了便于古今声母的比较，根据上述情况，可以将古声母调整为 40 类，从这 40 类声母出发，调查、比较今声母。

古今声母的发音部位的变化，大致跟韵母的等呼有关，如汉口话古见母在细音前读 tɕ，如结 tɕie⁵；在洪音前读 k，如干 kan¹。发音方法的变化大致跟古调类有关，例如古全浊塞音和塞擦音今官话平声送气，如逃 tʰau²，仄声不送气，如道 tau⁶。

古声母发音方法的不同也会影响到今声调的变化，例如常见的平声因清浊不同分为阴平和阳平两调；有些方言如苏南的吴江话、浙北的平湖话，古全清和次清的不同会造成今声调的分化。

古声母的发音部位对今韵母的变化影响很大，所以为了便于比较，就按发音部位将古声母分成"系、组"，"系"是较大的类，"组"是"系"下的小类。

基于上述认识，为了便于从古声母出发，作古今声母的比较，可以列出一张供古今声母比较用的声母表，见表 7.9。这张表采自赵元任等《湖北方言调查报告》第 9 页。

今各地方言的韵母与《广韵》的韵母通常有对应关系。《广韵》把韵母分成 206 个，并没有进而把 206 韵再归并成较大的类别。为了调查和研究方言的方便，一般都采用"摄"这个后出的概念。摄是韵的类别，206 韵分成 16 摄。古摄跟今韵母的类别、读音关系很大，如广州音舒声字咸摄和深摄韵尾是-m，山摄和臻摄韵尾是-n，宕摄、江摄、曾摄、梗摄、通摄的韵尾是-ŋ。为了调查和研究今方言的方便，又采用等韵学上的"等、呼"这两个概念，把《广韵》的韵母分为一二三四等，分为开口和合口两类。今韵母的读音与古代的"等"关系甚大。如北京音古一等字全是洪音，没有细音，如"歌、高、当、得、来、才"；古四等字除蟹摄合口（齐韵）是洪音（如"桂、惠"）外，一律是细音，没有洪音，如"低、料、念、片、见、决、敌"等。今韵母读音与古韵母的开合口关系也甚大。例如北京音唐韵开口一等舒声字读开口呼，如邦 paŋ¹、康 kʰaŋ¹，唐韵合口一等字则读合口呼，如光 kuaŋ¹、汪 uaŋ¹。

关于今方言与《广韵》音系的关系，深入的讨论可以参考丁声树、李荣《汉语音韵讲义》（载《方言》1981 年第 4 期，上海教育出版社有单行本）。

表 7.9　中古声母类别表

方法＼部位	帮		端			知			日	见		
（组）	帮	非	端	泥	精	知	照二(庄)	照三(章)	日	见	晓	影
清　全清	帮		端		精	知	照二(庄)	照三(章)		见		影
清　次清	滂		透		清	彻	穿二(初)	穿三(昌)		溪		
清　全清		非·敷					审二(生)	审三(书)			晓	
浊　全浊	并	奉	定		从　邪	澄	床二(崇)	床三(船)　禅		群	匣	
浊　次浊	明	微		(娘泥)　来					日	疑		喻四(以)　喻三(云)

　　不同方言的比较研究有助于方言本字考证或词源研究。有些方言词只是在一个方言内部研究，往往难以确定它的本字或词源，如果与别的方言比较，则有可能豁然而解。现在举几个例子。

　　"肥皂"在温州方言里称为 ji² zə⁴，其中后一音节是"皂"不成问题，但是前一音节是"洋"或是"胰"颇难判定，因为此两字在今温州话里是同音的。闽语建瓯话和福安话称"肥皂"为"胰皂"，前一音节写作"胰"不写作"洋"。此两字在这两种方言中都是不同音的，即福安音：胰 ji² ≠ 洋 jioŋ²；建瓯音 i³ ≠ ioŋ⁵。所以温州的 ji² zə⁴ 应写作"胰皂"。《广韵》脂韵羊善切："胰，夹脊肉也。"音义皆合。

　　吴语太湖片多以"啥"作为疑问代词，相当于"什么"。官话区有的方言也有这个词。章太炎《新方言》认为"甚么"是"啥"的音切，即认为"啥"是"甚么"的合音。也有人认为"啥"是"什么"的合音。但是没有进一步考证。"甚"和"什"中古皆属禅母，是浊声母。古浊声母今吴语仍保留，这两个字单念仍读浊声母[z]。所以将"啥"的词源跟"甚么"或"什么"联系似未妥。现在比较这个词在不同吴语里的各种读音，每种仅举一地为例。温州：ga²（ȵi²）或 ʔa⁷（ȵi²）；乐清：ga²（m²）；苏州：sa³；金山：ha³；松江乡下：ha³ 或 sa²。各地的这些语音形式可能是同出一源的，其音变过程可以拟测如下：

$$^{*}\text{ga} \begin{cases} \text{ʔa}^7 \\ \text{ha—sa} \end{cases}$$

通过上述比较和拟测，看来"啥"的本字或词源应是"何"。"何"，上古属匣母鱼部，可拟为 ⁎ga，正与今温州和乐清称"什么"的词的首音节相同。

　　远指代词"那个"在上海松江县各乡方言中有 6 种不同说法。见表 7.10。这些说法也见于吴语太湖片其他方言。

表 7.10　松江各地方言的远指代词表

县　城	泗　泾	佘　山	新　桥	洞　泾	泗　联
威个 ve¹ kə°	哀个 ɛ¹ kə°	伊个 i¹ kə°	哀伊个 ɛ¹ i¹ kə°	哀夷个 ɛ¹ ɦi² kə°	还有一个 ɦe⁶ ɦiɣ⁴ iʔ⁷ kə°

初看起来似乎纷繁复杂,理不出头绪,或者误以为松江话里至少有3个远指代词:威、哀、伊。但是经过较为深入的比较,即可发现所有这些形式都源出"还有一个",只是"还有一个"的音节合并的结果,见表7.11。可以说松江话并没有专用的所谓"远指代词"。

表7.11　松江话远指代词的来源

现代方言语法与古代汉语语法的比较研究,有互相阐发之功。古代文献上的语法现象可以与现代方言口语的语法现象相印证。一方面现代方言语法现象可以在古汉语中找到源头,另一方面现代方言也能为汉语语法的历史演变过程提供活的证据。下面举一个例子。

反复问句在吴方言中有四种最常见的句式,即

(1) vp 否 vp? 例:走否走? 喝茶否喝茶?

(2) vp 也否? 例:睏也否? 吃饭也否?

(3) vp 也未? 例:熟也未? 煮饭也未?

(4) 阿 vp? 例:耐阿晓得? 阿要吃酒?

前3种句式见于温州等南部吴语,其中句式(1)如果改写作"vp 勿 vp?"则见于大多南北吴语;最后一种见于苏州等北部吴语。温州还有一种句式是由句式(1)和(2)混合而成的,即"vp 也否 vp?"如果将其中"否"改为"勿",则这种混合型的句式也见于别的吴语。这4种句式都可以在古汉语里找到来源。例如(转引自朱德熙《汉语方言里的两种反复问句》,载《中国语文》1985年第1期):

(1) 春草年年绿,王孙归不归?(唐·王维《送别》)

(2) 那个人还吃不?(《祖堂集》2.10)

(3) 行者还曾到五台山也无?(《祖堂集》2.30)

(4) 你可认得你丈夫么?(《西游记》12.152)

将这4个例句写成句式是:(1) vp 不 vp? (2) 还 v 不? (3) 还 v 也无? (4) 可 vp?。吴语句式(2)与古汉语句式(2)略有不同,前者是由古汉语句式(3)和(2)混合而成的,即"还 v 也无?"+"还 v 不?"→"vp

也否?"。

现代吴语中的这 4 种句式产生的先后层次,也可以通过与古汉语的比较确定下来。在古汉语中,句式(1)"vp 不 vp?"最早见于南北朝时代的文献,如"今我欲问,身中之事,我为常不常?"(《杂宝藏经》大正藏 44936)。古汉语句式(2)(3)见于《祖堂集》甚多,共 500 例,而句式(1)仅 8 例(据朱文)。《祖堂集》是南北朝至唐末的禅宗语录,看来口语中以使用句式(2)(3)为常。古汉语句式(4)的大量涌现则是在明清的白话小说之中。对照吴语的形成历史,大致可以确定,句式(2)(3)是最古老的层次,次古的层次是句式(1),最新的层次可能是句式(4)。北方移民进入今吴语区在历史上有三次大浪潮(见第三章),第二次浪潮发生在两晋之交,南部的温州方言即是在这一时期奠定最初的基础的。当时北方汉语中盛行的反复问句句式(2)(3)可能即于此时在南部吴语扎根。在两宋之交的第三次浪潮中,温州外来人口剧增,北方逐渐流行的句式(1)可能于此时借入南部吴语。吴语区是从北部向南部发展的,但是今天较古的吴语成分却是在南部保留较多。在北部吴语的历史上应该有过句式(1)(2)和(3),至明清时期在苏州一带始被新兴的句式(4)所替代。句式(4)至今仍未深入到吴语区南部。

第三节　现代方言比较与
方言历史研究

现代方言的比较研究有利于了解方言形成的历史及各方言在历史上的相互关系。

现代南方的吴闽粤湘客赣方言虽然相互差别很大,但是与官话比较,它们内部还是有某种一致性的。例如它们有一批共同的词汇,与官话绝不相同。这些共同的词汇可分三类:第一类是在北方历史文献上大多找不到证据的,可以说它们只是南方方言的词汇;第二类是历史文献明确记载是南方方言词汇;第三类是南方的地名用字。

第一类词汇举例见表 7.12。表中词汇除"他"外,皆采自《汉语方言词汇》一书,"注"是笔者所注。从此表可以看出南方和北方所用的词的主要语素迥然不同,南北分歧大致如下(斜线前是南方词,斜线后

是北方词）：饮/米汤、谷/稻子、粉/面、企/站、讲/说、光/亮、渠/他、
许/那。否定词"不"，北方用双唇塞音声母，南方用鼻音声母或唇齿音
声母。南方的长沙和南昌有些北方的词汇，可能是后起的。以苏州为
代表的吴语区北部是南北的过渡地带，以温州为代表的吴语区南部则
完全属于南方型。

表7.12　南方方言的共同词汇与北方方言的比较

	米汤	稻谷	粉	站	说	亮	他	那	的	不
北京	米汤	稻子	面儿	站	说	亮	他	那	的	不
成都	～	谷子	面面儿	～	～	～	～	～	～	～
合肥	饮汤	稻子	面	～	～	～	～	～	～	～
西安	米汤	～	面面儿	～	～	～	～	～	～	～
苏州	饮汤	谷	粉	立	讲	～	渠	归	个	勿
温州	饮	～	～	企	～	光	～	许	～	否
长沙	米汤	～	粉子	～	～	～	～	那	～	不
南昌	饮汤	～	粉	站 企	话	～	～	许	～	～
梅县	饮	～	～	企	～	～	～	kɛ	～	m
广州	～	～	～	～	～	～	～	kɔ	～	～
厦门	～	粟	～	～	～	～	～	许	～	～
潮州	～	～	～	～	呾	～	～	～	～	～
福州	～	～	粉粉	～	讲	～	～	～	～	ŋ̍

　　注：①"站"南昌有"站、企"两种说法。
　　　　②～表示同上。
　　　　③"企"的本字是"徛"，这里写的是俗字。
　　　　④"米汤"苏州话又称"饮"。例如："他……把仙方煎好，却暗暗把糯米饮搀在里头。
　　　　　　这糯米饮是解巴豆毒的。"（《九尾龟》76回）。
　　　　⑤否定词温州话又用自成音节的鼻音[ŋ]或[ɱ]。例如"ɱ胚"（不成样子、不像样）、
　　　　　　məˀ²（不好、坏）。məˀ² 当是合音，由ɱ²həˀ³（好）合成。

　　现在举例讨论第二类词汇，这些词汇曾被罗杰瑞作为闽语里的古
方言字（见《方言》1983年第3期第202页）或被李荣作为吴语本字（见
《方言》1980年第2期第137页）所论及，过去的拙作也曾讨论过其中

一些词。

渠，见于《集韵》去声鱼韵："佢，吴人呼彼称，通作渠"，求于切。这个"渠"字有的方言区写作"佢""伊""俚"等。读音和写法不一，实则同源。"渠"除表中所列地点使用外，徽语也用。徽语与吴语关系密切，它的底子可能即是古吴语。

箬，一种似竹的南方野生植物的叶子，南方民间用以包粽子，做笠帽。《说文解字》："箬，楚谓竹皮曰箬。"《广韵》："箬，而灼切，竹箬。"此词在吴、闽、客方言中的今音举例如下：温州 $niɑ^8$、福州 $nioʔ^8$、厦门 $hioʔ^8$、邵武 nio^7、梅县 $niok^7$。"箬"字的词义在闽语中有所扩大，也泛指一般树的叶子。如"桑叶"厦门称为"娘仔箬"，建阳称为"桑箬"，永安称为"蚕子箬"。

藻，南方常见的水上浮萍，民间自古用以喂猪和家禽。《方言》："江东谓浮萍为藻。"此字《广韵》收在宵韵符霄切。此词在今南方方言中的读音见表7.13。表7.14列出此词在壮侗语中的读音，以资比较。罗杰瑞和梅祖麟曾认为越南语中的 bèo 和孟语中的 bew，跟此词同源。

表7.13 汉语方言"藻"词读音

温州	福州	厦门	梅县	广州	新干（江西）
$biɛ^2$	p^hiu^2	p^hio^2	p^hiau^2	p^hiu^2	p^hau^2

表7.14 壮侗语"藻"词读音

壮 语	水 语	毛难语	仫佬语
piu^2	$pi:ŋ̊pjieu^2$	puk^8pjeu^2	$pi:ŋ^6pjieu^2$

第三类是地名通名用字。有些地名通名用字只见于南方方言区，不见于北方。其中最为典型的是：圳、寮、际、墟、坪、洋、尖、嶂。这些地名字的地理分布北缘境界线是浙南、赣南、湘南。濑字、岙字、浦字、溪字地名北缘稍靠北。例如际字地名：广东永安有～头山、龙门有十二～；福建永泰有下～寺，华安有～头；浙江临海有潮～溪、永嘉有白水～。这个"际"字有的地方字形从水旁，有的地方从石旁。"洋"字偏旁浙南多从"土"。对此类地名用字笔者曾有较详细讨论，并绘有地

图,见拙著《方言与中国文化》(上海人民出版社,1986年)。

上述南方方言词汇的内部一致性对汉语方言学有两点启示。

第一,如果以这些词汇的有无作为标准来划分汉语方言区划,那么汉语方言的分区,第一层次可以分为南北两大区,第二层次再在南区内部分出吴、闽、粤、赣、客五区,也许徽语也应该包括在南区之内。

第二,南方方言词汇内部一致性的原因,有三种可能的解释。一是古代南方各方言互相接触十分频繁,因此词汇互相借用而趋同。但是古代南方的交通条件和社会发展水平似不允许各地频繁地交往。所以这种解释颇难成立。二是南方几大方言最初可能是同一批从北方某地出发南下的移民带来,他们后来分散到各地,所以词汇仍有一致性。这种解释会碰到两个困难:南方方言虽然都源出北方,但是并不是来源于一时一地,第三章已有详述;这些词汇不见于北方,历史文献没有记载,在现代北方话中也找不到。三是这些词汇可能是南方方言共有的底层词。看起来第三种解释或假设较为合理。下文还将作进一步的讨论。

在南方方言内部,各方言的相互比较,有助于了解各方言相互间的关系及其历史。这里以吴语与闽语词汇的比较为例加以说明。

有些词汇历史文献明确记载是古代吴语,在现代却见于闽语,而基本不见于吴语。现在举出四个字为例。这四个字曾被罗杰瑞作为闽语里的古方言词提出来讨论。

碗,《方言》:"䘯襦谓之袖。"郭璞注:"衣标音襦,江东呼碗,音婉。"今各地闽语中"衣袖"一词的读音可与这个词相类比。福州 uoŋ³、厦门 ŋ³、建瓯 yeŋ³。

凁,《集韵》:"凁凁溜,楚庆切,冷也,吴人谓之凁。"今各地闽语中称"(天)冷"的词的读音可以与之类比。福州 tsʰeiŋ⁵、厦门 tsʰin⁵、建瓯 tsʰeŋ⁵、邵武 tsʰin⁵。又,浙江苍南闽语 tɕieŋ¹¹。今以下各地吴语仍用此语:开化、常山、江山、遂昌、龙泉、青田、文成、泰顺(据傅国通等《浙江方言词》,浙江省方言学会,1992年)。

橵,《方言》:"蠡,陈楚宋魏之间或谓之簞或谓之橵,或谓之瓢。"郭璞注:"今江东通呼勺为橵,音羲。"《广韵》:"㭒,许霸切,杓也。"《广韵》和《方言》中的这两个字是异字同指。今各地称"勺子"的词的读音即源于此。福安 he¹、厦门 hia¹、潮阳 pu²hia¹。

侟,《尔雅》:"未成鸡侟。"郭璞注:"江东呼鸡少者曰侟;侟音练。"《集韵》注其反切为力展切。此词厦门今音读 nuã⁶。

有些词汇只见于以温州为代表的南部吴语与闽语,第三章曾举例,这里再举几个例,见表 7.15。表中的"额"见于《方言》:"额,颐,颔也,南楚谓之额,秦晋谓之颔,颐其通语也。"郭注:"亦今通语也。"

表 7.15 南部吴语与闽语共同词汇举例

词	字	温州	福州	厦门	潮州	备注
菜肴	配	pʰai⁵	pʰui⁵	mĩʔ⁸pʰe⁵	mueʔ⁸pue⁵	
柚子	□	pʰə¹	pʰɐu¹			绍兴 pʰɔ¹
宰	刣	tʰai¹	tʰai²	tʰai²	tʰai²	
口水	㳷	la⁴	laŋ³	nũã⁶	nuã⁴	梅县 lan¹
面颊	额	gø⁶		am⁶	am⁴	

有些词汇据历史文献记载是古吴语,今见于南北吴语和闽语。例如:

侬,《切韵》(五代刊本):"侬,奴冬反,吴人云我。""侬"是古今吴语著名的人称代词。今福州自称为侬家 nøiŋ²ka¹,称"我们"为各侬 kauk⁷nøiŋ²,厦门自称为侬 lan³。

峜,或写作澳、隩、嶨。《尔雅》郭璞注:"隩隈,今江东呼为浦隩。"今吴语区和闽语区用作山谷地名的通名甚为普遍,浙南吴语也用作名词,指"山谷",如"山头峜窟"。

濑,臣赞注《汉书·武帝纪》"甲为下濑将军"句说:"濑,湍也,吴越谓之濑,中国谓之碛。"今闽语仍称浅滩急流为濑,如福州 lai⁵、厦门 lua⁶、建瓯 sue⁶。今吴语区仍有濑字河名,如铜濑,闽语区则有洪濑。

吴语和闽语词汇的上述三种关系对我们有三点启示。

第一,今闽语保留郭璞时代的江东吴语词汇,可以跟三国东吴人民移居闽地的事实相印证。三国孙吴用 15 年时间征服越人。此后东吴人民从会稽(今浙北、苏南)由陆路经浦城移居闽西北,或由海路经福州移居沿海一带,这是汉人第一次大规模入闽,他们带到闽地的即是当时的吴语。

第二,江浙地区因长期受北方官话的侵蚀,自北而南古吴语的特征渐次减少。所以今浙南吴语与闽语有较多共同的词汇。两者在语音上有两个明显的共同点,一是古知母今仍读舌头音,如"猪"字:厦门 ti^1、福州 ty^1、丽水 ti^1、尤泉 to^1、龙游 tua^1;二是浙南吴语和闽语的两字组变调都是以后字为重心,即与单字调比较,后字较稳定,多不变,前字则多变动。这跟北部吴语前字较后字稳定大不相同。

第三,最古老的吴语特征不是保留在今吴语中,反而保留在今闽语中,可以说闽语有一个古吴语的底层,或者说今闽语中有古吴语的底层遗存。

如果拿南方吴闽粤语的词汇与壮侗语言比较,我们会发现两者有一批词音义相似。两种不同的语言中的词音义相近的原因,如果排除偶合的因素,无非有二:一是同源;二是借用。同源词和借用词有时难以分辨。借用词本身又有从汉语借入壮侗语或壮侗语借入汉语的问题。我们暂且试用下述标准来判定哪些词是从壮侗语借入的:在汉语内部本字或语源无考;据史籍记载这些词只用于南方;这些词至今只用于南方;这些词不是文化词。文化词从汉语借入壮侗语的可能性较大。例如"剪刀"一词,壮语作 ke:u^2,临高话作 keu^1,它们很可能是从粤语(广州)的 kau^5 tʃin^3(铰剪)的 kau 借去的。"剪刀"在古粤语里很可能是单音节的"铰","铰剪"则是后起的南北方言的合璧词。下面按上述标准举两个从古壮侗语借入吴闽粤语的例子(上文提到的"藗"也是此类适例)。

蟑螂:广州 ka^6 tsat^8、厦门 ka^1 tsuaʔ^8、温州 kuɔ^3 za^8、壮语(武鸣)θa:p^7、傣语(西双版纳)meŋ^2 sa:p^8、傣语(德宏)meŋ^2 sa:p^9。这些语音形式中的第一个音节是词头,请比较第二个音节。虫类名词这种词头在吴闽粤语中还有别的例子,如蚯蚓:温州 kʰuɔ^3 ɕy^3、福州 ka^3 uŋ^3、莆田 kau^2 oŋ^3、潮州 kau^3 uŋ^3、阳江 kʰau^5 nɐn^3。其他如喜鹊、跳蚤、八哥、苍蝇、蚂蚁等词皆带词头。此类词头可以跟壮侗语中的虫类或鸟类的词头(类名)相比较。例如仫佬语:萤火虫 kɣa^1 miŋ^3、蜈蚣 kɣa^1 kɣp^7,其中第一音节 kɣa^1 即是虫类的类名;拉珈语:蟋蟀 kja^3 ŋjit^7,kja^3 是虫类的类名;傣语:鸽子

ka⁶ke⁶、乌鸦 ka⁶lam⁶,ka⁶ 是鸟类的类名。

　　盖：广州 kʰɐm³、潮州 kʰam⁵、漳州 kam³、厦门 kʰam⁵、福州 kʰaiŋ⁵、福安 kaŋ⁵、温州 kaŋ³、傣语（西双版纳）kom¹、侗语 qam³、仫佬语 kəm⁶。从这个词在汉语方言的音韵地位来看,其本字可能是"頢"。《集韵》感韵古禫切:"頢,盖也。"此字不见于《广韵》之前的字书,也不见于其他历史文献或北方口语。这个词只用于南方方言口语。所以頢字可能只是用以记录南方方言的这个口语词而已。古汉语只用"盖"。"盖"在今广州、潮州、厦门与"頢"兼用,这应该是从北方借入的词,在方言中是后起的。温州方言至今只用"頢",不用"盖"作为单音节的名词或动词。仫佬语也将 kai⁵ 和 kəm⁶ 并用,kai⁵ 即是汉语"盖",应是后来借入的,kəm⁶ 则是本族语固有的。

　　还有些古壮侗语词汇只是借入个别方言中,或者说只是残留在个别方言里。例如滑落:厦门 lut⁷、壮语（龙州）luːt⁷、傣语（西双版纳）lut⁷。竖放:温州话称为 taŋ⁵,音与壮语、傣语、布依语相同。这个温州方言词本字无考,用例最早见于南宋的早期南戏作品《张协状元》,写作"顿",见于"在路平地尚可,那堪顿着一座高山,叫五矶山。"这个"顿"字显然只是一个同音字。柚子:广州 luk⁷jɐu²、壮语 luk⁸puk⁸。广州的 luk⁷jɐu² 是个合璧词。jɐu² 是汉语"柚",luk⁷ 则是从壮语借入的。壮语的 luk⁸ 是词头或类名,指小而圆形物。屈大均《广东新语》说:"自阳春至高、雷、廉、琼,地名多曰那某、罗某、多某、扶某、过某、牙某、峨某、陀某、打某。"此类地名跟广西今壮族聚居区地名同一类型,即是古壮语地名的遗存。如"那"在壮语中是"田"的意思,读音作 na²,写成汉字即是"那"。如今徐闻县有那社、那策、那管;吴川县有那梁、那罗、那邓等。

　　这些从古壮侗语借入汉语南方方言的词可以看作是底层词。有些语言学家反对语言底层学说（substratum theory）,反对者的主要理由是:底层说不能像历史比较法那样,用严格的语音对应规律来论证同源词。对于这种批评是无可指责的。问题是底层词与历史比较法上的同源词的概念不一样,底层词只是一种语言中残留在另一种语言中的词汇,底层词的论证自然不能采用历史比较法。虽然底层词的论证不能做到像历史比较法论证同源词那样严密和令人信服,但是也决不是仅仅根据现代语音面目的相似。底层词的确定除了依从上文提出的几项原则外,至少有一部分还可以通过古音的构拟和比较,逐一论定。如"盖"这个词温州今音是 kaŋ³,今 aŋ 韵来自中古登韵、真韵、文韵、侵韵,以及桓韵和魂韵部分字。从这个词可以上溯到《集韵》感韵的"䫻"字来看,它的中古音属感韵见母,按李方桂的中古音系可拟为 *kjəm。对原始壮侗语中的"盖",李方桂曾拟为 *gum(见 *A Handbook of Comparative Tai*, University of Hawaii, 1977)。那么中古温州的 *kjəm 和原始壮侗语的 *gum 是相当接近的。

在一种语言中残存着另一种语言或方言的底层成分,这并不是不可捉摸的、难以理解的。语言接触产生语言借用,借用是很常见的现象。底层成分的残留只是语言借用的特殊形式而已。两者的主要区别仅在于前者必须要有民族地理学的前提,后者不必有此前提。如果甲民族移居乙民族聚居区,并且甲民族语言成为"上层语言",乙民族的语言成为"下层语言",那么乙民族的语言有可能在甲民族语言中留下底层遗迹。在秦汉之前中国南方少数民族的语言当然不是汉语。后来汉语跨过长江南下之后,南方古代少数民族语言在南方当地汉语方言中留下一些底层成分,这是不难理解的。通过汉语南方方言与少数民族语言的比较研究,可以发现这些成分,它们也不是不可捉摸的。

语言之间可以有底层残留现象,方言之间也可以有此现象。上文曾提到闽语中保留了一些古吴语的特征,也可以理解为今闽语中有古吴语的底层成分。在江淮官话中也可以找到吴语的底层成分。如丁邦新指出:"如皋方言是以吴语为基本,加上下江官话的部分影响而成的,所以吴语色彩较浓,下江官话的色彩较淡,成为这两个方言区域之间的中间方言。"这句话可理解为今苏北如皋方言中有吴语的底层成分。如如皋话和苏州话都是 n、l 分别,入声分阴阳、韵母单音化,而南京官话则 n、l 不分,入声不分阴阳、韵母复元音化。(详见《如皋方言的音韵》,载《历史语言研究所集刊》三十六本,1966 年)

本节讨论南方方言中非汉语的底层成分问题,只述及古壮侗语底层词,南方方言中还可能有别种语言的底层词。例如罗杰瑞和梅祖麟曾讨论过古代南方方言中"江、虎、牙、弩"等 15 个澳泰语(Austrosiastics)词汇,详见 *The Austrosiastics in Ancient South China — Some Lexical Evidence*,载 Monumenta Serica 32, 1976。

第八章　方言的社会语言学研究

第一节　年龄差异的调查和比较

调查、记录和比较方言的年龄差异是研究语言微观演变的极其重要的途径。它能为语音的历史演变、词汇更迭、语法成分和结构的兴替，提供活的证据，并且能为语言规划提供依据。

一、年龄差异现象及其观察

方言处在不断变化发展之中，方言在时间上的差异造成方言的年龄差异，即使用同一种方言的同时代的人，因年龄层次不同，方言的特点也有差异。方言的历时变化是缓慢的、渐变的，所以方言的年龄差异只是表现在个别特征上，并不妨碍不同年龄层次的人互相自由地交谈，如果不加特别的注意，一般人在日常口语中也不一定会觉察到年龄差异。一般说来，汉语方言的年龄差异比地域差异要少得多。

方言年龄差异的大小因地因时而异。在生活节奏较快、趋新心理较强的大城市，年龄差异较农村地区大一些。在社会变革剧烈的年代，年龄差异也会大一些，特别是在词汇方面会有较多的不同。

年龄层次一般可以分成老年、中年、青少年等。一般是通过对老年人和青少年口语特点的比较，来观察方言的年龄差异。在年龄差异比较中，老年人称为老派，青少年称为新派。中年人的方言特征往往在老派和新派之间游移不定。新派和老派之间没有绝对的年龄界限。一般说来老派的年龄至少应在 60 岁以上，新派大约是 30 岁以下的居民。老派方言的特点是保守、稳定；新派方言的特点是有较多新生的方言成分，特别是新的词汇。在新派中产生的某些成分有可能被老派吸收,特别是词汇。例如在吴语区,"电影"和"越剧"老派原来称为"影戏"和"戏文"(或绍兴戏、的笃班),现在通称为"电影"和"越剧"。由于教育水平的不断提高和公共传播媒介的强有力的影响,各地新派方言有越来越靠拢普通话的趋势。

新老派方言的差异,除了若干新旧词汇和语法成分有所不同外,最引人注目的是语音成分或语音系统的差异。例如宁波方言老派有 6 个或 7 个声调,新派只有 5 个声调,其中阳上并入阳去,阴上并入阴去。又如老派广东韶关方言鼻音声母[n]和边音声母[l]是两个不同的音位,在新派方言中[n]已经并入[l]。

二、年龄差异调查和比较的方法

方言的年龄差异如果不经过深入的调查,不易觉察或者难以全面了解。调查方言年龄差异的方法,一般是用相同的项目记录新派和老派的用法,然后加以比较。老派发音人的年龄要求在 60 岁以上,新派发音人的年龄最好在 20 岁至 30 岁之间。20 岁以下的发音人对一些字音的读法往往不稳定,或者他们可能会有尚未最后形成的新近产生的成分,这些成分即使对于新派来说也是不典型的。对中年人的方言可以作些补充调查,以便进行新老两派比较时参考。

在分别掌握老派和新派音系的基础上,一般是用对比字音的方法来发现新老派的差异。所谓"对比字音"是指用代表音类的相同的字,分别请新、老派发音人读,加以记录和审辨,比较异同。如"夺"字上海老派读 ɔɘ 韵,新派读 əʔ 韵,从而发现新派音系中 ɔɘ 韵已并入 əʔ 韵;或者用两个代表不同音类的字分别请新、老派发音人读,审察分合情况是否有别。如"李、连"两字上海老派不同音:李 li²³ ≠ 连 liɪ²³,新派同音,都读 li²³。由此发现在新派音系中 iɪ 韵已经并入 i 韵。

在进行新老派比较研究时,从老派出发比较方便:一是因为方言演变本身是从老派向新派发展的;二是各地方言的演变倾向是老派语音的音类较复杂,新派往往合并若干老派音类。例如许多方言老派分尖团音,新派则合并为一类。

年龄差异调查结果的报告一般可以包括下述内容:老派和新派的音系、老派和新派的特点(语音、词汇、语法)、老派和新派语音差异比较表。在这种比较表上列出若干代表音类的字音。然后加以文字说明。讨论和比较新、老派的语音差异可以从现代方言的音韵结构出发。例如，表 8.1 是上海老派和新派语音差异比较表（节选）。表上的第 1 项说明新派已将 e 韵并入 ø 韵；第 2 项说明老派的 ue 韵在新派已变成 uø 韵；第 3 项说明新派已将 iɪ 韵并入 i 韵；第 4 项说明老派分尖团，新派不分尖团；第 5 项说明新派已将 œʔ 韵并入 əʔ 韵。新老派的声调没有差别，表上不注调值。

表 8.1　上海老派和新派语音差异举例

派别＼字	1 南	2 碗	3 面	4 雪	5 脱
老　派	ne	ue	miɪ	siɪʔ	tʰœʔ
新　派	nø	uø	mi	ɕiɪʔ	tʰəʔ

第二节　双　言　现　象

本书所谓"双言现象"（diglossia）包括两种情形：一是指一个人在日常口语中能使用两种以上方言；二是指一个人在日常口语中既能使用民族共同语，也能使用方言。第二种双言现象在南方方言区是很普遍的；第二种双言现象在不同方言的交界地区、混杂地区或大城市，也是十分普遍的。调查双言现象对于研究语言和社会的关系、语言和文化的关系、语言的宏观演变、语言接触等是很有好处的；对于语言规划和语言教学工作也有应用价值。

一、双言地区及其文化背景

双言地区是指普遍使用两种或两种以上方言的地区。例如湖南临武、江华等十来个县的居民一般都能说两种话，一种是当地土话，一种是西南官话。确定双言地区的范围，可以采用社会学的方法，调查了解当地方言的种类和使用情况。

研究双言地区的历史文化背景，首先需要了解哪一种方言是当地居民的母语，哪一种是后来学会的。例如湖南临武的土话是当地居民的母语，西南官话一般人是入学之后学会的，没有上过学的人则是在社会交际中逐渐习得的。其次，要调查当地居民的移民历史，包括原居地、迁离的年代、迁移的路线、大规模迁居的次数、历次移民的人数等。调查的方法除了社会学常用的收集当地口头材料、谱牒材料和地方文献进行研究外，很重要的是应该用语言学的方法研究当地方言的特征，并且与别地方言进行比较，从中发现当地居民的历史来源，例如临武方言有赣语特征，可以证明临武县的居民历史上是从江西迁移而来的。

二、双言场景的调查和研究

双言场景是指在日常生活中使用双言的各种场合。研究双言场景即是研究在什么场合选择使用什么方言。

日常生活中的场景是非常丰富复杂的，不可能列举，这里举些例子，例如家庭生活、朋友交际、学校生活、公共场合、工作单位、买卖交易、沉思默想等。要是深入调查一个地区的双言现象可以把场景的类别区分得更细致。调查的方法除了询问当地人之外，很重要的是注意观察，实地记录人们在什么场合是使用什么方言的。

对双言场景的调查有助于了解当地双言现象的发展趋势，即双言现象将维持下去或趋向消亡。双言现象萎缩的过程也就是其中某一种方言退出越来越多的双言场景的过程。吴语和江淮官话交界地区的一些地点的双言现象正在萎缩中，吴语逐渐退缩，最后只在家庭生活中使用。

三、语码转移的调查和研究

语码转换（code switching）是指说话者从使用一种方言转换到使用另一种方言。影响语码转换的因素很多，最常见的有以下几种。

（一）双言场景的转换引起语码转换。例如教师上课时用普通话讲课，下课用方言与同学聊天。

（二）角色关系制约语码转换。谈话中的一方如果是尊长（上级、长辈、教师），另一方往往要服从对方的语码转换。当求人帮助的时候（如问路），也常常要服从对方的语码转换。

（三）双言熟练程度不等制约语码转换。双言人当需要表达个人的思想感情的时候，一般是使用母语更熟练。为了更直接、更细微、更生动、更便利地表达思想，往往转而使用母语。例如吵架、骂人的时候一般都改用母语。知识界因为所受教育的关系，对于学术问题反而觉得使用普通话更熟练，所以在谈话涉及学术问题或学术术语时，常常转而用普通话。

（四）语言感情制约语码转换。一般人对故乡的方言带有特殊的感情，两个陌生人在外地相遇，用非母语交谈一阵后，如果互相发现是同乡，往往会转而使用家乡方言，这是语言感情的影响。

语码转换的调查方法是用问题表询问和实地观察、记录相结合。语码转换的调查，也可以深入到一个双言家庭中进行。

四、语言态度的调查和研究

语言态度（language attitude）是指个人对某种方言的价值评价和行为倾向，例如一个会说普通话的人对粤语的价值评价和他实际上使用粤语的行为倾向，即他在什么场景使用粤语、使用粤语的实际频率。

影响语言态度的因素主要有三方面：一是这种方言的社会地位。例如广州话在两广以至华南地区是优势方言，地位较高，所以对广州话的价值评价自然也较高。二是使用这种方言在实际生活中的必要性。例如在以前的上海，在买卖交易的场景中，如果不用上海话，有可能会因为"语言歧视"的关系，而有种种不便，这就自然导致会说上海话的双言人，在购物时宁愿使用上海话。三是语言感情倾向有时候可能导致提高对家乡话的价值评价。

调查语言态度除了可以用询问和观察、记录的方法，还有一个特殊的方法，即"配对变法"（matched-guise）。这种方法是：预先录制两段内容相同的话语，请同一个双言人分别用两种不同的方言讲述。再请受试的若干双言人听这两段话的录音（发音人不露面）。然后请受试人根据所得的印象分项目作出评价，并且分别给分。这些项目包括容貌、品行、才智等。最后统计总分。根据对这两段用不同方言说的话的总分的高低，判断双言人偏爱哪一种方言。例如闽语莆仙话和普通话的"配对变法"试验结果是：莆仙话总分得 90 分，普通话得 76 分。

这说明莆仙人对普通话尚缺乏语言归附心理。

语言态度的调查和研究有利于语言规划工作。

第三节　社　会　方　言

一般所谓"方言"是指"地域方言",即通行于某一地区或地点的方言,它是这个地区或地点的全体居民所共同承认、共同使用的。"社会方言"则是指只通行于全体居民中的某一个社会阶层的方言。除了特殊情况外,社会方言一般只有若干特点与全民方言不同。两者没有质的区别。社会方言的调查必须在一般方言的调查研究的基础上进行。调查必须分社会阶层进行。以下讨论与社会方言有关的几个问题。

一、性别变异

男子和女子在语言习得、语言能力和语言运用上都有一定的差别。两者的差异是有关生理、心理和社会三方面的原因综合作用的结果。女孩学会说话比男孩一般要早三个月左右。女子的语言表达能力比男子强,也就是说女人比男人更善于说话。女子还更善于运用眼神、表情、手势、身势等有声语言以外的手段来增强语言的表现力和感染力。

男人说话比较关心内容,较少注意措词,多平铺直叙;女子说话比较注意情感表达、措词、语气和语调。在日常谈话中女子比男子较多使用带征询口气的疑问句、感叹句和多种委婉的表达方式。骂人的话男子和女子也有明显的不同。在吴语温州话中男人骂人称为"谳马颓",女人骂人称为"懱",各有一套骂人的话,互相不会倒错。有些地方的女子还自有一套有关人体生理卫生的隐语,仅仅通行于女子中间。教育程度较低的男子口语中常常出现粗鲁的口头禅,女子一般没有此类口头禅。

在语音上女子比男子更具有性别角色的自我意识。赵元任在《现代吴语的研究》(1928)中曾提到苏州话"好、俏"等字(效摄),女子多读[æ]韵,男子的读音比[æ]略偏后。黎锦熙曾在 20 世纪 20 年代提到北京的女国音(又称"劈柴派读音"),即有文化的女性青少年把声母

[tɕ、tɕʰ、ɕ]的发音部位往前移，发成一种近似于[ts、tsʰ、s]的声母。如把"尖 tɕien⁵⁵"字读成 tsien⁵⁵ ;"鲜 ɕien⁵⁵"字读成 sien⁵⁵ ;"晓 ɕiau²¹⁴"字读成 siau²¹⁴。"女国音"在今天的北京话里仍然存在。上述语言的性别差异是就一般情况而言的，在女子或男子内部个体之间的差异有时候也可能超过性别之间的差异。

二、职业变异

人们因职业不同，语言也会有变异。职业变异最突出的表现是使用不同的行业语。行业语可以分成两大类。一类是没有保密性质的职业用语，例如戏剧界的行业语：客串、票友、下海、亮相、扮相、打出手、打圆场等。这些产生于京剧界的行业语，已经进入书面语，还有一些地方戏曲的行业语仍带有方言色彩，例如越剧术语：路头戏（随编随演的小戏）、册板（打出节奏的鼓板）、行头（戏装）、的笃班（越剧戏班）等。另一类是对非本行业的人保密的，即秘密语。各地秘密语的种类很多，名称也很纷繁。如山西省理发社群的行业语丰富多彩，对外保密：扇苗儿——电烫、水鱼儿——刮胡子用的小扇子、水条——湿毛巾、隔山照——镜子。

行业语自有语音特点的不多见。大致只有戏剧界和曲艺界的行业语有些明显的语音特点。如沪剧咬字分尖团，但是今天的上海话已不分尖团；苏州评弹分[ts-、tsʰ-、s-]声母和[tʂ-、tʂʰ-、ʂ-]属声母，但是今天的苏州话这两类声母已经合并。戏剧界或曲艺界的语音特点实际上是老派方言或旧时代方言语音特点的遗存，所以调查研究这些特点有助于了解方言语音的发展过程。

民间反切语是一种特殊的行业语，本书第一章曾举例说明它的种类。这里谈谈它对方言音韵研究的价值。从反切语可以看出本地人对音类分合的见解。方言区的本地人只是凭语感创造和使用反切语，所以反切语的切法实际上代表本地人对音类分合的见解。例如对一种方言作音位归纳时，语言学家对介音归声母或韵母有时颇费踌躇，这时候反切语可以派上用途。"瓜"字北京、福州、广州都读 kua。其中介音 u 属声或属韵可以从三地的不同切法来判别。北京话切成 kuai—lua，即 ku＋ua。广州话切成 la—kui，即 ku＋a。福州话切成

lua—ki,即 k+ua。可见 u 介音北京人认为属声母或属韵母两可,广州人认为属声母,福州人认为属韵母。(见赵元任《反切语八种》,载《历史语言研究所集刊》)

三、语用变异

在不同的语用环境,方言也会有变异。语用环境的种类很多,例如地方戏剧语言、方言新闻广播、方言广播讲话、课堂用语、办公室用语、家常谈话、与幼童谈话等。在不同环境所使用的方言会有不同的特点。例如地方戏剧语言的特点有二:一是尽可能接近书面语或普通话;二是倾向于保留老派方言的特点。沪剧所用的方言,在语音上仍分尖团;第一人称复数用"我伲";被动句用"被"字引出施事。以上第一、二两项是老派上海话特点;第三项是书面语的表达方式,上海口语被动句通常不用"被"字引出施事。与幼童谈话时使用的方言的特点是模仿幼童的说话语气、语调、词汇等,例如成年的上海人与幼童谈话时使用平时不用的叠音名词:草草、肉肉、鞋鞋;平时不用的带词头的名词:阿鱼、阿肉。亲属称谓在各地方言中普遍有直称(面称)和叙称(背称)的区别。直称用于听话人和被称呼人为同一个人时;叙称用于被称呼人是说话人和听话人之外的第三个人时。例如吴语嘉兴话对"兄、弟、妹"的直称和叙称分别为:阿哥——大老;弟弟——兄弟;妹妹——妹子。

四、忌讳词和吉利词的调查研究

在各地方言中都有一批忌讳词,特别是在旧时代,使用得更普遍。北京口语忌用"蛋"字,在以下几个词里都避用"蛋"字:鸡子儿(鸡蛋)、炒木樨肉(炒鸡蛋)、松花(皮蛋)、木樨汤(鸡蛋汤)。"蛋"字只用作贬义:浑蛋、坏蛋、捣蛋、滚蛋、王八蛋。上海口语却不忌用"蛋"字,而忌用"卵"字。"卵"字只用于詈语。"猪肝"的"肝"字跟"干"字同音,因此广州话、阳江话改用"干"的反义词,称"猪肝"为"猪润""猪湿"。猪舌的"舌"字跟"折本"的"折"字音同,所以不少地方改用"折"的反义词,如猪利钱(梅县)、猪利(广州)、招财(南昌)、猪口近(温州)。

以上这些忌讳词所用的回避法是改用别的词。另一种方法是只改音,不改词。例如苏州和上海一带吴语忌"死"[sᴝ]这个字音,口语改称"死"为[ɕi]。又因[ɕi]和"洗"字同音,遂不用"洗"这个词,改用"汰"或"净",表示"洗"的意思。

与忌讳词相反的是吉利词。各地民间多有利用谐音而取吉利的风俗。如北方民间旧式风俗,由年长的女方亲属向洞房寝帐撒枣栗,并唱《撒帐歌》:"一把栗子,一把枣,小的跟着大的跑。"这是利用"枣"谐"早","栗子"谐"立子",而取"早立子"的吉意。

忌讳词和吉利词在各地并不完全相同,其中的原因除了跟各地心理、文化差异有关外,跟各地方言的语音和词汇系统不同也显然是有关的。在上海话里,忌"鹅"字与"我"字同音,所以将"鹅"改称"白乌龟"。在这两个字不同音的方言里,就不会有这个忌讳词。厦门话"枣、早"不同音,所以在洞房撒帐时并不用"枣子",而用花生,谐"生育"之意。在闽南话中称"萝卜"为"菜头",所以闽南人年夜饭要吃"菜头",以与"彩头"相谐。

调查和研究忌讳词和吉利词,不仅需要熟悉当地方言的语音系统和词汇系统,而且需要了解当地的民间心理和文化背景。

亲属称谓中的讳称是一种特殊的忌讳词。讳称相对于常称而言,因出于民间的忌讳心理,不用通常的称呼,而改用别的称呼,如浙江乐清有人称"父亲"为"阿叔",称"母亲"为"阿婶"。浙南和福建许多地方都有类似的讳称,其背后的忌讳心理是:父母较年轻怕叫重了,孩子不好养,或父母怕把厄运传给孩子。

第四节　方　言　地　名

地名是一类特殊的词汇,是人们在社会生活中给地理实体、行政区域或居民点所起的专有名称。地名中包含着丰富的社会生活和文化历史的内涵。调查、记录和研究地名不仅有助于语言学研究,也是人文地理和人文历史研究的重要组成部分。

一、地名的方言特征

在大量地名中有一部分是方言地名。所谓方言地名是指带有方言词汇或语法特点的地名。这类地名大多是小地名,如村名、小河名、小桥名等。

地名一般由专名和通名两部分构成。例如"洞庭湖","湖"是通名,"洞庭"是专名,"长沙市","市"是通名,"长沙"是专名。大多数方言地名是通名部分用方言。例如垟(山间平地或田间)、寮(小屋)、漈(山间水滨)、圳(田边水沟)、峇(山谷)等地名通名用于南方许多小地名:浙江青田的黄垟、云和的麻垟;江西南丰的官家寮、遂川的大寮;福建连江的龙漈山、宁化的谭飞漈;广东的深圳和高圳(梅县)。地名的专名部分用方言较少,如广东揭西的刣羊巷、普宁的刣狗柯。"刣"字是"宰杀牲体"的意思,用于浙南、福建和广东的一些方言中。

还有一类方言地名表现出方言语法的特点。如广东丰顺的狗牯坑、潮安的牛公寨、揭阳的鸦母墩、梅县的鸭妈坝、普宁的鸡婆石等。在这些地方的方言中表示家禽牲畜的性别的词是后置的,雌性的标以母、姆、妈、婆等,雄性的则加上公、牯等字,跟北方的前置刚好相反。

二、地名的区域特征

地名的区域特征是指同一个地区有共同的地名用字,换句话说,地名用字的地理分布有区域性。例如粤北客话区、闽北和浙南常用下述地名通名:嶂、磜、岽、坑、潭、里、峰、溪、垟、源、濑、浦、墩、圳等。又如"畈"(田)和"坞"(山岩)字地名在浙江只见于浙北,不用于浙南;而"垟"(田)和"峇"(山谷)只见于浙南而不见于浙北。

某一地区有共同的地名类型说明这个地区在古代一定有共同的移民历史、文化背景或经济生活,有共同的方言土语。因此分析这些地名的来源、演变及分布规律无疑对方言区和文化区的划分及文化史的研究有重要的参考作用。

长江下游的太湖平原是著名的水稻高产稳产地区。太湖平原有许多以堤、堰、塘、埭、闸等字为地名通名的地名。塘、闸、堤的词义全国一致,"堰"是可以溢流的挡水堤坝,埭则是堵水的土坝。例如,以"埭"字为通名的地名有:黄埭、钟埭、徐贤埭、胡埭、林埭、郑家埭、新埭等。在地图上看看这一类地名就可以知道,水利工程跟当地的经济生活关系很大,当地的水田作物栽培非常发达。

如果两个不同的地区地名类型相同，那么必定有移民的历史背景。如台湾的地名类型和福建相同，这就跟历史上福建人移居台湾直接相关。这些移民把故乡的地名或地名用字带到台湾，用以命名新地方。两地共有的地名通名有：埔（原野）、墘（岸边）、寮（小屋）、堤（庭）、圳（田边水沟）、厝（房子、家）、埤（圩岸）等。有的移民喜欢将原地名照搬到新居地。如台北市有泉州厝、漳州寮；台中市有同安厝；嘉义市有安溪寮。这些地名的专名部分都是闽南的州县名，即以县名作乡村名。还有一种情况是乡村名依旧用作乡村名，如福建晋江县东石乡自明朝末年就有人移居台湾嘉义市，他们将新居地也命名为"东石乡"。这一类地名对于闽台间的移民史研究有一定价值。

人名（尤其是小名或奶名）和地名相类似，也有方言特征和区域特征。例如吴语区一种很普遍的人名结构是取姓名的最后一个字，前加词头"阿"。如某人姓名是"王金龙"，即称他为"阿龙"。这种称呼法男女都适用，不过限于称呼下辈或同辈。浙南的温州话另有一种人名的构词法是，取姓名的最后一个字再加上"姆"（"孩子"的意思），如某人叫李明尧，即称他为"尧姆"。这类人名多用于奶名，年长后少用。

第九章　方　言　文　字

　　本章讨论有关记录方言的文字问题。方言的文学作品、词典、课本、研究方言的著作等都需要用文字记录方言的词汇和句子。方言区的居民在日常生活中也偶尔要用文字记录方言口语词汇，如记账、写信等。不是所有的词都有方块汉字可写。在方言学著作中对这些有音无字的词，即有语音而无本字或无同音字可写的有意义的音节，一般用方框表示，后边再用国际音标标音，如武汉话：□[tɕʰiou³⁵]眼（近视）。用于记录方言的文字有的跟全民使用的方块汉字没有区别，有的不一样。需要讨论的记录方言的文字有以下几类：方言本字、方言训读字、方言杂字和方言拼音文字。

第一节　方言本字和方言训读字

　　方言词在历史文献中最初的书面形式，即是这个词的方言本字。例如宁波方言称用手按住东西为 tɕʰiŋ⁵，本字是"搇"，初见于《集韵》去声沁韵丘禁切："搇，按也。"方言本字往往需要经过考证才能获知、确认。

　　"方言本字考"即是对方言词的最初书面形式的追索和考证。确定本字的关键是方言词和本字在语音上相对应，在词义上相同或相近。本字考应分四个步骤来进行：第一步是确定今方言词的音韵地位，即按古今音变规律，确定其在《广韵》一系韵书中的声韵调地位；第二步即在《广韵》一系韵书的相应韵目之下追索音义相合的字；第三步，寻找其他文献材料以为佐证；第四步，与其他方言参酌比较，互相印证。例如"以舌舔物"温州话称为 dʑei⁴。今温州音 ei 在中古可以是麻韵或支韵，因声调是上声，所以本字有可能在马韵里或纸韵里。假定先在《广韵》马韵字里追索，结果找不到音义相合的字，转而在纸韵里寻找，终于找到"舓，神纸切，以舌取物"。音义皆合。再在别的文献里寻找佐证，发现此字见于《集韵》纸韵甚尔切："舓，甚尔切，《说文》以舌取物也。"所谓别的文献中的佐证，也包括方言词在字书或韵书之外的文献中的实际用例。最后再看看别的方言是否也有此词，本字是否相合？结果发现广州话中"以舌取物"称为 sai³，本字也应该是"舓"字。这样就可以完全确认温州话的 dzei⁴ 本字是"舓"。上述这个考本字的例子中，文献佐证部分只是找出别的韵书中的材料。用于佐证的材料，除了字书和韵书之外，最好是能说明这个字实际用法的有上下文的文献材料，即所谓"书证"。例如各地吴语普遍使用的"敨"这个词，意思是"展开"，苏州音 tʰ ɤ³，温州音 tʰau³。本字见于《集韵》上声厚韵："敨，展也。"他口切。文献用例如《水浒传》第二十六回："看何九叔面色青黄，不敢敨气。"但是许多方言本字在古代文献里是找不到实际用例的，因为一般的古代文献所用的是标准的书面语，不用或很少用方言词。大量的方言本字只是收录在古代的字书或韵书之类的工具书里。又因为各地方言词汇并未普遍深入调查，考证某一地方言本字的时候往往难以顾及跟其他方言的全面比较，所以考本字的工作常常只是停留在第一、第二两个步骤上。扎实的考本字工作还是应该遵循上述四个步骤的程序。

有的方言本字可能有两种甚至三种写法。例如吴语普遍称"折枝"为"搃"，如乾隆《宝山县志》载："搃，音乌欢切，音剜，俗称揉物使折也。"又光绪《嘉定县志》："俗称直者曲之曰搃。"此字见于《集韵》上声桓韵乌丸切："搃，捖也，或作搢。"又，梁乐府有《胡吹歌》说："上马不捉鞭，反搃杨柳枝。"这里的"搃"是"折枝"的意思，显然与"搃"是同一个词。这样看来，"搃"字又有"搢"和"搃"两种不同的写法。

不是所有方言词都有本字可考，有的方言词历来没有文字记载，本字当然无从查考。有的词的今音跟《广韵》音系难以联系，也不容易推求本字。如南昌方言的 kʰau¹¹ 是"混杂到一起"的意思，本字无考。对于这类词不必强求考本字，以免弄巧成拙。

方言本字只是方言词的最初的书面形式，本字和词源不完全是一回事。例如绍兴话称牛犊为 ã³，其本字是犙，见于《集韵》上声梗韵：

"吴人谓犊曰㹀,于杏切。"武汉话也有"牛㹀子"niou²¹³ ŋən⁴² tsʅ⁰ 这个词,即指"牛犊"。"㹀"字并不能说明这个词的词源。为了追索词源,需要另作考证。《广韵》上声梗韵:"瞸,清洁,乌猛切。"可见《集韵》中的这个字是个形声字,只是借"瞸"这个字的字音来记吴语中"牛犊"这个词。《玉篇》牛部:"㹀,唤牛声。"所以这个词的词源应该是牛犊←唤牛声←牛鸣声。

现在讨论方言训读字。用汉字记录方言词,有时不用这个词的本字或原字,而借用一个同义字或近义字来记录,这个被借用的字,即是训读字,这个字的读音仍按本字或原字的读音读,称为训读音。如琼州方言借用"怕"字记录"惊"这个词。"惊"字即是原字,"怕"字即是训读字。其读音仍按原字读作 kia²³,不按"怕"的本音读作 fa³⁵,kia²³ 即是训读音。现在举几个方言中的训读字的例子,见表 9.1。

表 9.1　方言训读字音举例

方言点	训读字	训读音	原字或本字
梅县	柴	tsʰiau¹	樵
梅县	伞	tsa⁴⁴ uɛ⁰	遮子
潮州	欲	āi⁵	爱
厦门	脚	kʰa¹	骹
温州	要	i⁵	爱
温州	人	naŋ²	农

训读字的特点是皆有原字或本字与之对应,而这些原字或本字在现代汉语里已不用或不常用或词义与方言词有所不同,如表 9.1 中的"樵、遮、骹"已不常用,即这三个字在现代汉语里已不用作"柴、伞、脚"的意思。"骹"字见于《广韵》平声肴韵:"骹,胫骨近足细处。"口交切。"爱、农"的词义有所不同,不指"欲、人"。

第二节　方　言　杂　字

记录方言词的方块汉字见于文学作品和语言学著作,也流行于各地民间。对于这些方块汉字向来没有系统的整理,也没有做过正式的规范化工作。不过方言区民间历来对这些汉字有大致约定俗成的写法和用法,有的地方旧时还编有专门载录这些所谓方言杂字的小册子,如闽南的《五音杂字》,大致以手抄本为多,目的在于流传,在于向"童蒙"传习。方言杂字主要用于人名、地名、账目、信札、地方文艺作品、地方志等。方言词典和方言文学作品对方言杂字也起到非正式的规范化作用。方言学著作对民间的方言杂字似乎不起规范作用。

现在把这些方块汉字总称为方言杂字,分成以下四类,略加讨论:方言专用字、方言同音字、方言俗字、方言合音字。这四类方言杂字的共同特点有三个。一是它们只用于记录方言,或者用法跟标准书面语不同。二是这些字未经正式规范,写法不稳定,同一个词在各地写法可能不同,就是在同一个地方,写法也可能因人而异。三是开放性:一方面新的杂字不断产生;另一方面旧的杂字可能流行一时就废弃了,自生自灭。

方言专用字是指为古今辞书(兼括字书、韵书)所认可的标准方块汉字中专门用于记录方言词的汉字。有的辞书标明这些字的使用地域,如《说文》刀部:"剐,楚人谓治鱼也。"但是有的辞书不标明使用地域,如同一个"剐"字,《广韵》入声屑韵:"剐,割治鱼也。"古屑切。现代的辞书如《新华字典》《现代汉语词典》往往注明"方言字"。

方言专用字虽然是为词书所认可的汉字,但是并不用于规范的汉语书面语,这是这一类字的特点。如"戲",这是一个方言字,温州音 tso^3,江西新干音 tsa^1,载于《广韵》平声麻韵侧加切:"戲,以指按也。"《集韵》写作"觑",见于平声麻韵庄加切:"《说文》又取也。"此字似未见于辞书以外的文献。

在记录方言词的时候,如果这个词本字不明,或者本字太生僻,就选用一个声韵调完全相同的字来记录。这个被选用的字即是"方言同音字"。在方言学著作中一般在同音字下加浪线表示。如河北昌黎话称"害怕、发慌"为 mau^{24},写作毛,"毛"即是同音字。这种方言同音字在民间一般称为别字。别字的声韵调有的与所代表的词完全一样,有的略有不同。如严芙孙《上海俗语大辞典》(1924)载:"老脚鱼,犹言老乌龟也,骂人语。"这里用"脚鱼"代替"甲鱼","脚"和"甲"声韵调完全相同。再看同一本辞典的另一条:"赞,称人之美曰赞。如甚美曰赞(读作上声)来。赞,又写作崭。"这里的"赞"本是去声,作者特地指出"读作上声",可见当时阴上和阴去还有分别。用"赞"字记录,与原词上声不合。如写作"崭"则声韵调皆合。

用同音字代替的原因有二:一是本字无考或未明,上述用"脚鱼"代替"甲鱼"的例子,即是因为作者不明本字,"甲"字很容易写,本来不必用同音字的。二是本字太生僻,故意回避。如上海话谓孩童鲜丽活泼为"趣"tɕy³⁴,本字当作黼,见于《广韵》上声语韵创举切:"《说文》曰:会五彩鲜貌,引诗云:衣裳黼。"今浙江嘉兴话谓人与物鲜丽皆为"趣"。

有的字因相承已久,一般已不觉得或不再认为是同音代替字。例如许多方言把猪的瘦肉写作"精肉"。"精"的本字应该是"腈",见于《集韵》平声清韵咨盈切:"腈,肉之粹者。"

方言同音字所用的字是规范的汉字,并不是生造的,这是它跟方言俗字的不同之处。

方言俗字是生造的方块汉字,为辞书所认可的标准汉字库所不容。例如民国《揭阳县志》卷七《方言》载:"尺牍诗文中字体之变殊难悉数,如坐为坔(音稳),短为矮(音矮),瘦为奀(音芒),山之岩洞为岙(音勘),水之矶激为泵(音聘),蓄水之地为氹(图锦切),通水之道为圳(屯去声),水之曲折为凼(音囊),潴水之处为堀(即窟也),路之险隘为卡(音汉),隐身忽出为伋(音闪),截木作垫曰不(敦上声),门上横木曰闩(音拴),物之脱者曰甩(伦粒切),子之晚生者曰屘。此皆随俗撰出者也。按此文郡志所录,然方言俗字大江南北亦同之,不独潮中为然,大抵音本有古字,因音略异遂别撰字以实之,虽中土皆然。"这段话共写录 14 个记录潮州方言的字,其中"闩"是规范汉字,"圳"可视为方言专用字,"泵、卡、甩"可视为方言训读字,其余均是方言俗字。徐珂《清稗类钞·方言类》有类似的一段话,所录方言俗字略多。

创制和使用方言俗字有三个主要原因。一是本字无考或无字可写,如潮州方言区将 ta³¹(说)写作咀。二是原字笔画太繁,如重庆把"磁"字写作矼。三是用于外来词,如粤语:咭 kap⁷<英语 card(卡片)、唛 mak⁷<英语 mark(商标)。

　　记录同一个词的方言俗字各地的写法可能不同,例如"山间平地"在浙江吴语区写作峑或嵼,在闽语区则写成峏、坳或埖。闽语区的地名词同是指磁窑,闽东写作"硋窑"(福州音 xai²iu²),闽北写作坰瑶(建瓯音 xo⁵iau⁵)。

　　同一个方言俗字在不同的地方所指也可能不同。例如,"杬"武汉指"楼",长春指"柳"。"嬲"上海指嬉扰不已,广州指生气,潮州指奇怪或玩耍。

　　方言俗字的造字方法和通常汉字的造字法基本一样,以形声造字和会意造字最为普遍。如形声字:闽语地名用字"垵"(厦门音 ua¹)意指小山谷;"埕"(福州音 tiaŋ²、厦门音 tiã²)意指庭院。会意字:峿(岩洞、潮州);孖(两个,广州)。近年来新产生的一种方言俗字是把原字中笔画较多的声旁用同音字、近音字或简化字替换。如闽南把地名用字"澳"写作"沃"(比较"棉袄"的"袄")、杭州把"菜"写成"芽"、重庆把"磁"写成"矴"。

　　吴语区有一个特殊的方言俗字"掱",越出了汉字造字的传统方法。这个字的意思是"小偷、扒手",旧时上海惯用。《上海俗语大辞典》载:"掱,音手,字典并无此字,惟沪上电车及商场中常标悬谨防掱字样。"此字由三个"手"字组成,来源于熟语"三只手",即指小偷。此字读音注为"手"是不对的,实际上是读作"三只手",上海音是 sε⁵³⁻⁴⁴ tsaʔ⁵⁻⁵ sʏ³⁴⁻²¹。汉字造字的一个原则是一个字代表一个音节,但是这个方言俗字却包含三个音节。

　　方言俗字产生于民间,初起时不为辞书所承认,但是流行既久,也有可能被辞书所收录,成为方言专用字。如南方地名词"圳",原字是"甽",见于《集韵》去声稕韵朱闰切:"沟也。"写作"圳"是俗字。但是后出的《字汇补》已收录此字:"市流切,江楚间田畔水沟谓之圳。"

　　合音字是一种特殊的方言俗字。常用的双音节词,在口语中合成一个音节,而用一个字来记录,这样的字称为合音字。合音字的形体是将前后两个字合写在一起,占一个方块汉字的位置,即相当于一个方块汉字,前字多写在左边,或将前字写在后字的上边。

　　合音字的读音都是由前后两个音节紧缩而成,大致声母与前字关系较大,韵母及声调与后字关系较大,但具体如何紧缩,因各方言音节结构规律不同，而有不同，并无统一的规则，不过有一个总的原则是共同的，即合音字的读音必须合乎各方言的音节结构。以下分析几个合音字的读音紧缩法。

苏州话合音字"覅"由"勿"fɤʔ⁴和"要"iæ⁵¹³紧缩而成，即取前字声母和后字韵母及声调合成。苏州话除这个合音字外，f 声母虽然不拼带 i 介音的韵母，但是可以拼 i 韵母。对此字及下文"嫑"字的分析详见谢自立《苏州方言的五个合音字》（载《方言》1980 年第 4 期）。

西宁话合音字"嫑"pɔ²¹³由"不"pʏ²¹³和"要"iɔ²¹³紧缩而成。如果按苏州话"覅"的例子，西宁的"嫑"要读成piɔ²¹³，但是实际上是读成不带 i 的 pɔ²¹³。因为在西宁话的音节结构里 p 声母不跟 i 韵母拼，虽然可以与带介音 i 的 iɔ 韵相拼，但是 piɔ 这样的音节只有阴平（44 调）和上声（53 调）字，没有去声（213 调）字，而 p 和 ɔ 相拼的字四个声调都有，如去声字报 pɔ²¹³。所以这个合音字读成 pɔ²¹³，而不是 piɔ²¹³。

北京话的合音字"甭"pəŋ³⁵，是"不"pu³⁵和"用"yoŋ⁵¹紧缩而成的。在北京话音节结构里，p 声母可以与 əŋ 或 iŋ 韵母相拼，但是不跟 yoŋ 或 oŋ 韵母相拼，所以这个合音字读成 pəŋ³⁵或 piŋ³⁵，后一读较少见。声调取前字不取后字。

苏州话合音字"䞶"aŋ⁴⁴是由"阿"aʔ⁴和"曾"zən³¹紧缩而成。前字是零声母，只好取其主元音 a，因为已有元音，后字只能取韵尾，但是在苏州话音节结构里 a 韵母不能后接 n 韵尾，而可以后接 ŋ 韵尾，所以变成 aŋ。又因为 aŋ 是零声母，声调只能是阴调。前字本是阴调，后字是阳调，所以取前字的高调层，变成阴平 44 调。整个合音字的语音 aŋ⁴⁴仍能符合苏州话的音节结构。

潮阳方言合音字"𠁞"boi²¹³是由"唔（不）"m²¹³和"会"oi²¹³紧缩而成。为什么声母变成 b，而不取前字的 m 呢？因为潮阳话的音节结构 b、l、g 只拼口音，m、n、ŋ 只拼鼻音，所以不允许有 moi²¹³这样的音节。另一个合音字"孬"mõ⁵³是由"唔"（不）m²¹³和"好"ho⁵³紧缩而成。合音字不读 mo⁵³，而读韵母是鼻化音的 mõ⁵³，也是受这个音节结构规律制约的。

从上述实例来看，合音字的读音受到各方言的音节结构的制约，并不是简单的前字声母和后字韵母相拼合。但是如果音节结构许可的话，合音字一般还是取前字声母和后字韵母及声调合成。如潮阳话：唔(不)ŋ²¹³＋爱(要)ãi³¹＞嬡(不要)mãi³¹；唔(不)ŋ²¹³＋畏(怕)ũi³¹＞㗂(不怕)mũi³¹。

不是所有的合音都有相应的合音字。合音是语流音变现象。许多合音是在快说时即语速加快时才出现的，慢说时仍分成两个音节。有相应的合音字的合音，大致都是已经凝固的语流音变现象，至少是出现频率较高的合音。

第三节　方言拼音文字

方言的拼音文字大别之有两大类：罗马字拼音和切音字拼音。罗马字母或拉丁字母的方言拼音文字最早是西洋传教士创制并且大力推广的。如果暂且勿论明末耶稣会士的罗马字注音等为官话创制的拼音方案，只讨论南方方言的拼音文字，那么各种教会罗马字的兴盛期是 19 世纪后半期至 20 世纪 20 年代。最早流行教会罗马字的地方是厦门一带，1850 年已有厦门话的罗马字拼音方案，1852 年即有罗马字圣经译本，这也是中国第一本方言《圣经》罗马字译本。厦门的教会罗马字不仅用于翻译和学习《圣经》，并且也用作民间书信来往的工具。继厦门之后，宁波、兴化、温州 3 种方言也分别于 1851 年、1890 年和 1903 年创制教会罗马字。此外，至少还有下述 6 种方言也有教会罗马字：福州、汕头、客家、广州、上海、台州。

传教士创制教会罗马字的主要目的是翻译《圣经》，便于在当地传教。各种方言的罗马字《圣经》在 1890 年至 1920 年间的销售量见表9.2。此表据《中华归主——中国基督教事业统计》一书所提供的材料制成。30 年间合计销售 141 516 本。从此表可知方言拼音在闽语区最为流行，又以厦门为最。在宁波和广州也相当流行。

表 9.2　教会罗马字《圣经》在各地的销售量比较

方言	广州	厦门	福州	海南	汕头	宁波	台州	温州
销量	15 350	63 323	16 895	4 900	13 424	16 310	8 914	2 400
排名	4	1	2	7	5	3	6	8

教会罗马字的使用范围大致局限于教会和教友之间。除了西洋传教士创制方言拼音方案外,清末的中国学者也有为方言创制用拉丁字母及其变体或别的符号拼音的文字的,他们志在向社会推广,并不局限于教会。他们的工作被称为切音字运动。切音字运动的肇始者是卢戆章。他为厦门话、漳州话、泉州话等闽语创制的方案见于所著《一目了然初阶》(《中国切音新字初阶》,1892 年)。卢戆章是中国第一位为汉语创制拼音方案的学者。此前已有西洋传教士利用罗马字母制成所谓"话音字",用来拼写闽南话,翻译《圣经》,其拼写方法是音素制。卢戆章认为每字长短参差,太占篇幅,欲改为双拼制。遂用拉丁字母及其变体,制定55 个记号用于拼写闽语,其中厦门音只用 36 个字母,漳州音另加两个,泉州音加 7 个,一共 45 个;其余 10 个用于汕头、福州等地闽语。他的方案曾由京官林辂存呈请都察院代奏,后因戊戌政变而搁置。他个人曾在厦门一带推行这种切音新字,但成绩不如教会罗马字。卢戆章卒于1928 年,去世后其方案也不再有人过问。后出的切音字命运大同小异,有的甚至只有方案,而未能推行。没有一种切音字是推行成功的,其成绩远不及风行半个多世纪的教会罗马字。

兹将清末卢戆章以后至 1910 年的各种南方方言切音字方案列成表9.3。此表据倪海曙《清末汉语拼音运动编年史》(上海人民出版社,1959 年)。

表 9.3　各种南方方言切音字方案表

制作者	年份	著作	符号	方言	推行
沈学	1896	盛世元音	速记	苏州	个人
方捷三	1896	闽腔快字	速记	福州	未推行
王炳耀	1897	拼音字谱	速记	粤	个人
陈虬	1903	新字瓯文七音铎、瓯文音汇	汉字笔画	温州	个人、办学堂
劳乃宣	1905	增订合声字简谱、简字丛录	汉字笔画	南京苏州闽粤	个人、办学堂
朱文熊	1906	江苏新字母	拉丁字母	苏州	未推行

切音字的拼音方法除朱文熊方案外，皆用双拼制。朱文熊的江苏新字母用音素制。

切音字方案与教会罗马字方案有两点重大区别：一是前者多用双拼制，后者只用音素制；二是前者多用非拉丁字母的汉字笔画或速记符号，后者只用拉丁字母。

切音字运动虽然以失败告终，但是此后因受国语罗马字运动的影响，用拉丁字母（或称罗马字）拼写方言的方案仍然层出不穷。不过这些方案的目的不再像切音字那样要向全社会推广，而只是为了编写方言词典、课本的方便，为了撰写方言学论著的需要。方言学界创制此类拼音方案较早的有：赵元任，所制吴音罗马字用于《现代吴语的研究》；罗常培，所制厦门音罗马字用于《厦门音系》。此类方案甚多，其共同特点是多用音素制，兹不缕析。

记录汉语方言的文字除了上述的方块汉字和拼音文字两大类外，据赵丽明等人的调查研究，在湖南省江永县还流行一种奇特的"女书"，略述如下。

湖南省江永县的汉语方言有西南官话和本地土话两大类。湘南土话在汉语方言分类中的归属尚未确定，江永土话内部又有分歧。用以记录其中消江土话的文字有两种：一种即是通常的方块汉字，当地妇女称之为"男字"；另一种是"女书"，或称为"女字"。

"女书"是一种音节文字，一个女字代表一个或几个同音的或音近的方块汉字。基本用字有 700 个左右。其形体三分之一为改借的方块汉字，系将汉字的形体稍加变更而成；三分之二为大致呈菱形的自制字，又分为独体字和合体字两种，合体字有的有音符性质的偏旁构件，基本上没有表义的偏旁构件，见表 9.4。表中 5 个字都是自制字，第四个是合体字，余皆独体字，第三、四个各代表一个音节，第一、二个各代表两个音节，第五个代表三个音节。

女书的主要用处是创作自传体长诗、记录民歌和民间故事、翻译汉族民间文艺作品、记述重大历史事件、书写书信、书写祭祀祈福的文句等。女书只用于妇女之间。从女书的社会功能来看，它与方块汉字的关系，类似于民间秘密语（如反切语）与方言口语的关系，只是流行于一定的社会阶层。

表 9.4　湖南江永女书举例

序	女　书	音　节	汉　字　义
1	ɟ	ɕi^{35} ɕiəu^{35}	起喜 少
2	⊻	maŋ^{51} məŋ^{51}	忙茫 眉嵋眠
3	彡（今）	tɕie^{33}	今真襟金针斟
4	⚡	xaŋ^{51}	寒黄皇凰行韩含衔
5	文	tɕʰiau^{33} tɕiau^{33} tsau^{51}	交州教 抽 愁

第十章　方言学史概要

汉语方言学史应该包括四大方面：清末之前的传统方言学研究；19 世纪后半期至 20 世纪初期的在华西洋传教士对汉语方言的描写、记录和研究；民族学者的研究；以描写方言为主的现代的方言学。不过这四方面并没有明显的先后传承或互相影响关系。就现代方言学来说，它的直接源头是西方的方言学，在语音的调查和研究方面则借鉴中国传统音韵学的研究成果。因此，本章除了讨论汉语方言学史本身的四大方面以外，先要大略介绍西方方言学史。

第一节　西方方言学史述略

古代罗马的学者 Friedrich Diez，Gaston Paris，Antoine Thomas 等人曾利用方言材料研究历史学和语源学，但是总的说来，古代欧洲并没有把各种方言当作研究对象。那时候一般人对方言有一种藐视的态度，他们认为只有官方认定的标准语或文学语言才是纯洁的语言，方言则是正在衰颓中的庸俗语言。这种错误的认识跟欧洲历史上的语言策略有关。在中世纪和文艺复兴时期，欧洲的许多国家往往选择某一种在政治上和文化上占优势的方言，作为全国统一的官方语言和文学语言，而视别的方言为次一等的地方土语（patois）。此后很久人们才认识到有些在标准语言里已经消失的语音特征和词汇，却仍然保存在方言里，在方言里可以找到语言历史发展过程的证据。

19 世纪末期，对各种语言中的许多方言已经进行了系统的描写。当时的方言研究很明显有两种不同的方法：一种是纯粹的方言描写，其结果通常以方言专著（monographs）的形式公布，此类研究大致是全面或部分描写某一地区的方言，通常只包括语音系统或词法，或兼而有之。一般都是用历史语言学的方法研究方言,即从一种语言的较早阶段出发,研究这种语言的现代方言,例如从原始日耳曼语出发研究日耳曼诸语言;另一种方法是语言地理学(linguistic geography)或方言地理学(dialect geography)的方法。这一新生的研究方法对于语言学,就整体来说有很重要的意义,它完全革新了当时对语言历史的看法。

1876 年拉斯克(Leskien)提出"语言演变没有例外"的著名论断。就在同一年,另一位德国语言学家温克(Georg Wenker)给莱因州(Rhineland)的所有小学教师寄出一份问题表,表上列有 40 个短句和 300 个单词。要求被询问的教师用普通的字母记录本地的方言。调查的范围很快就扩展到整个德国。最后共收到 44 万多份答卷。温克首先想到把语言特征的地理分布标记在地图上。温克坚信"语音演变没有例外"的论断,他希望自己的研究能为这个论断提供证据。虽然标准的文学语言中的语音演变因为受到外来的影响,显然是不规则的,但是温克仍然以为在没有受外来影响的"真正的方言"中,他可以找到完全规则的变化和语音结构。

可是温克的期望并没有实现。第一批地图是载录莱因州方言的,出版于 1881 年。如果新语法学派的论断是正确的话,那么同属某一种语音变化规律的词汇,在地理分布上的境界线应该是相同的。但是温克的地图和后出的别的地图都说明,同属某一种语音演变规律的每一个词汇地理分布境界线各不相同,也就是说在同一个地点方言中,这些词汇的语音演变并不是一律的。例如高地德语和低地德语的音变规律并没有南北分界线,在有些地区既有按高地德语语音变化的词汇,又有按低地德语语音变化的词汇。换句话说,南北之间有一过渡带。在这个过渡带里,只有部分词汇遵循 p、t、k 变为塞擦音和丝音的规律。温克的地图完全否定了新语法学派的信念,这种信念认为,如果某一个语音发生变化,那么所有包含这个语音的词汇也都会发生相同的变化。温克的合作者乌列德(Ferdinand Wrede),特别是从语音学的角度改进他的方法,继续编辑《德国语言地图集》。在温克的学生和追随者中最有成绩的是弗里恩(Theodor Frings)。在温克开始编辑地图集之后 50 年,即 1926 年,开始出版《德国语言地图集》。关于德

国方言及其地理的综合研究可参阅巴哈（A. Bach）的《德国方言探索》
（1950）。

　　席业隆（Jules Gilliéron）和合作者爱德蒙（Edmond Edmont）于
1903—1910 年发表《法国语言地图集》（ALF），在方言地理学史上这
是一个很重要的进展。温克的调查只涉及语音方面，席业隆的地图集
主要载录词汇，包括三方面的材料：农民使用的词汇；有明显地域差
异的一组单词；100 个简单的句子，用于调查词法和句法特征。因为所
有项目都是用语音符号记录的，所以同时也是语音调查。田野工作由
爱德蒙一个人独自担当，在 1897 年至 1901 年他走遍整个法国，按问
题表调查记录方言。他调查了 369 个地点方言。地图集共有 1 920
张，记录了 100 万个符号。后出的其他罗曼语言地图集纷纷效法席业
隆的地图集，如 Karl Jaberg 和 Jakob Jud 的《意大利和瑞士语言与方
言地图集》、Sever Pop 等人编辑的《罗马尼亚语言地图集》，还有《伊比
利亚罗曼语言地图集》。H. Baum-Gartner 和 R. Horzenköcherle 曾
经调查研究瑞士方言，撰有《瑞士德语地区语言地图集》（1942）。由
John Orr 和 Eugen Dieth 策划的《不列颠语言地图集》于 1926 年开始
出版。《美国和加拿大语言地图集》于 1939 年至 1943 年出版，共分三
部分，参加调查的有 H. Kurath、Leonard Bloomfield 等人。丹麦的语
言地图集于 1898 年至 1912 年出版，包括 104 张地图。芬兰的语言地
图集于 1940 年出版。Pop 所撰《方言学》（第一、二部分，1950 年）综合
介绍了世界各地方言地理学研究的方法和成果。

　　不同的语言地图集编辑目的也各不相同。德国的温克和乌列德
设计地图的目标是要显示语音形式的地理分布，从而判定方言的界线
和演变的方向。席业隆的法国地图则强调词汇研究，强调从细记录词
汇，而对语音的兴趣仅仅在于它能帮助了解词的历史。对于语言地理
学的法国学派来说，并不存在语音的主动演变，而只有词的演变，或者
说只有单个词汇的历史演变。

　　席业隆认为语音演变只是一种幻想。1906 年他和 Mario Roques
合著《语音学幻想》，反对语音演变有规律的说法，试图用外部演变来
解释语音演变的结果。法国方言学家 Albert Dauzat 在所著《语言地
理学》（1922）一书中，也持相同的观点。他反对地点方言连续不断发

展的观点,主张现代社会里标准语言对方言的影响,造成方言混杂,这种现象在历史时期也同样发生,中心城市的方言会影响其他方言。甚至史前的各语系或语族在某种程度上也是如此。他认为,所谓真正的方言只有内部有规律的连续发展,这是一种幻想。

各种方言地图集确实无法证明新语法学派"语音演变没有例外"的论断,方言之间也没有截然的界线,不过语言发展也绝不是毫无规律可循。方言之间虽然没有截然的界线,但是方言之间的过渡地带还是存在的。在这种过渡地带的两边各有内部相对一致的方言存在。席业隆和 G. Paris 的观点显然是走极端了。

另一方面,方言也确实会受到外部影响。如果语言学家不再把语言看作是活的有机物,而将它看作是一种社会现象,一种人类的交际工具,那么方言受到外部影响是很容易理解的。特别是大城市的方言,由于社会因素很复杂,常常受到多方面的外部影响。近年来有许多社会语言学的论文就是研究城市方言及其外部影响的。

中心城市的方言也会随着交际的路线扩散到周围地区。在早期欧洲这种城市往往即是宗教活动中心,在法国即是主教所在的城市,其方言会影响整个教区。德国的情况也一样。在瑞典同一教区内的方言往往相同,方言的分界线很少不跟教区界线相重合的。

方言地图对词汇学的研究有特殊的贡献。在方言地图上可以看出文化词的扩散方向,从而为文化发展史提供证据。文化词的扩散在早期是沿河谷和主要的陆路,在现代则是沿铁路线。同义的新词和旧词在地理上的竞争也往往可以在地图上看出来。新词往往见于一个地区的中心,旧词则广布在它四周或残留在边缘地带。不同时代产生的同义词并存在共时的地理平面上。在《法国语言地图集》中有一张"马"这个词的地图是很典型的。表示"马"的最古老的词来源于拉丁语 equa,在一些法国南部方言里是 ega。全国大部分地方这个词的形式则是来源于拉丁语 caballa(源出凯尔特语);另一些地方则使用 jument 这个词。还有些新词则零散在几个地方。来源于 equa 的词在地理上的分布孤立而离散,即使不懂拉丁语也可以辨认它们属于最早的层次。来源于 caballa 的词,部分在北部,部分在南部,也星散在东部。这说明本来流行同一来源的词的完整的地区后来被割裂和侵蚀。

这类词属第二层。而 jument 这个词则占据中心地带,看来这个新词是在首都巴黎产生的,随着首都在政治、经济、文化等方面的影响而向四周扩散。这是第三层,即最后产生的层次,它侵占了第一层和第二层的地盘。层次(stratigraphy)这个术语是从地质学借来的,有时可以用于研究一种语言或方言内部不同历史时期产生的成分。

利用方言地图研究词汇还可以帮助我们了解语音演变的过程。例如席业隆曾指出"蜜蜂"这个词在法国各地语音形式的分歧是语音演变的结果。南部的 abelh 源出拉丁语 apicula(apis"蜜蜂"的小称),符合一般的语音发展规律。在北部这个词的语音形式有 é、abeille、ruche、apier、avette 等。原始的 apic 按北部法语语音演变的规则变为 ef,ef 又变为 é。

方言学家发现词汇替换的另一个原因是语音平衡。如果不同的概念用相似的语音表达,这是很不方便的。在这种情况下,其中会有一个被新的形式或借词所取代。席业隆曾指出,在法国南方有些地方有一条音变规律是-ll 变为-t,结果源出拉丁语的 gallus(鸡)的语音形式变得跟 gat(猫)很像,因此就不再使用这个拉丁语词。在英国英语中 ass(驴子)和 arse(屁股)几乎是同音词,结果就不用 ass,而用现成的同义词 donkey 来代替。

方言地图还显示边界地区的词汇在语音和语义上往往有变异。瑞典方言学家 Natan Lindqvist 等人曾研究这种现象,例如瑞典语词 smutlron(野生草莓),原来只是用于瑞典的中心地带,即沿 Mälar 湖的若干省,后来扩展到西部和南部,在边界地区这个词的词义变成"人工栽培的草莓",在标准的瑞典语里"人工栽培的草莓"是用另一个词 jordgubbar 的。这种情况跟借词在语音和词义会发生变化一样。方言间和语言间的借用都会产生这种现象。

研究方言与研究它的文化背景是相辅相成的。方言学家发现很有必要跟研究民间文艺、民间文化(居室、服饰、器具等)的人合作。方言的科学研究,如果要取得圆满成功,就要求方言学家熟悉这种方言的使用环境,特别是对于词汇研究来说更是如此。要充分理解词义及其变化,就一定要了解它们所表达的内容本身和使用环境。例如,要描写一个农业社团的语言,就有必要了解它的风俗、习惯、劳动方式等。研究语言的形式跟研究它所表达的内容是相辅相成的。语言学中有一个分支就是以"词和物"（也是一个杂志的名称）为旗号。在两次世界大战之间有不少这一派的学者，尤其是研究罗曼语和日耳曼语的学者，如研究罗曼语的 Jaberg and Jud，Fritz Krüger；研究日耳曼语的 Theodor Frings，Walther Miitzka 等。由于这一派的研究方法在很大程度上必须依赖对"物"的研究，后来逐渐远离语言学，变成一种语文学的分支，虽然它的研究对象并不是文献材料，而是活的口语。

地名学（the study of place names）是另一种必须借助方言学的学问。地名学必须跟语言及其环境的研究相结合。最著名的地名学家法国有 Dauzat，瑞典有 Jöran Sahlgren，研究英语地名最著名的是 Eilert Ehwall，德国和苏联也都有地名学专著出版。

以上扼要介绍了现代方言学在欧洲产生、发展的历史，及其各派别的学术思想。欧洲方言学的全盛时期是 19 世纪末期到 20 世纪初期。美国的方言研究是 20 世纪初期展开的，就北美洲英语方言的调查研究和地图绘制而言，其理论和方法都是从欧洲输入的，应该说只是欧洲方言学的余绪。但是，另一方面，以布亚士（Boas）和萨丕尔（E. Sapir）为代表的美国学者对美洲印第安语的研究，可以说是开创了方言学的新纪元。不过习惯上把他们的研究称为描写语言学和人类语言学（anthropological linguistics）。其实印第安语言也是有方言分歧的，如 Gitksan 语就分东、西两种方言。调查和研究印第安语言自然也得从方言入手。他们的研究和欧洲学者的共同点是：两者都以方言口语为研究对象，都从实地调查取得材料。其不同点是：欧洲学者的研究方向侧重于方言地理学，以及今方言和语言历史的关系；美国学者的研究方向则侧重于方言的描写、语言的分类、语言与文化的关系、语言与思维的关系。这种研究方向发展的结果，就形成描写语言学和人类语言学。

欧洲的方言学和北美印第安语言研究，各自都有独特的学术背景或环境，所以走上不同的发展道路。欧洲的方言学是建立在历史语言学的基础上的，或者说它是历史语言学的延伸，方言地理学的研究最初是为了解释语言的历史，例如温克企图用自己的研究证明新语法学派"语音演变没有例外"这个历史语言学上的假说。美洲的印第安语是没有文字记载的语言。对印第安语也没有任何研究历史可言,对它的文化背景也一无所知。面临这种新的研究对象,语言学家不得不采用新的方法。不仅语言是新的,而且语言背后的文化也是新的,它们跟欧洲的语言与文化迥然不同,因而引起把语言和文化结合起来研究的兴趣。

美洲印第安语研究以及与之相关的描写语言学和人类语言学的全盛时期是在 20 世纪前半期。与描写语言学相关的是结构主义方言学。传统的"原子主义(atomistic)方言学"只注重单个语音的纪录和研究,而结构主义语言学则注重方言语音结构的分析和比较。例如,假设有 A,B,C 三个方言,本来都有/i,e,æ/三个音位,后来 C 方言中的/e/分化,有一半词改读/ɛ/。这种演变又传播到 B 方言。这样一来,C 方言和 B 方言的元音系统就有了四个元音,而 A 方言仍然只有三个元音。接着 C 方言中的/ɛ/并入了/æ/,这样,只有 B 方言还有四个元音。这两个元音系统在三种方言中的表现可以用以下几个词来说明。

词	A 方言	B 方言	C 方言
pin	/pin/	/pin/	/pin/
pain	/pen/	/pen/	/pen/
pane	/pen/	/pɛn/	/pæn/
pan	/pæn/	/pæn/	/pæn/

传统方言学家可能只是对 pane 这一个词感兴趣,因为只有这个词的元音在三个方言里读音不同。如果他要画方言地图,他会把这个词的三种不同读音分别标记在三个方言区。而对其他三个词略而不论。结构主义方言学家则不同,他会指出 B 方言的语音系统与 A 方言和 C 方言不能等量齐观,而 A 方言和 C 方言的语音系统表面相同,实则因分化和合并,结构不同。

20 世纪 60 年代晚期,生成语法在结构主义的基础上诞生了。乔姆斯基(Noam Chomsky)认为,一部完整的语法必须由生成和转换两部分组成。"生成"(generative)意谓:复杂的结构是由简单的结构派生而来的。"转换"(transformational)意谓：有些结构是根据重组和删除的规则从一般的模型转换而来的。

生成音系学在方言学上的应用应注意下述几个重要问题。

1. 为了建立明确的底层形式和音系规则，应搜集不同上下文和不同风格的语料。传统方言学只要求搜集标准发音人的语料。

2. 相同的形式可能只是表层形式(surface form)相同，而底层形式(underlying form)不同，即它们可能是从不同的底层派生而来的。

3. 许多规则都可能有例外。

4. 音系规则在句法上的表现并不一定反映历时演变。

下面是用生成语法分析底层形式和表层形式关系的例子。在英语里/desk+z/是一个底层形式。其中/z/的含义是后缀。这个底层形式通过三条规则转换成三个不同的表层形式。

底层形式	desk+z	desk+z	desk+z
(1) 后缀调整	desk+[s]	desk+[s]	desk+[s]
(2) 复辅音简化		desk+[s]	desk+[s]
(3) 叠辅音删除			desk+[s]
表层形式	[dɛsk+s]	[dɛːs]	[dɛs]

用生成音系学的方法来分析整个语言包括方言的音系，做得不多。罗马尼亚方言、班图语和希腊语方言曾用生成音系学的方法分析过。

产生于 20 世纪 60 年代的社会语言学只研究地域方言的传统，将研究旨趣转向社会方言。社会语言学的方言学主要的兴趣在于与社会共变的语言变异，或反映社会变化的语言变异，以及作为语言演变源泉的语言变异。

社会语言学大大地改变了方言学家的作用。方言学家不再仅仅只是公布材料，而是注意将材料与社会发展相联系，并且从中探讨理论问题。社会语言学革新了方言学只研究地域方言的传统，将研究旨趣转向社会方言，例如城市方言的社会层次分层研究。

社会语言学的三位先锋：拉波夫(William Labov)、特鲁杰(Peter

Trudgill)和海姆斯(Dell Hymes),其中有两位实际上是在研究方言的基础上创建社会语言学的。拉波夫主要研究的是纽约的城市方言,特鲁杰研究的是英国诺里奇方言。

社会语言学已经取得斐然可观的成绩,它应该是方言学今后发展的重要方向之一。传统方言学和社会语言学相结合,将使方言学在语言学的园地里大放异彩。

综上所述,广义的西方方言学史似应包括三个阶段,即欧洲的方言地理学、北美的描写方言学和社会语言学。狭义的西方方言学只是指 19 世纪末期在欧洲兴起的方言学,以及后来以此为规范所进行的研究。本节有关西方方言学史,详见 *Dialect Study and Linguistic Geography*,载 *New Trends in Linguistics*,Stockholm,Lund,1964,和 W. N. Francis,*Dialectology*,Longman,1983。

第二节　传统方言学时期

传统的汉语方言学是传统的中国语言学的组成部门,不过它在传统语言学中并不占显著的地位。传统的中国语言学大致相当于所谓的"小学",由音韵、训诂、文字三大部门组成。小学是经学的附庸,方言学则是训诂学的附庸。在体现中国古代学术分类思想的《四库全书》中,方言学著作只收扬雄《方言》一种,是附在小学的训诂之属之中的。

传统方言学的第一部专著是西汉末扬雄(公元前 53—公元 18)的《方言》。但是实际上调查和记录方言的工作早在周代就形成高潮。从这个意义上说,传统方言学是在周代兴起的。附在《方言》书末的扬雄《答刘歆书》说:"尝闻先代辎轩之使,奏籍之书皆藏于周秦之室。"汉代应劭《风俗通序》说:"周秦常以岁八月,遣辎轩之使,求异代方言。"从这两段记载可知,周代政府已设有乘着轻车调查方言的专职官员,并将调查记录的方言材料收藏保存。可惜周室东迁之后,这个制度便废止了。周秦时代语言与方言颇多分歧。周朝统治者因政治上的需要,很重视语言交际问题,所以专门组织调查方言工作。再者,调查方言也是统治者观风问俗,了解民情的一个途径。不过汉代的学者关心这些调查所得的材料却只是为了研究训诂,并不是为了研究语言或方言本身。《答刘歆书》说严君平、林闾翁孺“深好训诂，犹见輶轩之使所奏言”。

周室所收藏的方言调查资料后来散逸了，只是西汉末年的严君平得到一千多字的残编；林闾翁孺则得到编辑体例。他们将所得传给了扬雄。其事见于《答刘歆书》：“少而与雄也，君平财有千言耳，翁孺梗概之法略有。”

扬雄得到这些前人留下的材料，在首都继续调查方言。调查的对象是从各地到首都来的知识分子（孝廉）和士兵（卫卒）。他一边问，一边在绢上笔录，回来加以整理，用铅粉登录在黑板上。其事亦见于《答刘歆书》：“雄常把三寸弱翰，赍油素四尺，以问其异语；归当以铅摘次之于椠，二十七岁于今矣。”这种请发音人发音，由调查人即时笔录的方法，跟现代方言学的田野工作相仿佛。经过27年的调查整理，根据上述这些材料，扬雄终于写成《輶轩使者绝代语释别国方言》一书，此书又称《殊言》，从汉末应劭始，简称为《方言》。

《方言》是世界上第一本方言比较词汇集，在欧洲同类著作晚至18世纪才问世。

《方言》所收词汇包括古今各地的方言词，也包括当时各地通用的共同词汇，或部分地区通用的方言词。对于这些类别不同的词汇各有专称，所有词汇约可分为以下五类。一是“通语、凡语、凡通语、通名、四方之通语”，指不受地域限制的共同词汇。例如：“蝎、噬，逮也。东齐曰蝎，北燕曰噬，逮，通语也。”（卷七）二是某地语、某地某地之间语，指通行于某一地或通行范围较窄的方言词。例如：“镌，琢也，晋赵谓之镌。”（卷二）三是某地某地之间通语，指通行地域较广的方言词。例如：“苏，芥草也，江淮南楚之间曰苏……”（卷三）四是“古今语、古雅之别语”，指古代不同的方言词。例如：“敦、丰、庞……大也……皆古今语也。”（卷一）五是“转语、代语”，指因时代和地域不同，语音发生变化的词汇。例如：“庸谓之松，转语也。”（卷三）

《方言》是研究古代汉语及其方言的极其重要的文献。它的贡献主要有以下几方面：一是提供了大量汉代各地口语词汇；二是提供了汉代各地通用的共同词汇，间接透露了汉代社会存在共同语和方言的差异；三是间接提供了汉代方言地理的面貌。书中凡是一个地名常常单举的,那就可能是一个单独的方言区,某地和某地常常并举的方言可能较接近;四是保留了若干周代实地记录下来的古方言词。

东晋郭璞(276—324)为《方言》作注。他继承和发扬扬雄调查研究口语词汇的传统,用晋代活的口语词汇跟汉代词汇作比较,不仅对原书作了注解,并且从多方面扩充了原书的内容,所以郭璞《方言注》可以说是《方言》的续编。《方言注》有以下几个特点:以晋代的口语词汇解释古代词汇;注意从语音变化来考察词语之间的关系;释义精确、显豁,注重实证。从《方言注》可以了解晋代方言概貌,以及方言从汉代到晋代的发展情况。

王国维对扬雄《方言》和郭璞《方言注》有很正确的评价,他说:"读子云书,可知汉时方言;读景纯注,并可知晋时方言。张伯松谓《方言》为悬之日月不刊之书,景纯之注亦略近之矣。"(见《观堂集林》卷五《书郭注方言后》)

在魏晋南北朝时期,除了郭璞《方言注》是一部杰出的方言学著作外,还产生好些反映方言的韵书、韵图,例如李登的《声类》、吕静的《韵集》、夏侯咏的《韵略》、阳沐之的《韵略》、周思言的《音韵》、李季节的《音谱》、杜台卿的《韵略》等。这些著作中"各有土风"的韵图大致相当于方言同音字表。作为中国,也许是世界上最早的同音字表,它们在方言学史上应占很重要的地位,可惜它们早已亡佚不存。

在隋、唐、宋、元也有些韵书和笔记杂谈类著作涉及方言,前者如元代周德清《中原音韵》是为北曲的用韵而作,但是客观上是描写了当时以大都为代表的北方方言口语语音系统;后者如唐代颜师古《匡缪正俗》、宋代王应麟《困学纪闻》等。到了明代,此类笔记杂谈著作就更多了,如陶宗仪的《辍耕录》、郎瑛的《七修类稿》、岳元声的《方言据》等。严格地说来这两类著作都不能算作方言学专著。

如果说汉代是传统方言学的勃兴期,那么隋唐宋元应该是衰微期。

在明代近300年间,值得一提的方言学专著只有李实的《蜀语》。作者李实系明代进士,据《自序》,他"生长蜀田间,习闻蜀谚",后滞留长洲(今苏州),撰成此书。《蜀语》是中国现存最早的研究地区方言的著作,全书收录考证四川方言词汇600多条。本书的特点是:注重注音,跟扬雄的《方言》比较,这是方言学史上一大进步。北朝颜之推《颜氏家训·音辞篇》曾批评《方言》说:"其书大备,然皆考名物之异同,不显声读之是非。"所评甚是。而《蜀语》几乎对每一条目都注音。注音的方法有三:一是大多数条目标注方言同音字,如"面疱曰皰,音炮"。二是注一同声同韵不同调的字,然后加以声调说明,如"宛转生动曰蚴。蚴音牛,去声"。三是用反切注音,如"指物事曰者。者,止野切"。这些注音的方法也为后出的方言学著作所沿用。

清代是传统方言学的鼎盛时期。清代的方言学专著大致可以分为以下五类。

第一类:疏证校勘扬雄《方言》的著作。重要的有戴震《方言疏证》、钱绎《方言笺疏》、王念孙《方言疏证补》。这些著作对《方言》有订讹补漏、校正阐发之功。戴震《方言疏证》兼有校勘和疏证之功,据《自序》,此书订正讹字281字,并引用诸书,逐条疏通证明。

第二类:沿袭《方言》体例,比较研究方言词汇的著作。重要的有杭世骏《续方言》、程际盛《续方言补》、程先甲《广续方言》、张慎仪《续方言新校补》等。这些著作只是搜集和载录古文献所见的古代书面方言词汇,并没有继承发扬扬雄调查记录活的方言口语词汇的长处。

第三类:地方韵书。清代的地方韵书很多,尤以闽语区的地方韵书为最盛,如《戚林八音》(福州)、《汇音妙语》(泉州)、《拍掌知音》(泉州)、《雅俗通十五音》(漳州、厦门)、《潮汕十五音》(潮州、汕头)。其他方言区也有地方韵书,如《千字同音》(广州)、《五方元音》(河北)等。这些地方韵书是为帮助当地人士辨音识字而编的,大多只流行于本地,有的至今还只有手抄本,如《渡江书十五音》(闽南)。这些著作除了分析方言的声韵调系统,解释方言词汇的词义外,还收录很多方言本字和方言俗字。

第四类:分类考词派著作。此类著作企图证明方言口头词语皆有所本,对每一个词语皆引用古代文献,溯其源流。旨在指出某一方言词语最初见于何书,或出于何人所撰著作,可供词源学研究参考。此类著作可以下述三种为代表。翟灏《通俗编》,此书内容丰富,共收方言词汇和历史文献中的俗语五千多条,取材范围相当广泛,包括经史子集、诗文词曲、小说佛经、字书韵书等。例如"后来者居上"条，作者引《汉书》有关材料，说明语源。《汉书·汲黯传》："陛下用群臣如积薪耳，后来者居上。"师古注："或曰积薪之言出曾子。"钱大昕《恒言录》较《通俗编》为晚出，体例更谨严，取材更精审，分类更合理，释义更深入。范寅的《越谚》最为晚出，其优点是注重口头词语的记录，忠实于作者家乡绍兴一带口语，"妇孺常谈为文人所猥弃者"亦一概收录。

第五类：分类考字派著作。此类作品以考证方言词语的本字为目的，企图证明方言口语皆有"本字"，而欲"正俗世之伪字"或使他人"多获一字之益"。其中具有代表性的著作是胡文英的《吴下方言考》和杨恭恒的《客话本字》。《吴下方言考》收录苏州一带方言词汇近千条，一一考本字，明训诂，以证释古书，如"甏（音旁），唐李绰云：智永禅师，有秃笔头数十甏。案甏，瓹（音潭）也，吴中亦谓之甏"。本书对吴方言的本字和语源的考证多有贡献，并可以作为一部清代吴语方言词典来使用。《客话本字》收录"多向所疑土谈有音无字者，共一千四百余字"，包括单音节词和多音节词。每条先列"本字"，后引古籍以作考证，旨在说明客话字汇"皆有所本"。本书对于了解清代嘉应客话字汇有重要参考价值。

传统方言学的最后一位大师是清末民初的章炳麟（太炎，1869—1936）。他所撰的《新方言》代表传统方言学成就的高峰。由于作者对传统小学有深入的研究，对现代方言的语音及其演变规律颇能审辨，所以本书在古语和今语的证合方面，在考证方言本字和语源方面都超过同类著作。例如："《广雅》：亢，遮也。《左传》：吉不能亢身，焉能亢宗。杜解：亢，蔽也。案：《尔雅》蔽训微。谓隐匿之也。则亢亦有遮使隐匿之义。今淮西淮南吴越皆谓藏物为亢，读如抗"。又如："《说文》：藩，屏也。屏为屏蔽，亦为屏藏。地官蕃乐。杜子春读蕃乐为藩乐。谓闭藏乐器而不作。今浙西嘉兴、湖州谓逃隐屏藏为藩，音如畔。古无轻唇音。藩音如盘。盘、畔亦相代也。"今案：此两条考证本字和语源，音义皆合。全书共分 11 篇，即"释词、释言、释亲属、释形体、释宫、释器、释天、释地、释植物、释动物、音表"。共 800 条。书前有自序一篇，叙述本书的写作旨趣。并指出方言演变至今，语源难辨的原因有六：一、一字二音，莫知谁正；二、一语二字声近相乱；三、就声为训,皮傅失据;四、余音重语,迷误语根;五、音训互异,凌杂难晓;六、总别不同,假借相贸。最后总结本书的写作目的说:"读吾书者,虽身在陇亩与夫市井贩夫,当知今之殊言不违姬汉。"一语道破清代方言学家的理想。

在章炳麟《新方言》之后,民国时代仍然陆续有传统方言学著作出版,如孙锦标《南通方言疏证》、詹宪慈《广州语本字》等,不过已是强弩之末了。中国传统方言学著作要目可参阅丁介民《方言考》,香港龙门书店 1967 年出版,共 74 页。又,台湾中华书局 1969 年出版,共 158 页。

中国传统方言学如果从扬雄《方言》算起已有 2 000 年的历史,但是真正发达繁荣的时代只是集中在清代 200 多年。而清代的方言学是以考证方言的本字和语源为重心,这些著作的撰述目的只是为了以今方言证释古书,或以古书证释今方言。就研究的方法和目的来看,皆与现代方言学大异其趣。

第三节　西洋传教士的方言记录和研究

基督教传入中国始于唐代的景教,元代则有也里可温教。唐代和元代的基督教多在君王和贵族之间活动,与平民百姓的关系不大。元代之前西来的传教士人数很少,他们与汉语方言的接触,也无文献记录可考。明代的传教士罗明坚、利玛窦辈为了传教的方便都曾学会中国语言文字,但是他们所学究竟是何种方言,不得而知。从他们常跟中国官员交涉来看,他们可能会说官话;从他们始居于澳门、广州一带来看,也可能学说粤语。除了金尼阁的《西儒耳目资》和利玛窦的《西字奇迹》可以算是研究官话的著作外,明代的传教士并没有留下记录和研究汉语方言的著作。

在清代鸦片战争之后大批西来的传教士,深入中国各地,为传教的方便,往往事先或就地学习当地方言,并且编写出版大量记录和研究汉语方言的著作。基督教对汉语方言学的贡献集中在 19 世纪 40 年代至 20 世纪 40 年代这 100 年间。

基督教内部有复杂的宗派分歧。来华的传教士也因宗派的不同分属不同的传教修会。最著名的有耶稣会（Society of Jesus）、长老会或抗议教派（Protestantism）、浸礼会（Baptism）、公理会（Congregationalism）、伦敦传道会（London Missionary Society）。本节所谓西洋传教士不限教派。

全盛时期同时在中国传教的西洋传教士多达 2 000 人。他们的传教工作多在平民百姓中进行。在民族共同语尚未普及的时代，方言是传教必要的工具，自不待言。教堂和教会也常以方言划分。例如江苏的浸礼教会原来有联合议会的组织，后来因为镇江和扬州一带的官话与吴语不便沟通，遂依方言分为两个独立的议会。传教士在实际传教之前都必须先学会说当地的方言。他们学习方言有两条途径。一是在当地居民中间学习。如 1847 年来上海的美国传教士晏马太（Matthew Tyson Yates，1819—1888）先在市肆学说上海话，数月之后，认为已能应对听众，继而开始传道。他曾编写第一本上海话课本和第一本上海方言词典。二是在方言学校学习，这种学校是传教修会专为初到中国的传教士们开办的。在 19 世纪后半期即有此类学校存在。1910 年伦敦传道会在北平创办一所华言学校，后在南京金陵大学附设了一所华言学校，广州、成都和安庆也有此类学校。抗日战争时期北平的华言学校部分迁移到菲律宾的碧瑶。传教士就读一年后再派往各地传教。值得指出的是这些方言学校是中国最早的学习方言口语的学校。在方言区传教的传教士大多只懂方言口语，不懂官话。抗战之后计划来华的美国传教士有一部分人则是先在旧金山或耶鲁大学学习通用语（国语）。

来华的传教士皆属知识界，并非一般的等闲之辈，以耶稣会士最为典型。中学或大学毕业之后，要经过 15 年的专门训练才能成为合格的耶稣会士，包括：2 年神修（也称为初学）；3 年科学和哲学研究；2 年或 3 年神学研究；最后一年神修（也称为最后考验或卒试）。传教士在来华之前有没有受过语言学的专门训练，未见有事迹可考。但是从他们的方言学著作来考察，其中有些人有很好的语言学修养，如 J. Edkins、E. H. Park 等。他们用西方语言学，尤其是语音学知识记录，分析和研究汉语方言，所撰方言学著作，是研究 19 世纪后半期至 20

世纪初期的汉语方言的宝贵材料,也是研究方言历史演变的宝贵材料,切不可等闲视之。语言科学在欧洲早在 19 世纪初年就已经建立,拉斯克(R. Rask)的《古代北方话或冰岛语起源研究》出版于 1818 年,葆朴(F. Bopp)的《论梵语动词变位系统》出版于 1816 年。同时代的中国语言学还处于传统语文学的统治之下,清儒的方言学著作远不逮西洋传教士的深入和科学。

传教士的方言学著作大多由各教会所办的印刷所印刷出版。在 1899 年之前各教会自办的印刷所已有 12 处。其中最重要的有三所。一是美国长老会所办的"美华书馆",1844 年创办于澳门,1845 年迁至宁波,1860 年又迁至上海。二是美国浸信会所办的"美华浸信会书局",1899 年创办于广州,1922 年在上海设一编辑所,1926 年整个书局迁至上海,书局的名称改为"中华浸会书局"(China Baptist Publication Society)。三是上海的"土山湾印书馆"。

近代和现代西洋传教士记录和研究汉语方言的著作可以分为四大类:圣经译本、方言词典、方言课本、方言论著。

其中《圣经》的中文译本从语种的角度可以分为五大类:一是文言译本,或称为"深文理译本";二是浅文言译本,或称为"浅文理译本";三是官话译本,或称为"白话文译本",又因地点方言不同而有南京话译本、汉口官话译本等之分;四是土白译本,或称为"方言译本";五是通用语(国语)译本,通用语(国语)新旧约重译本于 1939 年出版。

近代第一本圣经汉语译本于 1822 年出版,译者是英国传教士马士文(J. Marshman)和拉撒(J. Lassas)。英国传教士马礼逊(R. Morrison)的译本于次年出版。这两种译本皆用文言。美国传教士高德(J. Goddard)将马士文译本加以订正,改用浅显文言,于 1853 年出版。第一本白话文(官话土白)译本是 1857 年在上海出版的。此后于 1872 年至 1916 年相继有多种官话圣经出版发行。长老会传教士并于 1907 年的全国大会上议决停止使用文言翻译圣经。一般认为白话文运动是"五四"之后才开始的,其实官话土白《圣经》早已使用道地的白话文,不过对后来的白话文运动似乎没有直接的推动作用。当时的宗教界(基督教)和知识界还是相当隔阂的。但是白话文运动及后来的国语推广工作反过来却对《圣经》翻译产生了决定性的影响。由于白话文运动和国语推广工作的不断开展和成功,20 世纪 30 年代以后官话和合本(1907 年初版,一说 1919 年初版)和国语译本就逐渐取代了方言译本。

　　方言土白的《圣经》全译本有 10 种:上海、苏州、宁波、台州、福州、厦门、兴化、广东、汕头、客话,下述两种方言只译出《新约》:建宁、温州。本书附录二有一简目。

　　土白译本从文字种类的角度可以分为三大类:一是方块汉字本;二是罗马字本;三是其他拼音符号本。最早出版的土白方块汉字本是 1847 年在上海出版的上海土白《约翰福音书》;最早出版的土白罗马字本是 1852 年在宁波出版的宁波土白《路加福音书》和同年在广州出版的广州土白《约翰福音》;用其他拼音符号翻译出版的土白译本寥寥无几,有三种福州土白译本是用国语注音符号(1913 年读书统一会制定时称为"注音字母")拼写的,另有一种早期的上海土白译本是用传教士设计的拼音符号。

　　土白译本从方言种类的角度可以分为吴语、闽语、粤语、客话和赣语五大类。前两大类又包括若干小类。各小类的名目和数量见表 10.1。

表 10.1　方言《圣经》分类分地统计

方言名称	汉字本数	罗马字本数	其他译本数	合计
甲　吴语				
上海	43	15	1	59
苏州	12	1	0	13
宁波	20	33	0	53
杭州	1	2	0	3
金华	0	1	0	1
台州	2	21	0	23
温州	0	5	0	5
乙　闽语				
厦门	5	38	0	43
福州	73	18	5	96
汕头	21	37	0	58
潮州	0	2	0	2
兴化	11	8	0	19

方言名称	汉字本数	罗马字本数	其他译本数	合计
建阳	0	2	0	2
邵武	0	1	0	1
海南	0	14	0	14
丙　赣语 （建宁）	1	9	0	10
丁　客话	31	18	0	49
戊　粤语 广州 连州	127 4	15 0	0 0	142 4

　　由表 10.1 可知,有土白《圣经》译本的地点方言,属吴语的有 7 种,属闽语的有 8 种,属粤语的有 2 种,属赣语和客话的各 1 种,共 19 种。就译本的数量而言,广州最多,有 132 种,其次为福州、上海、汕头、宁波、客家话、厦门、台州、兴化、海南、苏州、建宁、温州、连州、杭州、潮州、建阳,以金华和邵武为最少,都只有 1 种。以上共计 597 种。

　　各大类方言译本的数量及所占百分比见表 10.2。

表 10.2　各地方言《圣经》最早的出版年代比较

方言名称	汉字本	罗马字本	其他译本	合计	百分比
甲　吴语	78	78	1	157	26.3
乙　闽语	110	120	5	235	39.4
丙　赣语(建宁)	1	9	0	10	1.7
丁　客话	31	18	0	49	8.2
戊　粤语	131	15	0	146	24.5
合　计	351	240	6	597	
百分比	58.8	40.2	1.1		100

　　由表 10.2 可知,汉字本略多于罗马字本。各大方言译本的数量,则以闽语为最多,占 39.4%,其次为吴语、粤语、客话,最少的是赣语。

湘语和徽语的译本则还没有发现。其中罗马字本也以闽语最多，吴语其次。

　　教会罗马字在各地不识汉字的教徒中间是颇受欢迎的。教会罗马字实际上不仅用于基督教的传教活动，民间也曾将它用作通信的工具，特别是在闽南话地区，极盛时每三封信就有一封是用这种"白话字"写的，信封用白话字写，邮差也能送到。内地会传教士 W. D. Rudland 在 1904 年写道："台州是个多文盲的地方。当地基督徒很欢迎罗马字本，其中许多人，甚至老太太，都已经学会用罗马字拼写，并且可以自由通信或跟我们通信。"罗马字本《圣经》的读者究竟有多少，并没有统计资料，但是可以从销售量作些推测。从 1890 年至 1920 年30 年间各地共销售《圣经》和《旧约全书》18 000 多本，《新约全书》15 000 多本。以上销售量不包括《圣经》单篇，而单篇的数量要大得多。

　　除了方言《圣经》译本之外，西洋传教士的其他方言学著作包括语音学论著、词典类著作、课本类著作和语法书四大类。这四大类书涉及吴、闽、赣、粤、客家方言，包括以下地点方言：上海、宁波、杭州、温州、苏州、台州；福州、厦门、汕头、海南、潮州；建宁、广州、三江、东莞、澳门、顺德、新会；嘉应/香港。各类书的数量在各大方言中的分配见表 10.3。

表 10.3　传教士各种方言学著作数量统计表

	吴语	闽语	粤语	客家话	赣语	小计	最早版本年代
语音类	12	6	10	3	1	32	1835
词典类	25	27	38	8	0	98	1828
课本类	31	11	29	7	0	78	1839
语法类	3	1	3	0	0	7	1853
小　计	71	45	80	18	1	215	

　　从表 10.3 可知，这一大类著作一共有 215 种，就方言的种类而言，以粤语为最多，有 80 种，其次依次为吴语、闽语、客家话和赣语。就著作的内容而言，以词典类最多，有 98 种，其次为课本类、语音类，语法类最少，总共只有 7 种，表上所载吴语 3 种实际上都是上海话。除了

极少数的几种之外,这些著作都是在鸦片战争和沿海城市相继开埠之后陆续出版的。

语音类著作大多是单篇论文。这些论文大多是描写和分析地点方言的语音系统的,每篇大致包括方言使用概况(地域、人口等)、声韵调的记录和分析、标音比较表、音节表等。截至 1884 年至少已经发表有关下述方言语音的论文:北京、福州、扬州、广州、汉口、梅县、川东、温州。单篇论文多发表于《中国评论》杂志(*China Review*)(1972 年至 1901 年,香港)、《中国传教事工年报》(*China Mission Year Book*)、《中国丛报》月刊(*China Repository*)和 *China Record* 这四种刊物上。最早出版的是 Moses Clark White 所著 *The Chinese language spoken at Fuh Chau*(《福州话》),Concord,N. H.,Missionary Society of the Methodist General Biblical Institute,44p,1856。

词典类著作大多是用外文解释方言词汇的词典。所用外文绝大多数是英文,少数是法文,个别为荷兰文。

传教士所撰词典都是双语词典,词条大多用汉字或罗马字写出,再用英文、法文、西班牙文、葡萄牙文或荷兰文释义,其中用英文和法文释义为绝大多数。最早出版的词典是莫利逊所著的《广东省土话字汇》(Robert Morrison,*A Vocabulary of the Canton Dialect*),此书未标页码,分上下两册,应有 600 多页,1828 年出版。厦门话词典共有十种以上,分别用英文、西班牙文和荷兰文释义。现在以出版最早的一本厦门话词典为例,说明此类词典的特点和价值。

英国长老会传教士 Carstairs Douglas 所撰《厦英字典》(*Chinese English Dictionary of Vernacular of Spoken Language of Amoy*),于 1873 年由伦敦 Truber 公司出版,正文前的自序述及写作经过。作者 1855 年到厦门,为了学习当地方言,抄录已故美国传教士 J. Lloyd 的词汇手稿,以及另两位传教士所撰手册中的词汇。几年之后又用伦敦传教会 A. Stronach 所撰字典手稿校核,并且加入当地方音字书中所收词汇,主要是记录漳州方言的《十五音》。又与当时已经出版的 Medhurst 所撰字典及 Macgowan 所撰手册作了比较,不过所取甚少。从写作过程看作者尽量吸收前人的研究成果,态度是很认真、谨慎的。

作者认为这本字典的最大缺点是词目不用汉字,只用拉丁字母注音,释义全用英文。原因是大约有四分之一到三分之一的词,没有找到相应的方块汉字,此外在印刷上也有些困难。不过就记录方言口语词汇来说,没有汉字的束缚,而用纯粹的语音符号,反而有利反映词汇的真实语音面貌。

这本词典的《序言》实际上是对厦门方言语音的全面分析,包括"正字法和发音""声调""重音"三小节,分别对单元音、双元音、辅音、单字调、多字组变调等进行描写和分析,皆用英语或厦门话举例,对语音规律有较深入的了解和较仔细的说明。例如作者指出两字组和多字组的重音通常落在最后一个音节上。例如 hong-chhe(风车),如果重音在后字,前字轻声,意谓"纸鸢";如果重音在后,前字读次重音,声调不变,则意谓"风吹",写作 hong chhe。

这本词典初版以后 50 年,即 1923 年,另一位传教士 Thomas Barcley 增补词条,并用中文译出,由上海商务印书馆出版。

中国最早的方言课本即是西洋传教士在鸦片战争之后编写。早期传教士编写课本类著作的直接原因是为了方便后来的传教士学习当地方言,但是后来实际的使用范围有所扩大,特别是在沿海的几个开放城市,外国的海关人员、医生、商人、租界的警察和政府工作人员也使用这些课本。它们对方言学的价值主要有三方面:一是课本为当时的方言提供了忠实可靠的语料;二是课本用罗马字母拼音,因此必定保存当时的拼音系统,即语音系统;三是从对课文中有关语法问题的解释或注解,可以看出方言的语法面貌。

最早出版的课本是 Elijah Colemn Bridgman 所著的 *A Chrestomathy in the Canton Dialect*,1839,274p。还值得一提的是,笔者在美国加州大学伯克利分校东亚图书馆发现一本上海话课本的手抄本,这是最早的一本上海话课本,大约写于 1850 年,用毛笔抄在毛边纸上。每课先出汉字,再用罗马字注音,又用 Strawford 拼音系统双重注音。共分 31 课,604 页。

方言语法书都是参照英文语法编写的。最早的一本是 Joseph Edkins, *A Grammar of Colloquial Chinese*, *as Exhibited in the Shanghai Dialect*, Shanghai: London Mission Press, 248p, 1853. 2nd edition, 225p, 1868。艾约瑟著《上海口语语法》,伦敦布道团

1853年初版，上海长老会1868年再版。此书用英文写。在汉语方言学史上这是第一本研究语法的专著。作者中文名艾约瑟（1823—1905），是英国人，传教士，东方学家。1848年来上海任教职，并研究中国宗教和语言。语言学著作除本书外还有《北京话语法》、*China's place in phonology: an attempt to show that the languages of Europe and Asia have a common origin*（London，Trubuner & co. 1871，403p，20cm）。全书分三部分，第一部分"语音"，只占全书四分之一。用拉丁字母标音，并通过与西方语言作比较，说明音值。除分析声母、韵母和声调外，还讨论连读字组的重音。并附有上海话和官话韵母对照表。作者对上海方音的审音和分析相当细致，十分准确。第二部分是"词类"，第三部分是"句法"。这两部分是全书主干，分为三十课。课文按语法要点安排，例如，第一课是"量词"，第二课是"指示代词"。用英语语法框架分析上海口语语法。例如，第六章描写动词的语法变化，即以吃为例，先介绍陈述语气，包括一般现在时、现在进行时、一般过去时、过去进行时、过去时强调式（如"我是吃个。"）、完成时、过去完成时、将来时，再介绍命令语气（如"吃末哉。"），最后介绍词尾（如"吃仔。"）。又如"'个'或'拉个'用在动词后，使动词变为形容词：种拉个稻、话拉个物事"。

　　方言作品：内容庞杂，以神学为多，如《松江话问答》。其他如《三个小姐》（上海话）等。

　　西洋传教士方言学著作的研究价值有以下几方面。

　　第一，它们是研究19世纪后半期至20世纪初期的汉语方言自然口语的最有价值的资料。语言科学是19世纪初年在欧洲诞生的，19世纪40年代来华传教士利用语言科学知识纪录和研究汉语方言口语，达到当时这一领域的最高学术水平。当时中国学者的研究工作还停留在传统语文学阶段，研究的重心仍然是古代文献或书面语。除了西洋传教士著作以外，这一时期的方言文献资料只有一些方言文学作品，例如方言小说、地方戏曲、民歌，以及地方志中的方言志。这些方言文学作品，一则都是汉字本，不能反映语音面貌；二则其中的方言成分大多是不纯粹的，或者只是掺杂一些方言词汇，或者只是人物对白用方言，其价值不及成篇都是方言口语的《圣经》译本。而地方志中的方言志,一般只是收录一些方言词汇,所用是方块汉字,并且没有成篇的语料。

就研究的广度和深度而言,传教士的著作都是远胜于赵元任之前的中国学者。这些著作是研究 19 世纪汉语方言不可或缺的资料。利用这些著作,可以十分完整地归纳 19 世纪至少下述地点方言的语音系统:上海、苏州、宁波、台州、温州、福州、厦门、莆田、汕头、海口、广州、嘉应(客话)等;整理和研究这些地点方言的词汇和语法系;研究这些地点方言 100 多年来语音、词汇和语法系统的历史演变。

第二,它们所提供的自然口语的准确度是同时代其他文献资料不可比拟的。

语言科学在欧洲早在 19 世纪初年就已经建立,葆朴(F. Bopp)的《论梵语动词变位系统》出版于 1816 年;拉斯克(R. Rask)的《古代北方话或冰岛语起源研究》出版于 1818 年。对于中国来说,语言科学是晚至 20 世纪 20 年代末期才姗姗来迟的。西洋传教士来华之前是否受过语言学的专门训练,未见有确实的事迹可考,但是从他们的汉语方言学著作来看,其中不少人有很好的语言学修养,如在上海传道的 J. Edkins;在广州传道的 J. Dyer Ball 等。他们的方言学著作从现代语言学的眼光来看,其学术水平和研究价值都远远超过同时代清儒的著作。

鸦片战争以后来华的传教士,为了便于在平民百姓中传教,一般都要先学说当地的方言。早期来华的传教士一般是在当地居民中间学习方言口语。例如 1847 年来上海的美国传教士晏马太(Matthew Tyson Yates,1819—1888)先在市井学说上海话,数月之后,认为已可以应对听众,继而开始传道。1855 年 4 月内地会创始人戴德生(Hudson Taylor)曾与约翰·卜尔顿从上海到崇明岛旅行布道,在一寺庙向佛教徒讲论基督教的要义和崇拜偶像的愚昧,先由戴德生用不太流利的官话讲,再由卜尔顿用上海话讲一遍。戴德生曾在宁波传教,学过宁波话,但他的宁波话说得不流利,他的妻子玛丽亚(Maria)在宁波办教会小学,宁波话比他说得好,常教他说更流利的宁波话。帮助戴德生翻译罗马字本宁波土白《圣经》的高牧师是希腊文专家,也精通宁波话。

这些著作有一部分是用罗马字拼音的。某一个字母代表什么语音,是参酌欧洲文字和语言的关系制定的。他们最初所依据的是Lepsius 系统。Lepsius 是 19 世纪后半叶的著名语音学家,在语音学界创制国际音标之前,Lepsius 系统是权威的拼音系统,他曾出版专著用他设计的系统标记许多非印欧语言,包括中国的官话和客家话。后来陆续出版的客家话罗马字《圣经》都是使用这个系统的。别种方言罗马字《圣经》的拼音方案也是在 Lepsius 系统的基础上制定的。他们在制订拼音方案时,也是慎重其事的。例如上海的传教士曾组织"沪语社"(Shanghai Vernacular Society),专门研究上海话,包括讨论、制订上海话拼音方案。

在别的地方传教士通常是约请当地的学者一起制订方言罗马字,从事《圣经》的翻译工作,并参酌别种方言已经出版的译本,再三讨论,最后才定稿。例如台州土白《新约》第二版(1897)就是在四位本地教师协助下修订完成的,态度是十分认真的。从汉字本的用字和罗马字本的拼音来看,译文也是可靠的。

在上述学术背景下,他们为各地方言制订的罗马字拼音方案以及所拼的音节、词汇、句子和长篇语料,虽然不能说非常完善,但是就当时的语言科学水平而言,应该说已经十分准确。例如罗马字本上海土白《马太福音》"第十五章"记作"DI SO-NG TSANG"(声调符号略去),就很准确。在上海话口语里,"十"字与别的数字连用或单用,都是读"zeh",只是在"十五"中读"so"。

第三,从各地方言罗马字本可以考见当时当地方言的音系。由于汉字不是表音的,所以从任何用汉字记录的方言文献,很难获知方言语音的真实面貌。值得注意的是其中有的方言尚有传教士所作别的方言学著作可供参考,也有的方言没有任何别的著作可供参考,要了解这些方言 100 多年前的语音面貌,唯一可靠的资料就是方言《圣经》译本了。这样的方言有吴语的金华土白,闽语的兴化(莆田)土白、建阳土白和邵武土白,粤语的三江土白。

《圣经》的方言罗马字译本一般对拼音系统或每一个罗马字所代表的实际音值没有直接说明,研究者可以参考传教士有关该方言的论文、词典、课本、语法书等著作。

关于方言罗马字《圣经》译本详见第九章第三节。

第四，《圣经》的方言译本不仅对于研究方言历史是极宝贵的文献资料，而且也便于各地方言的比较研究。方言共时比较的前提，是必须有用不同方言记录下来的内容或项目一致的资料。方言《圣经》是非常理想的资料，真可以说是天造地设。方言《圣经》包括四大类 19 个地点的方言资料，排比这些资料就可以研究各历史时期 19 种方言的异同，特别是词汇和语法方面的异同。如此理想的资料，舍方言《圣经》别无可求。因为各种方言译本的内容完全相同，翻译事工非常谨慎严肃，因此可以逐词比较词汇，逐句比较句法。就此而言，没有别的文献材料的价值会超过《圣经》的方言译本。以下从官话土白和广东话的《圣经》译本中录出一段(见于《新约·路加·第二十二章》)，以见方言《圣经》的面目及其互相比较的价值。标点符号为笔者所加，原文只有顿号和句号。

"众拏住耶苏，带到大祭司家里去，彼得远远的跟着。众人在院子里生火，一同坐着，彼得也和他们坐在那里。有一个使女看见彼得坐在那里烤火，注目看他说：'这个人也是跟随耶苏的。'彼得不承认，说：'女子，我不认得他。'"

——录自《新约全书》(官话)(大英圣书公会，1905 年)

"佢哋捉住耶苏，拉佢到大祭司嘅住家，彼得远远跟住。佢哋在院中透着火，同埋坐处，彼得亦坐在佢哋之中。有个女工人睇见坐火光处，就定眼望住佢，话：'呢个都系同埋个个人嘅。'但彼得唔认，话：'女人呀，我唔认得佢。'"

——录自《新约全书》(广东话新译本、美国新译英文，美国圣书公会，1927 年)

逐句对照上引官话译文和粤语译文，不必参考别的资料，也很容易看出粤语和官话在词汇和句法方面的差别。见表 10.4。前 3 项是词汇差异，后 4 项并与语法差异有关。

表 10.4　方言《圣经》所见粤语和官话差异举例

官话	他	看	认	不	的	他们	跟着
粤语	佢哋	睇	识	唔	嘅	佢哋	跟住

第五，方言《圣经》为同一方言的历时比较提供了宝贵资料。方言历时比较的前提，是最好有用同一方言记录下来的不同历史时期的内容或项目一致的资料。方言《圣经》是很理想的资料。通过同一种方言早期《圣经》和晚期《圣经》的比较，或与现代方言的比较，可以了解100年来方言的历史演变。

例如上海土白罗马字本《马太传福音书》(1895)第一章第一节和第二节如下。原文是罗马字，原文中用以标声调的半圆形的发圈符号略去，汉字是笔者所译：

A-pak-la-hoen-kuh   eu-de, De-we-kuh tsz-sung, Ya-soo Ki-tok-kuh
阿 伯 拉 罕 个   后 代, 大 卫 个 子 孙，   耶 苏 基 督 个
ka-poo. A-pak-la-hoen   yang I-sah, I-sah yang Ia-kauh, Ia-kauh
家 谱。 阿 伯 拉 罕   养 以 撒, 以 撒   养 雅 各； 雅 各
yang Yeu-da tah-tsz yi-kuh di-hyong.
养   犹 大 搭 之 伊 个 弟 兄。

以上两节除了结构助词"个"以外，有五个入声字，即"伯、督、撒、各、搭"。前两个字韵尾写作 k，后三个字韵尾写作 h，这说明100年前的上海话里有一类入声字还是收 k 尾。现代上海话里已经没有收 k 尾的入声字，所有入声字一律收喉塞音韵尾。

第六，为方言汉字研究提供宝贵资料。

方言字对于方言的共时描写、方言的历史研究、方言的比较研究都有重要的价值。方言字在古代的字书如戴侗《六书故》和韵书如《集韵》里都有所记载，但是更多的是流传于民间，不见于文献的各地方言俗字。西洋传教士著作，尤其是其中的字典，收录了大量方言俗字。其中有的字不见于任何别的出版物。如 Louis Aubazac, *Dictionnaire Cantonnais Francais*（《粤法字典》，Hong Kong, Imprimerie de la Societe des Mission Etrangeres，1116p，26cm，1912，台北成文出版社有限公司 1971 年重印）。收录近百年前民间流行的粤语方言字甚多。如"薸"，音[pʰoˈ]，用于"树、菜"的量词，相当于"棵"。

第七，传教士在他们的著作中也常常提出对汉语方言分类的见

解。见于下述几种著作：艾约瑟的《官话口语语法》（Shanghai：London Mission Press，1857，264p）、Woodin 所撰的《传教会议录》（*Records of Missionary Conference*，1890）、Parker 为 Giles 的《汉英词典》所写的序言、Mullendorf 1896 年在《中国传教事工年报》上所发表的文章。传教士还曾绘制过一张汉语方言分布图，见于《中华归主——中国基督教事业统计》（1901—1920）一书，此书有《中国的语言和方言》一节，述及各方言使用人数，并附方言地理分布图。图上今湘语、赣语归官话区。吴语区包括皖南。闽语包括浙南一带，较《中华民国新地图：语言区域图》（1934）更为准确。这是中国第一张汉语方言区域图。

第八，为近代和现代语文运动史提供宝贵的资料和有力的证据。

一般认为白话文运动是"五四运动"以后才开始的，其实第一本白话文（官话土白）《圣经》译本早在 1857 年就在上海出版，此后于 1872 年至 1916 年相继有多种白话文译本出版。其中的白话文比后来的所谓白话文作品更接近自然口语，并且更加流行于社会底层。

语文学界一般认为新式的标点符号是 20 世纪初年才开始见于国内的出版物，例如《中国大百科全书·语言文字卷》就认为："翻译家严复（1853—1921）的《英文汉诂》（1904）是最早应用外国标点于汉语的著述。"实际上 19 世纪后半期大量出版的罗马字本方言《圣经》早就引进外国的全套标点符号。最早出版的方言罗马字《圣经》是 1852 年出版的宁波土白《路加福音》和同年出版的广州土白《约翰福音》。

汉语方言的拼音化运动也肇始于西洋传教士的方言《圣经》翻译工作。虽然明代来华的传教士早已出版研究官话拼音的著作，如意大利传教士利玛窦的《西字奇迹》出版于 1605 年，法国传教士金尼阁的《西儒耳目资》出版于 1626 年。但是为方言创制罗马字拼音方案，却晚至 19 世纪 40 年代才开始，其原动力即为来华基督教大量翻译和出版《圣经》，以便于在不识字的平民百姓中间传教。

第九，传教士的方言学著作是汉语方言学史研究不可或缺的文献。

西洋传教士的汉语方言研究，在中国方言学史上有以下几项首创之功不可没：首创利用西洋语音学知识分析地点方言语音系统；首创方言罗马字及其拼音系统;首先编写方言词典;首先编写方言课本;写成第一本方言语法专著;绘制第一幅汉语方言区域图;创办学习方言口语的学校。除绘制方言区域图之外,这些工作都是在 19 世纪后半期完成的。

参考文献

1. Spillett H W. A Catalogue of Scriptures in the Languages of China[M]. London: British and Foreign Society, 1975.

2. Broomhall M. The Chinese Empire, A General and Missionary Survey[M]. London: Morgan & Scott, 1907.

3. 志贺正年.中文圣书的基础研究[M].株式会社天理寺报社,1973.

4. 密立根.新约圣经流传史[M].上海: 广学会,1934.

5. 圣书公会,美华圣经会.圣经公会目录[M].上海,1935.

6. 木津佑子.关于同志社大学汉藏语方言译等圣书[J].同志社女子大学学术研究年报,1994,45(4).

7. 游汝杰.西洋传教士著作所见上海话的塞音韵尾[J].中国语文,1998(2).

8. 游汝杰.西洋传教士著作所见吴语的鼻音韵尾和塞音韵尾[M]//桥本万太郎纪念论文集.日本: 1999.

9. 游汝杰.十九世纪后半期至二十世纪上半期吴语语法研究资料述略[J].国际中国语言学评论(荷兰)(2).

10. 柯里思.Early Hakka Corpora in the Basel Mission Library[J].国际中国语言学评论(荷兰)(2).

11. Pollock J. Hudson Taylor and Maria [M]. England: Hodder and Stoughton Ltd., 1962.

第四节　民族学者的方言记录和研究

民族学(ethnography)的研究旨趣在于某一民族或民系的社会和文化。因为语言和文化的关系甚为紧密,或者说语言是文化的组成部分,所以民族学的著作也常常涉及语言和方言的问题。但是语言问题在民族学著作中并不占非常重要的地位,同时民族学家也不一定受过语言学的专门训练,所以民族学著作中的方言研究,往往颇为简略,也自然不及描写方言学著作的精审。

中国现代的民族学者对方言的记录和研究,以下述三人的三部著作最为重要。兹分别略述之。

罗香林《客家研究导论》于 1933 年出版于广州,共 292 页。此书共分九章,其中第四章是"客家的语言",记录和讨论作者家乡广东兴宁客话。内容包括声韵系统、声调音程、今声韵母跟广韵音系的比较、以词类为纲讨论语法、罗列若干词汇,最后讨论客话保存古音问题。通篇并非纯粹的描写方言学著作,仅对声韵母的描写及其与广韵音系的比较颇可取。声调音程系据王力《两粤音说》节绘。语法和词汇部分均过简。本书在现代方言学史上首次全面研究客话,并用国际音标记录语音。此外,本书还曾讨论客家人在移民史上的源流和分期问题,所得结论常为后出的方言学著作引述,但可商处甚多。

刘锡蕃《岭表纪蛮》于 1934 年由上海商务印书馆初版,1935 年再版,共 307 页。此书第十七章《诸蛮语言之比较》,举常用词比较汉语、侗语、苗语、瑶语、壮语的语音,由易熙吾注国音字母。第一章《诸蛮种类及其南移之势》中有一张《广西各民族语言分布详图》,此图分县标出官话、粤语、客家语、壮语、苗语、瑶语、侗语和杂系语。图上有县界,一县之内有几种语言就用几种不同符号。杂系语指各县特别土语,如"毛南话、题老话、五色话、桂林土话、福建话"等,凡一县内有几种杂系话的就用几个相同的符号。这是方言学史上第一张分县标出方言种类的方言分类图。作者系广西人,实地调查民俗 20 年,足迹几及全广西。另有《广西各民族语言分布简图》,分广西为三大区:东北是官话区,东南是白话(即粤语)区,西半是土话(即壮语)区。图上内容过简,无足观。

徐松石《粤江流域人民史》于 1937 年由上海中华书局出版,共 342 页。此书堪称中国现代地名学的经典著作。本书以很大的篇幅,采用作者首创的"地名研究考证法"来研究粤江流域人民的历史。其中第二十一章《极有趣味的粤语》讨论粤语(两广白话),跟壮语、北方古汉语及吴越语的关系。作者所提出的一个很重要的观点是"粤语是南方壮语和北支汉语的混合体""壮语是粤语的重要基础之一"。作者举出了粤语中与壮语有关的词汇近 20 个,如桂南同正壮人呼外公为"拱打",呼外婆为"灭怠",粤语则称外公为"公爹",外婆为"婆爹"。两者"类名在前,专名在后"的词序相同。又如"个"字在下述粤语的语词中含"这"和"那"的意思:"个个""个边""个件""个朵花""个支笔"。壮语中也有类似"个"的词,如壮语地名冠首字"古"即含"这、那"的意思,"古樟冲"即"那樟树的村子","古腊"即"那崩下的地方"等。本书对于研究南方语言和方言的混杂和交融具有开拓意义。此章还附有《目前岭南语言分布图》,将两广方言分为国语、粤语、潮语、客语、琼语五区,内容较简,较粗。此外,本书第七章《汉语溯源》将汉语分为北支和南支两大支派,北支即是"国语",南支是"苗瑶语和壮暹语",闽语和粤语则是北支和南支杂交的结果。相互关系见表10.5。

表10.5　徐松石著作所见汉语和少数民族语言关系表

$$汉语\begin{cases}北支——国\quad语——\\ \quad\quad\quad苗瑶语———\\ 南支——\\ \quad\quad\quad北暹语——\end{cases}闽语、粤语$$

所谓"北暹语"即壮语和傣语,将其当作南支汉语是不妥的,但是指出闽语和粤语中有南方少数民族语言的成分,颇有见地。

　　古代的民族学著作也有述及方言的,但均较零散,其中以明末清初的屈大均所撰《广东新语》材料较为集中。此书卷十一《文语》下立有《土言》一节,以载录广东各地方言词汇为主,对若干地点方言有所比较,如"新会音多以平仄相易,如通作痛,痛作通。东莞则谓东曰冻,以平为去,谓莞曰官,以上为平。"又述及海南岛方言分类,说:"琼语有数种,曰东语,又曰客语,似闽音。有西江黎话、有土军话、地黎话。"此外对较特殊的地名词,如"那"字冠首地名,也有所载录。体例类似地方志,但所述似较一般地方志为精审,是研究明末广东方言的重要参考资料。

　　地方志可以说是民族学的著作。不过地方志中有关记录和研究方言的部分,就其研究方法而言仍属传统方言学范围(只有极少数民国后期的地方志例外),略有不同的是地方志侧重于客观记录方言口语词汇,不以古今证合为主旨。有关地方志中的方言材料问题第四章已详述,这里再列一表,以见各时代各省含方言材料的地方志的数量。日本学者波多野太郎曾编纂《中国方志所录方言汇编》共9册,作为

《横滨市立大学纪要》出版于 1963 年至 1972 年。今据这个汇编的材料,统计江苏、浙江、广东、福建四省各历史时期包含方言材料的方志数量。这个汇编还是很不完全的,如广东部分未收温仲和《嘉应州志·方言案语》,但由此表已可见一斑。

表 10.6 载录方言材料的各地地方志年代及数量比较表

省份 ＼ 时代	明	清（乾隆前）	清（嘉庆后）	民国	分省总计
江 苏	3	11	23	18	55
浙 江	—	2	13	11	26
广 东	—	1	12	9	22
福 建	—	1	7	4	12
总 计	3	15	55	42	115

由表 10.6 大致可知此类地方志以清嘉庆之后至清末出版的为最多,其次是民国出版的,明代出版的甚少,且内容亦简。就分省言,以江苏最多,浙江其次,再次为广东,福建最少。其他省份的地方志未列入此表。

第五节 描写方言学时期

清初音韵学家刘献廷(1648—1695)曾想应用他所定的《新韵谱》(1692)"以诸方音填之,各郡自为一本,逢人便可印证,以此授之门人子弟,随地可谱。不三四年,九州之音毕矣。"(见《广阳杂记》卷三)刘献廷的设想很接近现代方言学的调查表格设计、实地调查和全国方言普查。但是他没有实行,也不可能实行。如果暂且勿论西洋传教士的著作,那么中国的现代方言学时期是从 20 世纪 20 年代开始的,又可分为滥觞期、展开期、普查期和深入期。

一、滥觞期(1923—1925)

中国的现代方言学是在 1923 年揭开序幕的。当时创办北京大学研究所国学门的沈兼士提倡调查民间歌谣,而方言是调查、记录、研究歌谣不可或缺的工具,他认为:"研究方言可以说是研究歌谣的第一步工夫。"由此提出调查、记录方言的要求。1923年《歌谣》周刊及其增刊相继发表多篇关于调查研究方言的文章。其中最重要的是沈兼士的《今后研究方言的新趋势》和林语堂的《研究方言应有的几个语言学观察点》。沈兼士曾主编《广韵声系》,他认为:"一、向来的研究是目治的注意文字,现在的研究是耳治的注意言语;二、向来只是片断的考证,现在需用有系统的方法实行历史的研究和比较的研究,以求得古今方言流变之派别,分布之状况;三、向来只是孤立的研究,现在须利用与之直接或间接关系之发音学、言语学、文字学、心理学、人类、历史学、民俗学等。以为建设新研究的基础。"林语堂曾在德国莱比锡大学攻读现代语言学。他的这一篇论文是以现代语言学的眼光,提出建设现代的汉语方言学,首创现代的汉语方言学理论。全文包括以下十个论点:一、应研究语音的历史演变和方言地理分布;二、应以《广韵》的206韵为研究起点;三、应用现代语音学的方法辨音、审音、记音;四、应注重方言口语而不是汉字读音;五、应尽力求出语音变化的规律;六、词源研究应注意寻求文化史上的痕迹;七、应在今方言中寻求词的古音古义;八、应根据汉语实际研究汉语语法;九、应比较研究各地方言句法的异同;十、应研究方言口语中新出现的语法现象。这些观点甚为精辟,在今天看来也是正确无误的,并且是应该遵循的。

　　1924年1月北京大学国学研究所成立了"方言调查会"。同年该会发表《方言调查宣言书》,提倡调查研究活的方言口语。林语堂等人还设计了以国际音标为基础的方音字母草案,并且用这一套字母标注了北京、苏州、厦门等14种方音作为实例。不过没有见到他们继而发表过什么实际的方音调查报告。以方言调查会为中心的学者可以称为歌谣派。歌谣派的历史虽然很短,只有3年(1923—1925),实际工作也做得不多,但是它的诞生却是中国方言学研究的历史转折点,标志着以今方言和古文献互相证合为目的的中国传统方言学的结束,同时也是注重调查研究活的方言口语的现代方言学的滥觞。

　　在滥觞期,歌谣派以他们的远见卓识指明汉语方言研究的新方向,刘半农则做了一项实际的专题研究工作,即以语音实验仪器研究汉语方言声调,写成《四声实验录》一书,于 1924 年在上海出版。刘半农 1919 年就读伦敦大学,并在该校语音实验室工作,后改入巴黎大学攻读博士,本书即是博士学位论文,也是中国第一部实验语音学专著。不过从今天的眼光来看,当时的实验结果,与方言声调音高的实际曲线相差甚远。

二、展开期(1926—1948)

展开期是以赵元任的两项重要研究揭开序幕的。赵元任在 1926 年发表《北京、苏州、常州语助词的研究》(载《清华学报》3 卷 2 期,1926 年),这是中国第一篇研究方言语法的单篇论文。不过这篇论文对本期的研究工作影响不大。1927 年冬季清华学校研究院派遣赵元任及其助教杨时逢实地调查浙江和江苏 33 处吴语。赵元任将调查结果整理成《现代吴语的研究》一书,作为清华学校研究院丛书第 4 种于 1928 年在北京出版。这是中国现代方言学史上第一部方言调查报告。此前只有瑞典语言学家高本汉曾用现代语言学的方法调查记录了 20 多个地点的汉语方音,并将调查结果发表在《中国音韵学》(*Archives d'Études Orientales*,Vol.15,Stockholm,1915—1926)中。此外英国语言学家 Daniel Jones 和胡炯堂曾在伦敦出版《广州话标音读本》(*A Cantonese Phonetic Reader*,1912),这是第一部用国际音标标音的汉语方言学著作。《现代吴语的研究》材料可靠,审音精细,表格详明,方法新颖,慧眼独具。此书是用现代语言学知识研究汉语方言的划时代的经典著作,它所创立的调查记录和分析汉语方言的规范一直为后来的学者所遵循。

继《现代吴语的研究》之后,展开期出版了十多种方言调查报告。其中最重要的有:陶燠民的《闽音研究》(1930)、罗常培的《厦门音系》(1931)、黄锡凌的《粤音韵汇》(1941)、董同龢的《华阳凉水井客家话记音》(1948)和《湖北方言调查报告》(1948)。

其中《湖北方言调查报告》是前中研院历史语言研究所 1936 年组织的第六次方言调查,即调查湖北省方言的结果的报告,参加调查和编写的有赵元任、丁声树、杨时逢、吴宗济、董同龢等 5 人。本书是汉语地区方言调查的代表性著作,也是中国第一部附有方言地图(共 66

幅)的著作。前中研院历史语言研究所组织的前 6 次较大规模的方言调查分别是:两广(1928—1929);陕南(1933);徽州(1934);江西(1935);湖南(1935);四川(1936)。其中湖南和四川方言的调查报告曾由杨时逢整理,于 1974 年和 1984 年分别在台北出版,徽州《绩溪岭北方言》则由赵元任和杨时逢整理,于 1965 年在台北出版。

三、普查期(1956—1966)

普查期是以 1956 年 3 月高等教育部和教育部的《关于汉语方言普查工作的通知》发其端的。同年国务院发布了关于在全国推广普通话的指示,提出要在 1956 年至 1957 年内完成全国每个县的方言的初步调查任务,并要求各省教育厅在 1956 年内根据各省方言的特点,编写出指导本省人学习普通话的手册。

1957 年全国各省市先后开展了对本省市方言的普查工作。经过将近两年时间,完成原来计划要调查的 2 298 个方言点中的 1 849 个点(占 80%以上)的普查工作。普查以语音为重点,各地只记录少量词汇和语法例句。在普查的基础上编写了 1 195 种调查报告和某地人学习普通话手册之类小册子 300 多种(已出版 72 种)。普查工作后期编出的方言概况一类著作有河北、河南、陕西、福建、山东、甘肃、江苏、浙江、湖北、湖南、四川、广西、贵州、广东、内蒙古、黑龙江、山西、辽宁等18 种。大多油印或铅印成册,公开出版的只有《江苏省和上海市方言概况》《河北方言概况》《安徽方言概况》《四川方言音系》等几种。

20 世纪 50 年代还出版了一批指导方言调查工作的工具书刊。其中最重要的有《方言调查字表》(1955)、《汉语方言调查简表》(1956)、《方言词汇调查手册》(1956)、《汉语方言调查手册》(1957)。此外,1958 年开始出版的《方言与普通话集刊》(共出 8 本)和《方言和普通话丛刊》(共分两本),对普查工作也有指导意义和参考价值。丛刊和集刊中的文章大多是描写地点方言语音的,并注重方言和普通话的对应关系的研究。

为了配合推广普通话和方言普查工作,1956 年中国科学院语言研究所和中央教育部在北京联合举办"普通话语音研究班"。这个班的前三期招收各地部分高等学校汉语教研室的中青年教师,由语言研究所的专家授课,学习普通话语音和调查记录汉语方言工作。这个班的学员在方言普查和后来的方言研究工作中起到了骨干作用。

方言普查工作只要求在全国范围内对各县的方言进行初步的调查记录,各地所写的调查报告也颇粗疏。20世纪五六十年代也有对个别地点方言作比较深入研究的,在已经发表的调查报告中,描写深入细致,材料翔实可靠的专著当首推《昌黎方言志》(1960),论文则有《温州音系》(1964)、《绍兴话记音》(1959)等。60年代还出版了3本对全国各大方言进行综合比较的专著:《汉语方言概要》(1960),概述汉语七大方言,每个方言区选一二个地点方言作较全面的介绍;《汉语方音字汇》(1962)排比全国20个地点的2 961个字音;《汉语方言词汇》(1964)排比全国18个地点方言905条词语,皆用国际音标标音。这3种著作以排比各种方言的事实为主要内容,虽然便于读者比较研究,但是本身仍属于描写方言学著作。

四、深入期(1979—   )

以1979年《方言》杂志创刊为标志,描写方言学进入深入期。本期的主要特点有以下三个。

第一,语音的研究深入到连读变调的描写和分析。

数十篇有关各地连读变调的论文揭示了前所未知或知之不多的语言事实。例如李荣的《温岭方言的连读变调》揭示了方言中阴调舒声和阳调舒声在连调中有平行现象。阴平、阳平作为二字组的连读前字都有三个调值,分化条件相同;阴上、阳上作为二字组的连读前字各有两个调值,分化条件也相同;阴平、阴上、阴去跟阳平、阳上、阳去在阳平字前的调值高度都是上类字最高,平类字次高,去类字最低。这种连调规律的内部联系,为声调类型及其历史发展的研究提供了重要的线索。吕叔湘的《丹阳方言的声调系统》揭示了下述规律:字组的结构形式、词性和词义等方面的不同,都可以影响到变调,这说明语音跟词汇、语法有密切的联系。例如偏正词组、并列词组倾向于变调,动宾词组、主谓词组倾向于不变调,而动补词组则介乎两者之间。还有些词组依靠不同的连调形式来辨别意义。吴语连调中的这一类现象虽然早就为美国的金守拙(G. A. Kennedy)和赵元任所论及,但是以前的讨论均甚为简略。

第二，从语音描写向词汇和语法描写发展。

在展开期和普查期，调查研究的重点是在语音方面，词汇和语法甚少涉及。在深入期，不少地点方言的专家在较深入地研究该地方言语音的基础上，整理发表该地的方言词汇，例如下述地点：武汉、太原、桂林、安庆、南昌、徐州等。在深入期已有数十篇有关方言语法的论文发表。其中有的对语法现象的描写非常细致，如郑张尚芳的《温州方言的儿尾词》；有的已经开始对不同的方言作比较语法研究，如朱德熙的《潮阳话和北京话重叠式象声词的构造》，此文对两种方言中的两类象声词作了分析和比较，指出它们形式相似而结构不同。朱德熙的另一篇方言比较语法论文是《北京话、广州话、文水话和福州话里的"的"字》。这是赵元任 1926 年发表《北京、苏州、常州语助词的研究》以来，最有分量的方言语法比较研究的论文。

第三，从对各地方言的普查向对某些地点方言的深入调查发展。

在全面深入调查记录地点方言的基础上撰写的调查报告，已出版近 10 种，其中最重要的有《苏州方言志》(1988)和《上海市区方言志》(1988，上海教育出版社)。后者是描写上海方言内容最全面详实的专著。其特点有二：一是收录大量有方言色彩的词汇，共约 8 000 条；二是首次对一个地点方言口语的词法和句法进行全面描写和分析。本书调查和整理方言语法的方法对汉语方言语法研究具有开拓意义。

从西方的描写语言学(descriptive linguistics)的观点来看，中国的描写方言学从滥觞期开始，就不是纯粹的描写语言学。从设计调查表格到整理调查报告，方言研究的全过程几乎都跟历史语言学牵连。调查字音的表格是从方块汉字在中古《切韵》音系的地位出发制定的。分析和归纳音类也都离不开中古音系的名目。中国的描写方言学实际上是西方描写语言学和汉语历史语音学相结合的产物。在全部现代的方言学著作中只有一个例外，即董同龢的《华阳凉水井客家话记音》。该书作者一空方块汉字的依傍，调查时不用字表，"先问一些事物的名称或说法，以便在较少的词语或句子中辨别出各种最基本的语音。在对辨音有了相当的把握后，即开始成段或成篇的语言记录"。最后从成篇的语料中截取词语和语音。这种调查法的好处是可以调查出用预定的字表调查不出的语音材料，因此调查结果也可能更接近自然口语的真实面貌。

在现代汉语方言学史上，描写语言学的著作一直占统治地位，除此之外，较有成绩的是方言词典和课本的编纂工作，作者大多是外国传教士和旅华外国人。近年来国内学者也开始注意编纂方言词典，如《普通话闽南方言词典》(1982)、《广州话方言词典》(1981)。其次是汉语方言分区的调查研究工作。研究成果集中载于《方言》季刊(1984—1987)和《中国语言地图集》(1988)。

中国传统方言学的研究目的在于以今证古，即以今方言证释古文献，或以古证今，即以古文献中的材料解释今方言。传统方言学属于语文学(philology)的范围。古代的民族学著作如地方志，虽然也记录一些口语词汇，但其研究框架仍是语文学。用现代语言学的眼光来研究汉语方言，肇始于纷至沓来的西洋传教士。当他们最初接触汉语方言的时候，欧洲语言学早已进入科学的新时代，历史语言学已经有了长足的发展，并且已经开始描写和研究方言口语。他们用西方语言学的学理和概念来记录和分析汉语方言的语音，记录和整理方言口语词汇，研究方言句法，还进行方言比较和分类研究。他们的研究与中国传统方言学没有丝毫的传承关系，他们的独立工作与传统方言学大异其趣。

西洋传教士的研究工作和中国学者的描写方言学，虽然在时间的先后上有相衔接的关系，但是后者并没有直接继承前者研究成果的明显迹象，中国学者是另起炉灶重新研究各地方言的。早期现代学者如林语堂、罗常培等人也曾注意到西洋传教士的成绩，并且撰有专文介绍。不过也许他们认为传教士只是准方言学家而已，至多只是将传教士的记录作为一种参照系罢了。中国现代方言学是在西方描写方言学的直接影响下诞生、发展的。早期的语言学大师李方桂、丁声树等人早年都在美国受到过描写语言学的熏陶。他们的开创性著作为中国现代语言学奠定了坚实的基础。

在20世纪80年代才掀起高潮的汉语方言地理学，其理论和方法大致上导源于欧洲的方言地理学，如有关同言线的理论和绘制方言地图的方法。在西方，是方言地理学在先，描写语言学在后，在中国则相反。汉语方言地理学近年来虽然已经取得可观的成果，但是至今仍未达到成熟的程度。在西方，方言地理学的成熟是半个世纪之前的事，但是在中国至今仍未着手编制一本类似于欧洲各国方言地图集的汉语方言地图集。

中国传统的音韵学是现代的汉语方言学的另一个源头。从方言调查表格的设计、归纳声韵调系统、方言之间的互相比较、方言与古汉语的比较，到构拟方言的较古阶段，都要借助传统音韵学知识，都离不开中古的切韵系统。汉语方言学是在欧洲兴起的现代方言学的一个支派或一部分。如果要问它有什么特点，那么可以说它的特点是将从西方输入的现代方言学与中国传统音韵学相结合。

附录一　英汉对照方言学名词

abrupt tone　促声

accent　口音;重音

analogical creation　类比创新、感染作用

analogue　同源语

ancestor language　原始共同母语

anthropological linguistics　人类语言学

assimilation　同化

atomistic dialectology　原子方言学

base form　本音

basilect　本地方言

bidialectalism　双方言现象

bilingualism　双语现象

bimorphemic syllables　双音节词

boundary　边界

broad IPA　宽式国际音标

bundle of isoglosses　同言线束

cant　行话、黑话、切口

(the) Chinese Dialect Society　汉语方言学会

check-list　问题表

citation form　有上下文的成分

citation tone　单字调

class dialect　阶层方言

classification　分类、分区

code switching　语码转换

cognate　同源词

colloquial　口语

colloquial layer　白读层

colloquial pronunciation　口语语音、白读音、白话音、说话音

colloquial reading　白读

common language　共同语；普通话

comparison　比较

contour of tone　调形

corpus　语料

Creole　混合语、克里奥尔语

demarcation　分界线

derivative form　变音

dialect　方言

dialect character　方言字、方言杂字

dialect contact　方言接触

dialect geography　方言地理学

dialect island　方言岛

dialect mixture　方言混合

dialect outlier　方言飞地

dialect survey　方言调查

dialectologist　方言学家

dialectology　方言学

difference　差异

diglossia　双言现象

diglot　双言现象；双言人

diminutive sandhi　小称变调

disyllabic word　双音词、两字组

division　等；区划

eastern Mandarin　下江官话、江淮官话

ethnography　民族学

ethno-linguistics　民族语言学

etymological character 本字

evolution 演变

feeling of the native 土人感

fieldwork 田野工作、实地调查

fieldworker 田野工作者、实地调查者

final 韵母

focal area 核心地带

folk etymology 俗词源学

fusion character 合音字

fusion word 合璧词

Gan dialects 赣语、赣方言

glottochoronology 语言年代学

glossary 词汇表

group 摄、群、区

grouping 分区、分类

Hakka dialects 客家方言、客家话、客语、客话

homonym 同音异义词、同形异义词

Huizhou dialects 徽州方言、徽语

hypercorrection 矫枉过正

idiolect 个人方言

idiom 俚俗语、熟语

informant 发音合作人

initial 声母

initial consonant cluster 复辅音声母

intelligibility 可懂度

intermediary 中间人、第三者

International Phonetic Alphabet（IPA） 国际音标

inter-syllabic juncture 字间组结

interview 会见、被调查

interviewee 被调查者

inverted word 逆序词

isogloss   同言线、等语线

Jin dialects   晋语、晋方言

language atlas   语言地图集

language attitude   语言态度

language family   语系

lax   舒声

layer   层次

lexical diffusion   词汇扩散

linguistic atlas   语言地图集

linguistic distance   语言亲疏

linguistic geography   语言地理学

linguistic materials   语料

literary layer   文读层

literary reading   书面语；文读音、读书音

local gazetteer   地方志

lower Yangtze Mandarin dialects   下江官话

lucky word   吉利词

Mandarin dialects   官话、北方话、北方方言

matched-guise technique   配对变语法

merge into   并入

Min dialects   闽语

monosyllabic word   单音词、单字组

morpheme   语素

morphophonemics   形态音位学、连读变调

mother tongue   母语

native speaker   本地人

narrow IPA   严式国际音标

neutral tone   轻声；中性调

new variety   新派

old variety   老派

onomastics   专名学、人名地名研究

outlier （语言或方言）飞地

patois 土话、土语

phoneme 音位

phonetic correspondence 语音对应

phonetic law 语音规律

phonetic rule 语音规则

phonological rule 音位规则

phonological word 语音词

phonology 音系、声韵调系统

Ping dialects 平话

polyphonetic character 异读字

popular sayings 俗语

postal questionnaire 通讯调查表

prestige accent 权威上语、权威方言

proto-language 原始语、母语、祖语

proto-dialect 原始方言

proverb 谚语、俗语

questionnaire 问题表、调查表

reconstruction 构拟

reduplication 重叠

regional dialect 地区方言

register of tone 调层

relatedness 相关度

report on a survey of the dialect 方言调查报告

rhyme 韵

rhyme book 韵书

rhyme table 韵图

round initial 团音

sandhi 语流音变、语流变异

segment 音段

sharp initial 尖音

similarities and differences　异同

slang　俚语、流行语

social dialect　社会方言

sociolinguistics　社会语言学

social dialectology　社会方言学

speech community　言语社团

speech island　方言岛

standard dialect　标准方言

standard language　标准语

stratigraphy　层次

sub-dialect　次方言

substratum theory　底层语言理论

supra-segment　超音段

syllabary　同音字表；同音字汇

syllabary of homophones　同音字表

syllabic nasal　自成音节的鼻音

taboo　禁忌语、忌讳词

tonal suppletion　变音

tone　声调

tone letter　声调字母、调号

toneme　调位

tone sandhi　连读变调

transitional areas　过渡地带、地区

trisyllabic word　三音节词、三字组

variation　变异

vernacular　土语

Wu dialects　吴语、吴方言

witticism　俏皮话儿

Xiang dialects　湘方言、湘语

Yue dialects　粤语、粤方言

附录二 新旧约圣经方言全译本书目 （1949 年前）

（本书目不包括官话译本）

甲 吴语

一 苏州土白

1 新约，上海，1881 年。1882 年改订重版。

2 新约，大英国圣经会，上海，1903 年。

3 新约全书，1915 年。

4 新约，大美国圣经会，上海，1922 年。1923 年重版。

5 新约，中华圣经公会，上海，1940 年。

二 上海土白

1 新约，上海，1871 年。罗马字本。

2 新约，上海，1881 年。慕维廉译本。

3 新约，上海，1881 年。蓝惠廉译本。

4 新约，上海，1897 年。

5 旧约，上海，大英国圣经会，1901 年。

6 圣经，美华圣经会，上海，1928 年。

7 圣经，美华圣经会，上海，1933 年。

三 宁波土白

1 新约，伦敦，1868 年。罗马字本。

2 新约，上海，1874 年。据 1868 年本改订。罗马字本。

3 新约，上海，1898 年。罗马字本。

4 旧约，上海，1901 年。罗马字本。

四 台州土白

1 新约，台州，1881 年。罗马字本。

2　新约,台州,1897 年。据 1881 年本改订。罗马字本。

3　新旧约全书,大英国圣经会,上海,1905 年。

4　新旧约全书,大英国圣经会,上海,1905 年。罗马字本。

五　温州土白

1　新约,温州,1902 年。

乙　闽语

一　厦门土白

1　新约,厦门,1873 年。罗马字本。

2　新约,伦敦,1882 年。据 1873 年本翻印。

3　旧约,伦敦,1884 年。罗马字本。

4　新约,伦敦,1891 年。据 1873 年本翻印。

5　旧约,伦敦圣经公会,伦敦,1894 年。罗马字本。

6　新约,上海,1896 年。据 1891 年本翻印。

7　旧约,上海,1902 年。据 1884 年本改订。

8　新约,上海,1916 年。

9　旧约,上海 1933 年。

10　圣经,上海,1938 年。罗马字本。

二　福州土白

1　新约,福州,1856 年。

2　新约,福州,1863 年。共 377 页。

3　新约,福州美华书局,1866 年。共 301 页。

4　新约五经,福州美华书局,1866 年。共 388 页。

5　圣经,福州,1891 年。

6　新约,福州,1895 年。

7　旧新约全书,福州美华书局,1898 年。共 1 268 页。

8　新约,福州圣经会,1900 年。罗马字本。共 354 页。

9　圣经,上海,1901 年。据 1891 年本翻印,袖珍本。

10　新约,福州,1904 年。罗马字本。共 377 页。

11　新旧约全书,大英国圣经会,福州,1911 年。共 1 031 页。

12　新旧约全书,民国圣经会,上海,1912 年。

13　新旧约全书,圣经会,上海,1937 年。

三　汕头土白

1　新约,上海,1898 年。

四　兴化(莆田)土白

1　新约,兴化,1901 年。罗马字本。

2　新约附诗篇,兴化,1912 年。共 777 页。

3　旧新约全书,兴化,1912 年。

丙　粤语

一　广东土白

1　新约全书,香港中华印务总局,1873 年。

2　新约,上海,1895 年。

3　新约,广州,1899 年。

4　新约全书,大美国圣经会,上海,1900 年。共 246 页。

5　新约,上海,1903 年。

6　圣经,大美国圣经会,Pakhoi 传教士出版社,1905—1907 年。
共二册。

7　新约全书,1909 年。共 846 页。

8　新约全书,大英国圣经会,1911 年。共 528 页。

9　新旧约全书,1911 年。共 1 027 页。

10　旧新约全书,大美国圣经会,1913 年。共 1 400 页。

11　新旧约全书,大美国圣经会,上海,1922 年。

12　新旧约全书,大英国圣经会,上海,1925 年。

13　新约全书(中西字),广州,1927 年。

14　新约,上海美华圣经会,1929 年。

15　新旧约全书,大英国圣经会,上海,1934 年。

16　新旧约全书,广州圣经公会,1939 年。共 348 页。

丁　客家话

1　新约,广州,1883 年。罗马字本。

2　旧新约全书,大英国圣经会,上海,1931 年。共 412 页。

戊　赣语

一　建宁土白

　　1　新约,伦敦,1896 年。罗马字本。

图书在版编目(CIP)数据

汉语方言学导论 / 游汝杰著. —修订本. —上海：
上海教育出版社，2018.9（2022.7重印）
ISBN 978-7-5444-8429-9

Ⅰ.①汉… Ⅱ.①游… Ⅲ.①汉语方言 Ⅳ.①H17

中国版本图书馆 CIP 数据核字（2018）第 195056 号

责任编辑　徐川山　毛　浩
特约编辑　唐发铙
封面设计　陆　弦

汉语方言学导论（修订本）
游汝杰　著

出版发行　上海教育出版社有限公司
官　　网　www.seph.com.cn
地　　址　上海市闵行区号景路159弄C座
邮　　编　201101
印　　刷　上海展强印刷有限公司
开　　本　965×635　1/16　印张 17　插页 4
字　　数　240 千字
版　　次　2018 年 11 月第 1 版
印　　次　2022 年 7 月第 2 次印刷
书　　号　ISBN 978-7-5444-8429-9/H.0285
定　　价　53.00 元
审 图 号　GS(2018)3239 号

如发现质量问题，读者可向本社调换　　电话：021-64373213